U0126158

紀念北京紫禁城肇建600週年

1406-2006

盛世皇都旅遊

隋唐長安與明清北京對比探奇

謝敏聰 著·攝影

北台灣科學技術學院副教授

台灣學生書局印行

2005 年 10 月 10 日，故宮博物院迎來 80 華誕，
特舉辦中國繪畫、陶瓷、明清宮廷建築等三個國
際學術研討會。本書作者謝敏聰有幸代表北台科
學技術學院，作者夫人宋肅女於中國明清宮廷建築國際學
術研討會參加盛會，照片為中國明清宮廷建築國際學
術研討會全體與會人員合影，第 1 排正中著深藍
西裝淺藍襯衫者為中華人民共和國文化部副部長
、故宮博物院院長鄭欣淼先生，第 5 排右起第 6
人為故宮謝敏聰，第 7 人為宋肅女士。

故宫博物院八十华诞暨中国明清宫廷建筑国际学术研讨会

2005年10月10日

謝敏聰應故宮博物院院長鄭欣淼先生的特誠邀請，到北京出席故宮博物院 80 華誕暨中國明清宮廷建築國際學術研討會，照片為鄭院長（左）與謝敏聰（右）在會場互相握手致意。

2005 年 10 月 10 日晚上，故宮博物院恢復只有在太平盛世才舉辦的千叟宴，距前次，乾隆皇帝以太上皇身份於 1796 年主持的千叟宴，間隔為 209 年，地點同在紫禁城寧壽門、皇極殿前，當晚，很多黨政中央高層領導、外國駐華使節、全體與會的學者、專家及媒體人員等約 1000 多人應邀參加盛大隆重的晚宴，照片為鄭欣淼院長（左）與謝敏聰（右）兩人舉杯共祝故宮博物院院運昌隆！與會的全體人員身體健康！

本書作者在大會發表演講，講題〈我愛故宮，禮讚故宮〉，並宣讀論文〈清盛京與北京宮闕建置比較初探〉。

本書作者宣讀學術論文1景

謝敏聰夫人宋肅懿講師發表〈北京紫禁城與京都御所建置比較初探──對稱與不對稱之佈局〉學術論文1景。

1986 年，謝敏聰應台北，七賢、大地電影公司之聘請，出任電影《一代禪宗大師——六祖惠能傳》歷史場景顧問，照片為當年 11 月 30 日開鏡典禮時，謝敏聰（左起第 1 人）向到場致賀的貴賓們簡報唐代宮殿復原的情形。

復原的唐代宮殿內景。謝敏聰根據實物資料——五台山，唐・南禪寺、佛光寺、廣州，唐宋光孝寺等大殿；及繪畫資料——敦煌石窟的唐大殿壁畫，尤其是盛唐，172 窟，觀無量壽經變相圖的唐代建築群；與石刻資料——西安，唐・慈恩寺塔（大雁塔）門楣石刻佛殿圖（公元 704 年）復原大唐皇宮。照片為開鏡典禮時 1 景，坐在寶座飾演女皇武則天的為香港巨星、亞洲影后凌波小姐。

大唐文官彩排，背景為大唐皇宮建築內景，特點為朱柱、白牆、直窗櫺。

世界建築大師傾情華夏宮闕
——中外學者聚首北京交流紫禁城保護研究成果

代姜序

北京故宮作為中國古代建築的傑作、東方建築的典範，受到中西建築大師的一致推崇，對其研究已經國際化。不久前舉行的國際學術研討會上，專家學者倡議建立適合中國及東方建築的文物保護規則。北京城亦因故宮這座世界上至今保存最大最完整的古代宮殿建築群，有望列入世界文化遺產

中國建築師梁思成、林徽音說："北京——都市計劃的無比傑作。"

美國建築師 Ehmundn Bacon 說："在地球表面上人類最偉大的個體工程，可能就是北京城了。"

丹麥建築師 Steen Eiler Rasiussen 說："整座北京城的平面設計勻稱而明朗，是世界奇觀之一，是一個卓越的紀念物，一個偉大文明的頂峰。"

建築大師們稱讚的"北京城"指的是以故宮為核心和主體的北京古城。國務院於 1961 年公佈故宮為"全國重點文物保護單位"；聯合國教科文組織於 1987 年決定故宮列入世界文化遺產。故宮保護、研究已成為世界的課題。2005 年 10 月 10 日，值故宮博物院建院 80 周年大慶之際，110 多位中外學者聚首北京，交流對北京紫禁城保護、研究的成果。

紫禁城等中國古建築研究已國際化

明清是中國古代建築歷史上的最後一個發展高峰，以紫禁城為

核心的北京古城是這時期的代表作；作為當時亞洲的中心，明清的官式建築對中華文化圈各國乃至西方建築、園林產生了重大影響。作為人類保存至今的最大、最完整的古代建築群，紫禁城吸引了越來越多人的目光，聯合國教科文組織古蹟遺址理事會主席席爾瓦等國際古蹟保護界人士認為，北京城雖未像巴黎、羅馬那樣保存完整，但城市中心的故宮及其周圍的皇城區保存基本完整，近年來一直在"希望能為北京城列入世界文化遺產做最大努力"。

上世紀初期，當有強烈的民族自尊心、責任感和遠見卓識的第一代建築史家展開自己民族的建築史研究時，中國建築史研究還是空白；由西方學者編寫的世界建築史，竟也對中國建築對人類歷史的貢獻隻字不提。事過境遷，經過以朱啟鈐、梁思成、劉敦楨、張鎛等為代表的幾代中國學者和以英國李約瑟博士為代表的國外學者的共同努力，中國古代建築的研究取得累累碩果；中國恢復了她作為古代建築大國和東方建築領袖的輝煌地位。中國改革開放以來，學術研究走向國際；中國經濟和社會的高速發展又吸引著各國有識之士走向中國，中國古代建築的研究已經國際化。

此次聚會，有來自中國大陸的中國科學院、中國工程院兩院院士吳良鏞、周幹峙、傅熹年，著名文物、古建築、園林專家學者羅哲文、鄭孝燮、余鳴謙、李准、杜仙洲，著名歷史學家朱誠如；台灣享譽兩岸和海外的古建築學者、北台科學技術學院副教授謝敏聰及夫人、台灣明新科技大學講師宋肅懿；韓國漢陽大學建築大學教授韓東洙；加拿大多倫多安大略皇家博物館研究員、東方部主任魯克思；俄羅斯科學院東方研究院聖彼德堡分院主任佛拉迪米爾·烏斯潘斯基；美國加州州立大學教授史維東；澳大利亞墨爾本大學建築規劃營造學院高級講師國慶華等眾多國際建築史、文物、文化史界的重量級人物。

學者們提交了 70 多篇高質學術論文及研究成果，圍繞明清宮殿建築歷史、藝術、功能、保護、弘揚及對中華文化圈、世界建築史的影響等等，做了大量深入細緻的研究。

加拿大學者、身為西方人的魯克思，關注明代萬曆時期的 1596 年和清代嘉慶初年的 1797 年，後三宮（乾清宮、交泰殿、坤寧宮）兩次火災後的兩次重建，看到在明代，建築師個人或工程負責人在營造事業中作用突出，而清朝的營造事業則是官僚系統運作，儘量降低個人的作用，由此透視明清官僚制度對營造事業的不同影響。

俄羅斯學者佛拉迪米爾·烏斯潘斯基則指出，北京著名古蹟五塔寺，係明初永樂皇帝按印度班智達所獻五尊金佛像和一座寺塔結合的模型建成的，此模型是仿佛祖釋迦牟尼修成正果的印度菩提迦耶而作。五塔寺建成後，永樂帝又製成 21 座 60 乘 50 釐米規格的小模型法物，賜給西藏幾個寺廟，這種模型在 1960 年已發現。他又考證說，相當於中國明初的 14 世紀初期以來，佛教在印度逐漸衰微，菩提迦耶已變得相當模糊了，此時的西藏文獻記載，當時該寺住持薩迦室利·夏利菩陀羅曾於 1413 年訪問西藏並到中國內地，所以他推測向永樂帝獻這一模型的正是這位元高僧。到了清代，蒙古的歸綏城（今內蒙古呼和浩特）又仿北京五塔寺建造了另外一座五塔寺，至今仍是名勝古蹟。這揭示了明清時代北京中央政府與藏、蒙各地關係以至中印文化交流的一段佳話。

會議期間，身為美國人的 Alan R. Sweeten（中文名史維東）找到筆者，談的竟是故宮宮殿上的匾聯問題：現存牌匾最早的書寫者是清朝順治帝還是康熙帝？晚明才出現的對聯現在還能見到嗎？一個外國學者，對中國文字竟如此著迷。另一位美國學者白平安，展示了美國幾所大學圖書館收藏的大量早期北京宮殿的照片，包括 1900 年八國聯軍入侵北京退兵後，1902 年午門維修的照片，幫助人們認識那段歷史。

在中外建築相互影響的研究上，南京工業大學學者發現，朝鮮王朝首都京城不但城市規劃、宮殿建設與明朝首都南京、北京有相同理念，城樓、文廟、佛寺、景福宮、昌慶宮等等均具有明朝官式建築特徵，而且尤其與山東曲阜孔廟等官式建築更為接近。其原因大概是朝鮮人崇尚儒教及地理上與山東更接近，海上交通便捷、交往更密切。

台灣學者宋肅懿比較北京紫禁城與日本京都御所，前者始建、後者重建年代相當，同是受到唐代長安太極宮、大明宮影響，卻因國情、國力、國土面積、民族性不同而面貌各異，除規模相差懸殊，前者佈局講究對稱，後者則不對稱。

倡議適合中國及東方建築的文物保護規則

中國大陸建築界前輩、中國城市規劃設計研究院高級建築師鄭孝燮，從古都北京皇城的歷史功能、傳統風貌與紫禁城的"整體性"角度指出，對故宮的保護需要連同其周圍的皇城一起，保護皇城內所有文物建築，如景山西邊的"大高殿"建築群、中南海西邊的"大光明殿"建築群、故宮東南的明朝皇史宬等"南內"遺存、故宮以東南北池子的風神廟等、故宮以西南北長街的衙署廟宇等，乃至北海西邊的哥特式建築西什庫教堂等等。宮城與皇城的整體性在於統一和諧，傳統文脈連綿不斷，中華文化基調鮮明。

中國建築與西方建築的明顯不同之處，除前者以木結構為主外，前者一般由多個建築組合而成，即建築群，而後者往往是單體建築；前者更注重建築個體之間的聯繫，建築與環境之間的和諧。以往國際古蹟保護界以西方學者為主，因此相關規則也較適用於後者。隨著越來越多中國建築及其它東方建築列入世界人類文化遺產，制訂適應中國及東方建築的文物保護規則的需求日益迫切，對此，從事中國文物保護的中外科學工作者義不容辭。中國大陸建築界另一位資深專家羅哲文，也根據畢生古建築保護工作經驗，認為文物建築保護應具有中國特色，比如工程上將傳統工藝技術與現代科技相結合，實施中政府主導與社會參與相結合。就故宮保護而言，"康乾盛世"是紫禁城宮殿最輝煌的鼎盛時期，此時的"金碧輝煌"，是中國文物保護法中所指"原狀"、世界遺產界所謂"原真"和"完整性"的面貌。把"現狀"甚至破爛不堪的"現場"當作"原狀"來保護，並不符合文物的歷史性和科學性。

隨著中國經濟發展、財力增強，文物古建築維修大規模展開。故宮整體維修已於去年全面鋪開；而北京市近年來也進行了多項大修，如復建永定門、恢復門內大街天壇西垣原貌，恢復地安門橋周圍環境，大修元代建築白塔寺建築群、明嘉靖建築歷代帝王廟建築群等等，為文物保護作出新探索、積累了新經驗。故宮博物院高級工程師李永革介紹了即將完工的故宮建福宮花園恢復工程。此建築群毀於末代皇帝溥儀出宮前幾年的一場神秘大火，前年由中國文物保護基金會贊助開始恢復重建，故宮博物院和中國紫禁城學會的專家聯合考證、制定恢復歷史原狀的科學方案，中外文保專家多次考察後一致認為復建的建築、園林是文物。北京市的文物工作者總結維修歷代帝王廟的經驗認為，鑒於木結構建築的特殊性，糟朽不堪的檁、柱等構件必須更換，才能保證文物延年益壽，這是與西方石結構建築的不同特點。

台灣學者持續古建築熱

繼 20 世紀初第一代建築學者之後，台灣的中國古建築研究代有其人。先是有漢寶德等一批學者，80 年代以來謝敏聰先生等開始享譽兩岸和海外，其專著《明清北京的城垣與宮闕之研究》，是較早系統研究紫禁城的著述。為了此次會議，他專門請台灣學生書局印行了獨自撰文、攝影的精裝鉅著《中國歷史旅遊文集——建築‧城市‧考古‧地理訪查 17 年》，"作為故宮博物院 80 華誕的最高獻禮"。

本文原載香港《紫荊雜誌》2006 年 1 月號

編按：本文作者姜舜源先生於 1983～1998 年長期任職故宮博物院院長辦公室，榮膺副研究員要職，在研究故宮學有卓越的成就，與崇隆的海內、外聲望，現職為香港紫荊雜誌社高級編輯兼編輯部主任。

自　序

一、感謝大陸上的良師益友們

　　本書能夠順利完成，至誠感謝故宮博物院鄭欣淼院長，在 2005 年故宮博物院 80 週年院慶期間，代表故宮贈送大量書刊及研究資料給參加學術會議的學者們，並開放浴德堂、重建中的建福宮花園等禁區，也趕工完成而首度開放午門城樓上部、武英殿、咸福宮、延禧宮等區域，中國紫禁城學會鄭連章教授也贈作者《中國紫禁城學會會刊》多本，攝影大師林京先生亦贈本人有關故宮書籍資料多種，1992 年以來宮廷部胡德生教授、芮謙教授在申請獲得上級批准下先後導覽作者到文華殿、武英殿、慈寧宮、壽安宮、南三所、北十三排等禁區，使本人有機會飽覽皇宮大內更深一層的神秘面貌。

　　于善浦教授，18 年來一直是我的良師益友，于善浦老師大作者 18 歲，與作者是忘年之交，于老師在 1950 年代曾在故宮博物院任職 3 年，住最富有文采意味的摛藻堂，後於 1979 年榮任清東陵文物管理處副處長，1988 年 8 月初，作者攜帶于老師大著《清東陵大觀》及拙作《中國歷代帝王陵寢考略》，到清東陵拜訪台灣尚未開放到大陸探親前本人即已仰慕良久的研究清陵大學問家于老師。于善浦教授的《清東陵大觀》為清末以來第 1 部以科學的方法全面研究清東陵的專著，對清陵的研究居功厥偉，為海內外著名的大師。1992 年作者與夫人再度考查清東陵 4 天，于老師全程陪同，並支付所有的食、宿、交通等費用，1994 年我等又考查清西陵、紫荊關，以後于老師與作者及作者夫人一同無法統計次數的考查故宮、頤和園、明十三陵。

　　2004 年，本人及夫人由內蒙古赤峰開會回程宿北京，于老師由上海來會本人及內子，這樣的盛情隆誼，令本人及內子相當地感動。

　　1992 年結識王燦熾教授，1993 年王教授款待趙振績教授我等一行到金中都遺址、正陽門城樓、建國門古天文台，此後本人與內子並在王教授府上作客多次，而 1999 年王教授亦曾訪台，也曾到寒舍訪我。

另外特別值得一提的為，1995 年 8 月，本人及內子第 2 次到西安，張永祿教授及其研究生董軍讓同學熱心導覽到唐長安明德門遺址、青龍寺、順陵等地，使本人能夠更進一步地對大唐長安考查。

18 年來，本人經常利用寒暑假到大陸考察、開會，故宮博物院鄭欣淼院長、晉宏逵副院長、工程管理處張克貴處長、赤峰市文化局于建設局長、遼寧大學孫文良教授、北京大學閻崇年教授、遼寧師範大學歷史文化旅遊學院田廣林副院長、天津大學王其亨教授、赤峰市政協委員會于寶德副秘書長、孫國輝委員，與本文上述所提及的鄭連章教授、于善浦教授、王燦熾教授、胡德生教授、芮謙教授、林京教授、張永祿教授等專家學者們均對作者勉勵有加，提供作者考察研究時的各種協助，而故宮學的權威專家姜舜源先生賜序，亦為本人榮耀，好友金勇先生提供照片多張，龐淼、韓玫、謝驊、董軍讓等研究生同學歷來支援旅行時的庶務，而內子宋蕭懿女士協助考查與校稿，並提供攝影作品多幀，在此均一併致最大地謝忱。

二、我研究唐長安的歷程

作者唸小學 5 年級（1961～1962 年）時的歷史課本，有一章節提到唐都長安設計嚴整影響到日本古都奈良、京都的設計，唸初中時代（1963～1966 年），國文課本中有一篇課文選用藍孟博教授所撰〈西安導言〉，藍教授讚美西安：“山河四塞，周、秦、漢、隋、唐皆用之取天下，給國史寫下了西北時代。在五代以前曾數度為全國政治、經濟、文化中心，她的光輝，照亮了整個東亞，而史蹟最多，足以象徵中華民族精神，另古物也最豐，到處都是，充分反映出古代社會生活實況，為崇高的中國文化作真憑實據”（上文引自藍孟博編著：《西安》，台北，正中書局，1957 年）。

當時，又看到一本范功勤校長撰寫、台灣省政府教育廳出版的《華夏風光》一書，其第 1 篇即為古都〈西安〉。由於在小學、初中時代有了對西安的概念，尤其是周、秦、西漢、隋、唐的帝王陵寢，因而作者唸大學三年級時勉力撰成《中國歷代帝王陵寢考略》（台北，正中書局，1976 年 3 月出版），1977 年台灣大學畢業後即編著：《中華歷史圖鑑》（台北，聯經出版事業公司，1978 年 10 月出版），書名榮蒙國畫大師張大千先生賜親題墨寶。基於對西安古都長期的興趣，在《中華歷史圖鑑》一書中，特有一節介紹"大唐帝國的都城—長安"，而另也有一節談"清朝的都城—北京"。

1981 年，作者任教於文化大學史學系，並獲聘為張其昀博士監修，程光裕教授、徐聖謨教授主編《中國歷史地圖》的編輯委員，因而有機會與學者們參與討論漢唐長安、明清北京地圖的編輯方向。

1983 年，內子宋肅懿女士的碩士論文《唐代長安之研究》一書由台北，大立出版社出版，為有史以來第 1 部專以研究唐代長安的綜合性論著，研讀內容，獲益良多，尤對唐長安內外地理形勢、城市修造史、都市計劃、分區功能、市民的經濟、社會生活及對其她都城的影響有很深的啟發。

1986 年，作者出任台北，七賢、大地電影公司聯合攝製的佛教電影《一代禪宗大師六祖惠能傳》的歷史場景顧問，在作者提供資料而復原的大唐皇宮內景，舉行開鏡典禮，此亦為本人從事實務的榮譽。

在 1981～1987 年任教文化大學史學系時，尤於對中國建築與城市發展史及故宮文物特別有興趣，亦留心外國學者對這一專史的研究成果，因而與內子翻譯建築史大師 Andrew Boyd 的 *Chinese Architecture and Town Planning 1500B.C.-A.D.1911* 一書，取中文書名為《中國古建築與都市》，由台北，南天書局有限公司於 1987 年 2 月出版。

1988 年 8 月，作者偕內人首度到西安參觀周、秦、漢、隋、唐故都史蹟，返台後，內子撰《西安—秦中自古帝王州》（台北，幼獅文化事業公司，1989 年出版）以為印證實地、實物的實錄。

1989 年以來，本人主要著力在隋唐長安、明清北京兩大古都的比較研究，由於考古文物、文獻等新資料不斷地被發現，時賢們發表的專論更是可觀，因此，以整齊排比、參互蒐討、歸納演繹、分析比較的方法研究，配以 300 多幀的高解析度照片，擬恢復接近大唐、大清盛世的首都原貌，並以其異同，探究其"變"的原因、過程。在研究此一專題上，恩師、台灣大學歷史系名譽教授李守孔老師也指導了我很多的做學問的方法，在此亦致萬分謝意。

本書的出版專為紀念明成祖朱棣創建北京故宮 600 週年。

作者　許敏聰　謹識

2006 年 9 月

目錄

第 一 章

緒 論
——古都學、故宮學與旅遊學的 跨領域整合

一、古都學

《通志・都邑序》曰：“建邦設都，皆憑險阻。山川者，天之險阻也；城池者，人之險阻也”。因之山川、城池乃研究都城之重點。

中國是有著悠久歷史的文明大國，古都共 200 餘座（含西周、春秋戰國時代諸侯國都城，及帝制時期的統一或割據政權的都城），最著名者數北京、西安、洛陽、開封、南京、杭州，即人們通常所說的“六大古都”。她們是中國古代文化發展一塊塊豐碑，是那個時代物質文明和精神文明的縮影，集中地反映出該時代的政治、經濟、文化風貌。可以毫不誇張地說，要深入地研究中國的歷史、中國的文化，從而更好地把握現實與未來，從研究古都著手是很好的方法[①]。

古都學是歷史學、考古學、經濟學、建築學、歷史地理學，和文化史、藝術史等學科互相滲透結合而產生的邊緣學科。其中文化史與古都學的關係尤為密切。離開文化史談古都學，易使它變成歷史地理或考古學的附屬學科[②]。

1985 年 1 月，在北京召開的中國考古學會第 5 次學術年會，即確定以《中國古代的都市》作為這次會議研討的重要課題。著名考古學家夏鼐先生就曾解釋說：“就學術價值而言，古代都市所反映的古代社會生活情況，有時比墓葬具有更大的價值。而都城是都市制度的最高形式”。“中國專制制度歷史特別長，各個歷史階段的都市，尤其是都城，都能反映當時的社會生活，反映政治經濟和文化各方面的情況，反映意識形態，包括宗教意識”[③]。

史念海教授 1985 年在其所著的〈中國古都學雛議〉一文中，首先對中國

①楊招棣：〈中國古都研究・序〉，《中國古都研究》，第 4 輯，杭州，浙江人民出版社，1989 年。
②李炳均、劉敬坤：〈關於我國歷代建都與文化史發展的關係及建都特點的初步研究（綱要）〉，《中國古都研究》，第 2 輯，1986 年。
③夏鼐：〈考古工作者需要有獻身精神〉，《光明日報》，1985 年 3 月 10 日。

西安是中國上古、中古時期的國都，自周武王於公元前1111年（從董作賓教授的《中國年曆總譜》）到唐昭宗天佑元年(904)的約 2000 年間有西周、秦、西漢、新莽、西晉（愍帝時期）、前趙、前秦、後秦、西魏、北周、隋、唐等 12 個朝代在此建都（此為學者們較為一致的共識性意見），其中周、秦、漢、隋、唐為強盛王朝，西安為迄今為止，在中國歷史上累計建都時間最長的都城。圖為由西安鐘樓望南大街、正南門（永寧門）。

3

北京為近世、近代、現代 1,000 多年來中國的首都與政治中心，從公元 938 年遼定為陪都開始，歷金、元、明、清、民國初年北洋政府均在此建都，現為中華人民共和國中央人民政府的所在地。照片為天安門暨廣場。

古都學定義為：〝中國古都學是在悠久的歷史淵源的廣闊的學科基礎上建立起來的一門新興的學科。它研究中國歷史上所有的都城的形成、發展、蕭條以至於破壞的演變過程。通過這樣一些演變過程，以探索其中的規律〞④。

闡明了中國古都學研究的主要內容。即了解古都的自然因素、說明古都的經濟基礎、論述古都的地上建築、探索古都演變的規律的種種現象。

譚其驤教授也規範了中國古都學的研究方法，〝從都城及其附近地區所涉及的有關因素都是在不斷運動變化之中、彼此相互聯繫又相互制約等基本觀點出發，採取綜合研究與比較研究的方法，從復原古都舊貌入手，將文獻考證與實地考察結合起來，儘量運用現代科學的工具和手段，從而達到揭示古都演變規律的目的〞⑤。

中國古都學，一如〝故宮學〞、〝敦煌學〞、〝甲骨學〞的研究，近些年來，蔚為一股風氣，研究的專家學者漸多，1983年於西安成立的中國古都學會，每年一度舉辦學術年會，提交的論文，選其宏論編印《中國古都研究》，到2004年8月已出版了15輯。而1990年秋天在北京召開的以《北京與中外古都對比研究》為主題的國際古都學術討論會，將中外古都比較研究推進到一個新的階段。

日本歷來研究中國古都的學者不在少數，日本史地學者對研究中國都城很有興趣，日本歷史上的京城多有模仿自中國國都的設計，如藤原京（公元694年）、平城京（今奈良，710年）、平安京（今京都，794年）多仿自長安與洛陽。

各方面的專家，或細緻地復原古都之平面構成，或縱論古都之經濟社會發展戰略，或綜述歷代建都制度，或綜論都城選址原則，或綜論都城規劃建設，或綜論都城職能及都城遷移興衰原因，或具體論及某座古都及其腹地之地理環境、經濟、文化、人口、交通狀況，甚至細微到考訂一橋、一渡、一關、一門、一殿堂、一樓閣、一坊、一里、一市廛之名實地址，使整個中國古都學的研究，形成了群星璀璨、百花競放的繁盛局面⑥。

筆者選擇隋唐長安與明清北京作為古城旅遊資源的對比研究有幾點特殊的理由：

1.西安是中國上古、中古的主要建都地點，北京則是近世、近代、現代建都之地，由上古到現代通貫，可瞭解有關中國史很多方面的梗概，並由其異同，探討〝變〞的因素。即要瞭解由傳統到現在的中國，西安與北京是兩座最重要的都市。西安與北京因其地理位置優越，睥睨全國，因此在中國史上，被選為國都的時間最長。

在長安、北京建都的古朝代，尤以隋、唐、明、清都是統一而且強盛的

④史念海：〈中國古都學芻議〉，《中國古都研究》，第3輯，1987年。
⑤譚其驤：〈要從兩方面著手改變古都研究的現狀〉，《南京文物》，1985年，第1期
⑥朱士光：〈中國古都學研究的現狀與展望〉，《中國歷史地理論叢》，1990年，第1輯，頁5。

王朝，而且時間比較長。在此時期的京都，係全國首善之區，也是全國的縮影。全國的精華人才、物資咸集中於此，國際交通也以此為起點或終點；所以選擇隋唐、明清的京城做比較研究。

2.都市計劃嚴整，規模龐大，如城垣、宮闕、壇廟、苑囿粲然，因時代變遷，兩都各有特色，值得比較異同。中國的其它古都在這方面，遠不能與長安、北京相比。

中國古都規模以隋、唐長安最大（面積 84.1 平方公里），次為北魏洛陽（73 平方公里），再次即明、清北京（62 平方公里）。但北魏使用洛陽僅 40 年，而且北魏也是分裂的王朝，立國的政教規模均無法與後來的隋、唐、明、清相比。

歷代王朝在南京、開封、杭州建都的時間不長，沒有前瞻性的都市計劃。南京是六朝與太平天國的故都，與建都杭州的南宋立國均僅有半壁江山，而且因地形限制，無法設計成長方形或正方形。建都開封的北宋雖為統一王朝，但國力與隋、唐、明、清相去甚遠。城垣係沿用五代的舊城，談不上新而大規模的都市計劃。

南京做為統一中國的都城，僅有明初（由洪武 15 年到永樂 18 年，1382～1420）、民國 17 年(1928)北伐統一到民國 26 年(1937)抗戰開始，國民政府建都南京 10 年，而抗戰勝利後國府還都南京 2 年。

3.隋唐長安城舊址雖已不存，但遺址地下文物豐富，如隋唐長安城的地基、大明宮遺址、興慶宮遺址、某些坊的遺址，1949 年以來透過科學發掘，整理出很多考古報告，復原研究基本不難。

北京城是中國留存至今唯一完整的歷史名城，現存史蹟之多甲於全中國，馳名世界。明、清城闕、壇廟、苑囿，除內、外城牆拆掉外，大多完整地保留，為研究中國古來傳統都城制度最貴重的實例。

有關兩都城的比較研究方法上，除了兩者都要透過當時文獻記載，以及後人整理史料後的研究專著以瞭解當時狀況外，也要參考考古報告及實地考察，以實物、古蹟印證史籍、文獻，才符合王國維極力提倡的"二重證據法"，這種方法具相當科學性。

綜觀 6 大古都形勢：西安北有橫、梁 2 山（即北山），東有崤函之險及黃河、潼關、華山、南有秦嶺、西有隴山，中有渭河平原，山河四塞，沃野千里，誠上古理想建都之地。在歷史上有西周、秦、西漢、新莽、西晉（愍帝時期）、前趙、前秦、後秦、西魏、北周、隋、唐等朝代在此建都。

洛陽西有崤山及函谷關之險，北有邙山及黃河，東有虎牢關，南有伊闕之險。洛陽平原腹地小，沃野 500 里。地勢不如西安，也不如北京。在此建都的朝代有商初、東周、東漢、曹魏、西晉、拓跋魏、武周、後唐等。

開封是河南省中部的都市，自古以來即為水陸要衝，但四周為黃河大平原，無名山險阻可守。形勢遜於長安、洛陽，亦不及北京、南京，惟為交通中心。公元前 4 世紀成為魏國首都，稱大梁，繁榮一時。大運河開鑿後更加繁華，曾為後梁、後晉、後漢、後周、北宋的首都。

南京，幕府山綿亙於北，長江環繞於西，鍾山聳峙於東，雨花臺屏障於南，中為寬平弘衍之平原，秦淮河、玄武湖左右映帶，城廓巍巍，如巨人臥地。南京古稱金陵，為孫吳（建業）、東晉、宋、齊、梁、陳（建康）、南唐、朱明（應天府）8代之帝都及太平天國的天京。也曾為中華民國國民政府的所在地⑦。

杭州，五代時為吳越都城，南宋時為臨安府，係行在的所在。其右峙重山，左連大澤，水陸輳集，為形勝之地。而山川環錯，井邑浩穰，為東南之大都會。自三國以來，皆恃為財賦淵藪。其地南有浙江，西有崇山峻嶺，東北則有重湖沮洳，而松江震澤，橫亙其前，所以地勢亦稱險要。

北京，北有燕山及長城，東有渤海，西有太行山，南為廣大之黃淮平原，為西周初年燕國首都薊城之地⑧，近世、近代為遼、金、元、明、清、中華民國初年的都城，現為中華人民共和國的首都。

選擇都城主要是根據經濟、軍事、地理位置3方面的條件來考慮的。經濟條件要求都城附近是一片富饒的地區，是以在較大程度上解決建為首都的物質需要，只需少量仰給於遠處。軍事條件要求都城所在地既便於制內，即救平國境以內的叛亂，又利於禦外，即抗拒境外人的入侵。地理位置要求都城大致位於全國的中心地區，距離全國各地都不太遠，道里略均，便於都城與各地區之間的聯繫。設若地理位置並不居中，但具有便利而通暢的交通路線通向四方，特別是重要的經濟中心和軍事要地，則不居中也就等於居中。當然，歷史上任何時期都不存在完全符合理想，3方面條件都十分優越的首都，所以每一王朝的宅都，只能是根據當時的主要需要，選擇比較最有利的地點⑨。

以文化選擇建都洛陽如拓跋魏，以軍事選擇建都長安如隋、唐，以經濟選擇都洛陽如隋煬帝，以交通原因，如北宋選擇開封，元、清選擇北京。而國都之地點亦影響當代國勢，與政治、經濟、軍事、交通、文化，互為因果，可以當代歷史的發展做參考。

二、故宮學

2003年10月，故宮博物院鄭欣淼院長提出了"故宮學"的概念，當即在文化學術界產生了很大地迴響。隨著對故宮學認識的不斷深入，作為已有一定基礎的一門學問，"故宮學"得到了專家、學者們的普遍認可。

鄭院長指出：故宮學的性質，屬於綜合性學科，故宮有2方面含義：一是紫禁城古建築（故宮），二是故宮博物院，二者密不可分。故宮學的研究內容十分豐富，主要有6個方面：

1.是紫禁城宮殿建築群。它是世界上現存規模最大、保存最完整的古代

⑦程光裕老師：《中國歷史地圖集》(二)，頁132，台北，文化大學出版部，1980年。
⑧譚其驤：〈中國七大古都·序〉，《中國歷史地理論叢》，1989年，第2輯。
⑨余樂山：〈北京史話〉，《星島日報》，1992年4月8日。

故宮博物院鄭欣淼院長（左），提出故宮學的概念，在文化學術界產生很大地迴響，得到專家、學者們的普遍認可。

紫禁城研究是故宮學研究的核心。照片為北京故宮太和殿。

宮殿建築群，集中體現了中國古代建築技術和藝術的優秀傳統和獨特風格。

2.是文物。清宮收藏，承襲自宋、元、明 3 朝宮廷遺產，再加上清朝的重視，宮廷內不但匯集了從全國各地進貢來的各種歷史文化藝術精品和奇珍異寶，而且集中了全國最優秀的藝術家和匠師，創造出新的文化藝術品。故宮博物院現有文物藏品 150 萬件左右，其中 85% 以上為清宮舊藏，大部分是清宮的各類藝術品收藏。許多藝術精品，都是流傳有緒的珍貴傳世文物。

3.是宮廷歷史文化遺存。故宮在 491 年中一直是明清兩代國家的政治中心和 24 位皇帝的居所，遺存至今的大量宮廷文物，不僅是研究明清史的重要資料，而且是了解宮廷歷史文化的珍貴實物。

4.是明清檔案。故宮博物院一成立，就把檔案視為文物。這些檔案不僅與宮中發生的重大事件有關，而且是了解宮廷歷史文化的重要依據。

5.是清宮典籍。明清兩朝皇帝，都很重視典籍的收藏、編刊。故宮圖書館以明清兩朝宮廷藏書為基礎建成。抗日戰爭時南遷的珍本、善本共 15.7 萬餘冊，現存台北故宮博物院。北京故宮博物院圖書館現在善本已建賬者 19 萬多冊，還藏有 20 多萬件（塊）武英殿殿本的書版及銅版等。

6.是故宮博物院的歷史[⑩]。

鄭院長又指出：紫禁城研究是故宮學研究的核心，但是故宮學在研究範疇上和地位上，不能等同紫禁城學，紫禁城研究成為故宮學核心的因素為：

1.紫禁城與中國傳統文化的關係。其建築設計反映了中國傳統哲學思想、倫理思想和美學思想。傳統的陰陽五行學說也在其中得到反映。

2.紫禁城與中國歷代宮殿的關係。它承襲了中國古代宮殿的傳統形式。禮儀制度，在總體佈局上最接近"左祖右社，前朝後市"、"五門三朝"等儒家的理想和封建禮制。它不僅與明代的鳳陽中都、南京故宮以及元大都、金中都有直接關係，而且能從宋東京、隋唐長安，直至上溯漢、秦、周、商等歷代的帝都宮殿找到發展的軌跡。

3.紫禁城與滿洲建築的關係。清代既保護與利用了明代宮殿，又繼承與發展了滿洲宮殿的特色，主要是滿洲的宗教、祭祀、寢居及其他一些習俗，在紫禁城建築物上均有所體現。特別是乾隆重修寧壽宮，將江南與塞北、漢族與滿族諸多特色融合在一起，為清宮建築的成功之例。

4.紫禁城與北京城市規劃和其他明清皇家建築的關係。從建築佈局來說，整個昔日的北京城都是以紫禁城為中心規劃設計的，它西與西苑、北海，北與景山、大高玄殿等，東與皇史宬等緊密相連。社稷壇、太廟以及天壇、地壇、日壇、月壇、先農壇等都是它的重要組成部分。不僅整個皇城，西郊的三山五園、散佈京城的皇家寺院道觀以及各地的行宮等，更與紫禁城有著異乎尋常的關係，而承德外八廟（避暑山莊）就因為隸屬皇宮內務府直接管理在外面的 8 座寺廟而得名。

⑩鄭欣淼：〈故宮學述略〉，《故宮學刊》，2004 年；《中國文物報》，2005 年 10 月 5 日，記者王征採訪鄭欣淼院長，談故宮學術研究的發展。

　　5.紫禁城與明清陵寢的關係。在封建時代，事死如事生，帝王的陵寢與生前的皇宮有著密切的關係。明十三陵和明孝陵、明景泰陵、明顯陵以及清福陵、清昭陵、清東陵、西陵，埋葬著明清兩代的帝王、后妃，是中國封建皇陵的集大成者。紫禁城綜合體現了中國傳統的風水學、建築學、美學、哲學、景觀學、喪葬祭祀文化等，是皇家建築的極其重要部分，具有極高的歷史價值和藝術價值。

　　紫禁城研究在故宮學中雖佔有如此重要的地位，但紫禁城學不等同於故宮學。其一，紫禁城學會成立的宗旨及參加的會員，著重於紫禁城古建築，近年雖有研究領域逐漸擴大之勢，但它畢竟難以涵蓋故宮學中所包括的豐富內涵。其二，故宮與紫禁城雖然所指同為明清兩代皇宮建築，但故宮更有政治層面的含義，而且作為全國重點文物保護單位及世界文化遺產的故宮的稱謂已深入人心。其三，故宮學本身包含了故宮博物院成立以來的歷史階段，年代上不止於1911年，內容上不限於明清皇宮，它還包括了博物館學及文物保護學科的相關方面[11]。

　　鄭院長又明確地說：“故宮學的價值和意義是由其研究對象的博大精深所決定的，是由故宮文化在中國文化史上的特殊地位所決定的。”單士元先生1997年在中國紫禁城學會第二次學術討論會開幕式致辭中有一段話，高度概括了故宮的地位，從中也可看到故宮研究的重大意義。他說：“故宮是一部中國通史，不只是皇宮。從它建築佈局、空間組合，從區額楹聯裡，都能體現出中國五千年的社會發展史、文明史、文化史。其收藏文物是傳統。不少文物，除近年田野考古發達以後出土的以外，大都是傳世珍品。而傳世珍品又多是來自商周及以後的宮殿、堂廟中，最後到明清兩代，體現了中國文化傳統。因此，它蘊藏的都是歷史[12]。”

三、古都、故宮與旅遊

　　1980年以來，兩岸的旅遊業有蓬勃的發展，尤其在1987年台灣開放到大陸探親，對大陸的旅遊城市或地點深入瞭解，已成為一種必要的知識，而引起旅遊教育和科研活動也受到重視，遼寧師範大學歷史文化旅遊學院、北京旅遊學院、杭州大學旅遊經濟系、南開大學旅遊系，而有很多的台灣的大學也紛紛設立觀光休閒系，在以文物古蹟為旅遊資源的教育內容都佔有很大的比重，所以作為主要旅遊地點與內容的古蹟與文物的學術化研究，已成為不可避免的趨勢。

　　純學術的研究可以作為深化知識水平而合理的利用到生活實務。古都與故宮文物也可配合古蹟與文物的藝術旅遊之現實性、教育性。中國的古都，以她們豐富的歷史內涵、典雅莊重的東方古建築群及雄偉秀麗的自然風光，吸引了萬千中外遊人，成為舉世矚目的旅遊熱點，因而也就很自然地成為具

⑪鄭欣淼：〈紫禁城與故宮學〉，《故宮博物院院刊》，2004年，第5期。
⑫《中國紫禁城學會論文集》，第2輯，北京，紫禁城出版社，2002年。

有中國特色的旅遊事業中的核心組成部分。例如，近幾年來中外旅遊者去得最多的中國 9 座城市中就有北京、杭州、西安、南京、蘇州、廣州等 6 個古都，而且其中的北京、杭州、西安 3 座古都又與桂林發展成中國的 4 大旅遊城市。很顯然，北京之所以成為 80%的旅遊者要去的地方，是因為在她的豐富的旅遊資源中，擁有故宮、長城、明十三陵、頤和園等充分顯示古都風貌的世界聞名的遊覽點，而這些建築多為明、清時代所遺留，也是故宮學範疇的要項。紫禁城的背景環境經過長時期的積累，明清北京城的整體格局是它的骨架，傳統城市設計與建築藝術和前人對北京地區自然環境的開發成果構成它的美學和景觀特色，眾多文物古蹟是其中的重點元素[13]，以北京古城而論是古都學的範疇，而故宮及其典藏文物為故宮學的領域，加強對古都與故宮的學術研究即為對文物古蹟的深化認知，以加強管理，有效利用，合理利用[14]將之以傳播、廣告成為旅遊熱點，使遊人認識博大精深的中華文化，增進人文素養。西安地區能夠成為世界旅遊勝地，主要是因為她是周、秦、漢、隋、唐的首都所在，有著極其豐富的珍貴文物古蹟。北京地區能夠成為世界第 1 觀光城市，因中國的強盛王朝遼、金、元、明、清在此建都，故宮博物院是一般大陸遊客與世界各地區的人民到北京以後，首選的旅遊點，故宮 1 年接待遊客 700 多萬人；而大陸遊客到台灣，台北故宮博物院也是首選的地點。

作為有著五千年悠久歷史的中華民族，物質文化與非物質文化遺產的深厚積澱，大匯聚在作為代表中國歷史遺存載體的故宮博物院，故宮不僅保留了其自身文物保管收藏與展示的功能，又從社會層面佔據了傳播民族文化的基礎地位。而博物館教育是其他教育難以替代的傳承民族歷史文化的社會教育。她所擔負的歷史使命，是以其生動、具體的歷史遺存為依據，以文物"說話"的生動形式，傳承民族文化的精髓，其結果是對人實施有理有據，無可辯解的民族文明、歷史文化的教育[15]。

總之，中國眾多的古都，與故宮擁有世界最大的木構建築群，與 1、2 百萬件文物與圖書是中國獨具的豐厚的歷史遺產，在發展旅遊事業時，充分加以研究、保護與開發，以寓教於樂，實有著重大的意義與作用[16]。

[13] 晉宏逵：〈北京紫禁城背景環境及其保護〉，《故宮博物院 80 華誕暨中國明清宮廷建築國際學術研討會會議論文》，2005 年。

[14] 張克貴：〈有效利用　合理利用　加強管理〉──故宮文物建築保護的回顧與展望〉，《故宮博物院院刊》，2001 年，第 4 期。

[15] 鄭智、張蓉華：〈博物館教育與民族文化傳承〉，《中國文物報》，2006 年 8 月 4 日。

[16] 朱士光：〈試論我國古都旅遊資源之特性〉，《中國古都研究》，第 4 輯，杭州，浙江人民出版社，1989 年。

第二章
長安與北京外圍的壯麗山河

第一節　關中的地理形勢

　　古長安即今西安，位於關中盆地的中央。關中盆地，東西長 360 多公里，南北寬 75 公里，主要是由渭河（黃河最大的支流）、涇水及洛河沖積而成，土壤是沖積黃土，非常肥沃，號稱"八百里秦川"。

　　整個盆地的地形呈西高東低，南北高、中間低，渭河河槽南北兩側地勢呈不對稱性的階地和台原。階地地勢平坦，台原之上地面廣闊，均利於發展農業。

　　關中周邊地形：南、北、西三邊均有高山作為屏藩，南為海拔 2,000 公尺，東西 400 多公里的秦嶺，秦嶺之南還有大巴山、漢水；北有橫山、梁山，更北有黃土高原與鄂爾多斯高原；西則有隴山；東有華山與黃河，故為"被山帶河"①之勢，地形險要。

　　關中，地處四關之中，即東有函谷關（另一說法為東有潼關），西有大散關，東南有武關，北有蕭關；其它還有雄關兩百。另一種說法是渭河平原地處大震關與函谷關之間②。所以秦地有"四塞之國"之稱。

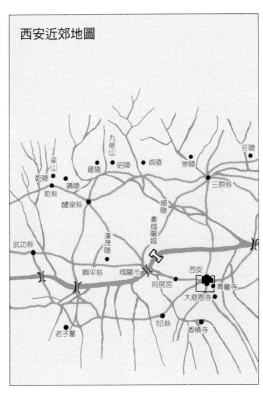

西安近郊地圖

圖引自《中國書道史の旅》，東京，藝術新聞社。

一、雄關要塞：

　　長安四周重要的關塞有五：

　　1.函谷關　關城在函谷中，函谷東自崤山，西至孟津，東西 20 公里，谷道兩側是懸崖峭壁，山崖之上長滿了郁郁蔥蔥的蒼松翠柏，遮蓋著狹長的谷

---

①《史記·秦始皇本紀》。
②王崇人：《古都西安》，〈古都概況，自然環境〉，頁 1，西安，陝西人民美術出版社，1981 年。

函谷關在今河南省靈寶市西南，內屏關中，外維河洛，車不得方軌，騎不能並行，真所謂崤函之險甲天下。（資料照片）。

潼關是河南、山西、陝西交界的要地，也是進入長安的門戶。關城斜建於山坡下，下臨黃河，形勢甚壯。《水經注》稱其：“邃岸幽谷，車不容軌。”今關城已拆。（資料照片）。

道，更增加了函谷之中的險要氣氛。由於谷道深險如函，因而又名崤函。

2.潼關　在陝西省潼關縣東南黃河、渭河、洛河交會處，《水經注》稱其“河在關內，南流衝激關山。”黃河自潼關東北流下，岸旁有黃捲坡，“邃岸天高，空谷幽深，澗道之狹，車不方軌，號曰天險[3]。”潼關不但是歷代兵家必爭之地，而且是山西、河南、陝西三省之接界，是中原進入關中的第一道門戶，收關長安之安危[4]。

3.大散關　在陝西省寶雞縣西南25公里。位於大散嶺之上，所以取名“散關”或大散關，是秦蜀之咽喉。其西北有隴山，又當汧、渭縈流，山川交會之處，為控制川、陝南北交通之要道，亦為川、甘進入關中之最近門戶。楚漢相爭的時候，劉邦從漢中北征，就是從這裡奪取關中的。三國時代，諸葛亮曾經出散關而攻打陳倉城[5]。

4.武關　在陝西省丹鳳縣城東40公里的峽谷溪澗間。關址建立在狹窄谷間一塊較高的平地上。周圍約1.5公里，版築土城牆，略呈方形。

武關，是關中的南界。古為秦、楚之襟要。武關距長安不過230公里，武關之北還有藍關，但均不及崤函險要。秦末劉邦入關中滅秦即取此道，以避崤函之險。

5.蕭關　在甘肅省固原縣東南15公里，是長安與西北地區交通要衝，為“關中四關”之一，襟帶西涼，咽喉靈武，實為

北面之險[6]。”蕭關位於環江上游，遊牧民族入侵常沿涇河或環江河谷以窺長安，遊牧民族南下時，蕭關的戰略地位尤為重要。漢朝與匈奴以蕭關為界。

③顧祖禹：《讀史方輿紀要》，卷52，台北，樂天出版社，1973年。
④國家文物事業管理局主編：《中國名勝辭典》（精編本），〈潼關縣〉，頁1217，上海，辭書出版社，2001年。
⑤賀俊文：《陝西旅遊指南》，第2章，頁33-34，北京，中國旅遊出版社，1987年。
⑥同註③。

二、崇山峻嶺與河川水利

關塞之外，長安東邊的華山、南側的秦嶺也是屏障：古代兵家由東往西，首遇崤函之險，如再能強渡黃河，則遇潼關，再被阻擋於華山，所謂"踐華為城，因河為津，據億丈之城，臨不測之谿以為固"[7]，乃此之意。

1. 華山　是中國著名的西嶽。在陝西華陰縣城南，海拔 2,200 公尺，北瞰黃河，南連秦嶺。《水經注》說它"遠而望之若花狀"，因名華山。

2. 秦嶺　陝西省以秦嶺為界，分為南、北兩部分。秦嶺以北是渭河盆地和陝北高原，屬於黃河流域；以南是漢水谷地，屬於長江流域。是中國地理上的天然界線，南北景觀不同。

3. 隴山　秦嶺西端隔渭水和隴山相望。據古書的記載，說是隴山東西有 90 公里。今隴山主峰為隴縣固關鎮西南的關山，高達 2,428 公尺。

4. 北山　由隴山越千水而東為千山。自此以東皆為關中北部的群山，又稱為北山或北阜，是橫、梁二山的山脈，有眾多小山。均在海拔 1,187～1,855 公尺左右，在這些小山上或其間的平原，滿佈唐代 18 位皇帝及陪葬大臣的墳墓，即所謂"唐關中 18 陵"[8]。

漢唐時代的甘泉宮、池陽宮、扶荔宮、九成宮、玉華宮等，都在北山南麓。韓城（有司馬遷祠墓）就在黃河岸上，由此南至潼關，其間雖再無山巒，但黃河一樣阻隔著東西。

這樣群山環繞的關中地區，面積為

[7]《史記‧秦始皇本紀》內之〈賈誼過秦論〉。

[8] 謝敏聰：《中國歷代帝王陵寢考略》，第 15 章，〈唐朝陵寢〉，台北，正中書局，1976 年。

大散關。在陝西省寶雞市西南 25 公里，為控制川陝南北的交通要道。王國維認為這裡在周朝初年為散國之地，著名的散氏盤即發現於此。今有川陝公路及寶成鐵路通過。

潼關附近的黃河。右邊橋端為風陵渡。

隴山山區的渭河河谷。

九嵕山是唐太宗昭陵的所在地。山勢突兀，海拔 1,188 公尺，南隔關中平原與太白、終南諸峰遙相對峙，東西兩側層巒起伏，溝壑縱橫，愈加襯托出陵山主峰的孤聳迴絕。加以涇水環繞其後，渭水縈帶其前，更顯得氣勢雄偉。（金勇攝）

26,400 平方公里。郿縣附近往東的渭水兩岸和涇、洛兩水的下游，皆為海拔 400 公尺的平原，面積 10,040 平方公里[9]。

由以上崇山峻嶺，雄關要塞可知關中的軍事地理確如顧祖禹所說："陝西山川四塞，形勝甲於天下，為自古建都重地。雄長於茲者，誠足以奄有中原矣[10]。"

秦嶺與北山之間的長安附近分布有許多原地，它土質深厚、肥沃，地面平坦；而其間河流縱橫，用水並不困難；雖近臨河水，但又高差較大，河水泛濫對其影響甚微。

長安附近的原地主要有：少陵原、神禾原、白鹿原、銅人原、細柳原和咸陽原等。

唐高宗與武則天合葬的乾陵。在西安西北約 75 公里處，以梁山為陵塚，形勢雄壯。高宗李治公元 650 年即位，683 年死於洛陽貞觀殿，武則天於 684 年稱帝，在位 21 年，705 年死於洛陽，後合葬乾陵。該陵原有內外兩重城牆，遺址可辨，陵前有很多大型石雕，為盛唐時期的藝術品。

[9]史念海：〈關中的軍事歷史地理〉，《文史集林》，第 2 集，1987 年。
[10]顧祖禹：《讀史方輿紀要》，卷 52。

唐昭陵六駿　特勤驃。貞觀 11 年(637)，太宗將曾與他一同征戰之 6 匹戰馬，由閻立本繪稿，而雕刻成 6 塊浮雕，陳列於昭陵的北司馬門內東西兩廊。六駿中颯露紫及拳毛騧於 1914 年被竊送往美國賓州大學博物館，其餘 4 駿現藏陝西省博物館。"特勤"乃突厥語回鶻可汗子弟的官銜。唐昭陵東西 12 公里，南北 10 公里，有陪葬墓 157 座，總面積 2 萬公頃，為中國帝王最大的陵園。

唐章懷太子李賢墓（公元 654-684 年）墓　陝西省乾縣東金村，為乾陵的陪葬墓之 1。陵園南北長 180 公尺，東西寬 143 公尺，高約 18 公尺，墓道長 71 公尺，有 600 多件隨葬品出土。

唐武則天母楊氏順陵石獅。順陵位於咸陽市秦都區東北15公里。陵園為方形，陵墓座北向南，分內外兩城，總面積110萬平方公尺。此陵完全仿照唐室帝王陵墓規格。武則天10歲時，其父武士彟卒於荊州都督任內，則天與其母相依為命，其母歿葬於順陵。

唐永泰公主李仙蕙（公元684-701年）墓　陝西省乾縣韓家窰東。

此墓“號墓為陵”為仿皇帝陵級的墓園，墓南北363公尺，東西220公尺，高14公尺，墓道全長87.5公尺，從墓道到墓室有壁畫，出土三彩俑、金、銅、鐵、玉、錫器900多件。乾陵博物館設在永泰公主墓前。

長安附近河流眾多，水源豐沛，古有"八水繞長安"之說，主要有渭、涇、灞、滻、灃、滈、潏、潦（潦）等八條河流。其中又以渭河、涇河最重要。

渭河流域極廣，納黑水、潦水及灃、滻、潏、灞、涇水，最後會洛水東流至潼關注入黃河。渭河上游湍急，自寶雞起有較狹之河谷平原，愈東流愈寬廣，土壤肥沃，水利發達，物產豐富。

涇河　發源於寧夏六盤山東麓，東南流經甘肅東南部的隴東高原，由長武進入陝西，至高陵注入渭河。是渭河各支流中最大的一條支流。涇河中下游正好流經長安城西北的京畿之地。涇河蘊藏著豐富的水利資源。秦漢時代，這裡先後開鑿了鄭國渠、龍首渠、六輔渠、白渠等引涇灌溉工程，使這裡成為了當時全國重要的農業基地[11]。

秦、漢以來，因八川之流，環繞畿輔，便漕利屯。隋建新都，八川之流，漸復其舊，唐人踵之。而渠堰之制益備。然灌溉之利，去秦漢時甚遠[12]。

長安城外的八水在防禦的作用方面，更顯得有其意義。八水圍繞長安，形成都城最近的天然防線；其中渭水和灞水尤其重要。秦漢時期，咸陽、長安之間的渭水上曾修建過中、東、西三座渭橋，至唐代猶存。這三座渭橋和灞水東岸的灞上，在戰爭中的得失會立刻影響到長安城的安危[13]。

灞橋在西安城東 14 公里，唐代長安居民送東行的客人，止於此。（宋肅懿攝）

灃河流經唐長安城西，此為西安市西北三橋鎮附近的灃河。（宋肅懿攝）

據新華網 2005 年 3 月 1 日報導：在地下沉寂千年的隋唐灞河古橋在 2004 年 9 月的一次洪水後暴露於河面，吸引專家學者的關注，專家表示，它為研究中國古代橋樑史、科技史和隋唐史以及灞河生態環境變遷提供了重要的物證。目前有關單位已對 11 座橋墩及古蹟遺址進行保護及重建。

⑪《元和郡縣志》，卷 1。
⑫《元和郡縣志》，卷 1。
⑬同註⑨。

渭河平原,沃野千里,退可守,進可攻。自成一個地理區,西周、秦、西漢、新莽、西晉(愍帝時期)、前趙、前秦、後秦、西魏、北周、隋、唐等12個朝代在此建都,杜甫詩云:"秦中自古帝王州"(《全唐詩》,卷230〈秋興〉之6)。

寶雞市為渭河平原的西端大城,也是陝西省的第2大都市及工業中心。

咸陽渭河橋。昔日的咸陽古渡橋在咸陽市區舊城東南方向渭河岸邊,是秦漢時期木結構西渭橋所在地。此渡口連接隴蜀之道路,為關中一大渡口。(宋肅懿攝)

北京西北八達嶺長城。八達嶺在軍都山中，屬延慶縣管轄，南距北京85公里，係居庸關溝北口，海拔1,078公尺，八達嶺在長城和關溝的丁字點上，戰略位置非常重要，為保衛北京的重要關口，歷史上在此發生比較大的戰爭，不下40餘次。

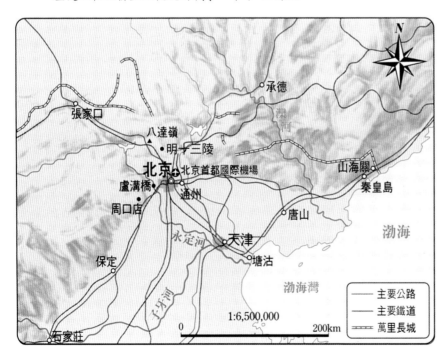

北京周邊地圖。圖引自《週刊朝日百科》東京，朝日新聞社，2002年。

2004 年 9 月，西安灞河水驟漲，持續了幾個小時的洪水過後，河灘上赫然露出 11 個狀若船形的橋墩。據專家考證，該橋建於隋開皇 3 年(583)，是中國現存年代最早、規模最為宏大、橋面跨度最長的多孔石拱橋。

11 座橋墩歸然屹立在奔湧的河水裏，造型為船形，東西方向放置，南北兩端呈尖狀，有分水尖，其中 10 座現身明顯的橋墩均為青石襯底，青石之間以鉚釘連結，最北頭的一個橋墩迎水的是一個長約 50 公分的石刻龍頭，線條粗獷，栩栩如生。每個橋墩寬約 3 公尺，橋墩與橋墩之間間隔約 6 公尺，東西橫跨灞河約 80 多公尺長，可以想當年灞橋的壯觀景色。

古往今來，灞橋是連接八百里秦川與中原大地的交通要道。據記載，灞河上建橋始於春秋時期。秦穆公稱霸西戎，將滋水改為灞水，並於河上建橋，故稱 "灞橋" 史載這是中國最古老的石柱墩橋。唐時，灞橋上設立驛站，長安人送別親友，都要來到灞橋，折柳惜別。

富庶的名山，廣闊的原地，眾多的河流，繁密的池澤，這些自然條件使關中地區自古就有 "天府" 、 "陸海" 之稱。

三、政治地理的中心

長安在中國政治地理區域中，屬於 "關中" ，此一區域在中國上古、中古史上，常自成完整的政治單位。

長安的地理位置極為優越，其周邊地理形勢險阻，四關堅固，且居於全國中樞位置，向東南可控中原與江淮，向西北可控長城防線，國力強時且可經營西域。但國力弱時，因西北隴山較短，無法隔絕北來的襲擊；如用以抵禦西戎，又嫌深在腹部，距邊塞遠，為美中之不足。因而亦有謂 "關中為地形上的要塞，是以對內作戰而言，欲抵禦北方胡人，則因少高山峻防，不能不爭長城，不能不爭河套[14]" 。然而以 "攻" 而言，當漢族國力強盛時，正可向西北發展、經營西域。

長安也是東西方交通的樞紐。西域諸國來唐必到長安再往東或南下，東亞和南亞諸國與唐朝交通，也必到長安，或再經陸路與西域交通。

第二節　北京的地理形勢

北京位於河北省的西北角，在內蒙古高原和華北平原的接觸地帶上。自山海關以北，與遼東接界，天津以南，與山東接界，皆臨大海。太行山中分冀州之界，圍環數千里，唐宋河北、河東皆以太行為限蔽。況幽州之地，控帶沙漠[15]。

北京周圍地勢西北高而東南低。西部山地，南起拒馬河，北至南口附近的關溝，總稱西山，或稱小五台山，是太行山的一支，可為北京西邊的屏障，

---

⑭沙學浚：〈西安時代與北平時代〉，重慶，《大公報》，1944 年 2 月 6 日、7 日。
⑮《讀史方輿紀要》，卷 10。

又可以指揮大西北。

太行山　也稱西山，在北京西 15 公里。太行首起河南，北至幽州，由廣平、順德、正定、保定之西，迴環至北京之北，引而東直抵海岸，延袤 1,000 公里。

北京北部、東北部山地統稱軍都山，屬燕山山脈，據高屋建瓴之勢，其西北山麓建有明十三陵[16]、東北山麓建有清東陵[17]，山形偉壯，可見一般。在這道峰巒起伏，地勢險要的山嶺之中，有很多天然形成的峪谷關隘，最重要的如密雲縣的古北口、昌平縣的南口、遷西縣的喜峰口等，遂成為溝通北京小平原與蒙古高原和東北大平原的交通要道[18]，而西南太行山麓亦建有清西陵[19]。

北京自古就是北方各族通向中原各地的門戶，因為居住在長城以北和東北的各少數民族若要和中原接觸，從僅有的幾個山口越過燕山，或是沿著燕山山麓西北而下，都必須經過北京小平原，然後再經由古代永定河的渡口，合為一路徑直南下。這樣，現在由盧溝橋所代表的古代渡口，就成了南來北往的必經之路[20]。因此，北京這個地方，很早就成了北方各族人民的交往中心[21]。

北京除崇山峻嶺環繞外，峰嶺之上還有堅固的長城，長城是拱衛北京的要壘，北京北邊、東北邊、西邊都是設防的重點。據遙感資料查明，北京地

盧溝橋。在北京西約 15 公里的永定河上，是古來往湖廣等地必經通路。金明昌 3 年(1192)竣工，橋欄雕刻石獅數百。為 1937 年中日七七事變爆發地。

盧溝橋的石獅子

清乾隆帝御筆 "盧溝曉月" 碑

[16] 王其亨主編：《明代陵墓建築》，北京，中國建築工業出版社，2000 年。
胡漢生：〈明十三陵的建築藝術成就〉，《中國紫禁城學會論文集》，第 3 輯，北京，紫禁城出版社，2004 年。
[17] 于善浦：《清東陵大觀》，石家莊，河北人民出版社，1985 年。
于善浦：〈清孝陵對清朝帝王陵寢建制的影響〉，《故宮博物院 80 華誕暨中國明清宮廷建築國際學術研討會會議論文》，2005 年。
王其亨：〈順治親卜陵地的歷史真相〉，《故宮博物院院刊》，1986 年 2 期。
王其亨主編：《清代陵墓建築》，北京，中國建築工業出版社，2003 年。
徐廣源：〈乾隆朝是清代陵寢制度史上最完善最輝煌的時期〉，《故宮博物院 80 華誕暨中國明清宮廷建築國際學術研討會會議論文》。
[18] 侯仁之、金濤：〈北京〉，收入陳橋驛主編：《中國六大古都》，北京，中國青年出版社，1983 年。
[19] 于善浦：〈雍正陵寢選址史事〉，《中國紫禁城學會論文集》，第 3 輯。
徐廣源：《解讀清皇陵》，北京，紫禁城出版社，2005 年。
[20] 侯仁之、金濤：《北京史話》，頁 10-14，上海人民出版社，1980 年版。
[21] 崔文印：〈略談我國古代契丹、女真、蒙古等北方各族對北京發展的貢獻〉，收入北京史研究會編：《燕京春秋》，北京出版社，1982 年。

古北口。在北京之北 125 公里，它西有潮河和臥虎山，東有蟠龍山，口門兩側山峰陡峭，緊鎖關門，地理位置非常險要，自古就是中原北部的重要門戶和邊關重鎮。清朝時古北口又成了皇帝到承德避暑山莊的皇家御道和重點驛站，康熙、乾隆、嘉慶等清朝皇帝曾多次出古北口圍獵，駐此攬勝。

居庸關的城樓。位於北京西北約 60 公里的南口與八達嶺關溝之中間，乃中國九塞之 1。

太行山區的紫荊關（左）及關旁的拒馬河（右）（此即宋代的白溝河，為宋遼的疆界）。紫荊關雄踞在河北省易縣城西北 45 公里的紫荊嶺上，為中國 9 大名關之 1，1996 年公布為全國重點文物保護單位。2006 年 1 月，維修工程通過國家文物局組成的專家組羅哲文先生等專家的驗收。

居庸關城南門的塔座為過街塔，俗稱雲台。

雲台門洞內刻有佛像（元代）

區長城全長 629 公里，有城台、敵台 827 座。登上八達嶺遙望，就可看見多處長城和墩台的遺址。

　　明朝把萬里長城劃分成 9 個防守區，稱為九鎮。環繞京師的要塞，從山海關至雁門關修築的關隘、城牆有的多達 20 層，組成了完整而嚴密的縱深防禦體系[22]。

　　北京附近長城的走向是由東北邊的山海關向西伸展，經喜峰口、古北口到西北邊的居庸關。從居庸關起長城分內外兩道。外長城北走內蒙，到獨石口，再折向西南，向西入山西北境；內長城沿戰國時代燕、趙長城遺址，向西南延伸，沿河北和山西的邊境南下，經過紫荊關、倒馬關、龍泉關，到石太鐵路的井陘關和娘子關[23]。

　　北京的永定河、潮白河、北運河、拒馬河和沟河 5 大水系，均屬海河水系，北運河上游叫溫榆河，到通縣以下稱北運河。

　　永定河十里舖渡口為北京通往山東、河南的要衝，歷來南來北往的行人客商絡繹不絕。

第三節　比較

一、由建都長安到建都北京

　　中國上古、中古時期建都之地以長安、洛陽為主要，近世則以南京、北京為樞紐，中古與近

山海關寧海城。此城在明代主要是作為屯兵和操練士兵之用。城中東南有澄海樓為觀賞長城起點老龍頭的絕佳之地，清康熙、雍正、乾隆、嘉慶、道光均曾到此地。

....
[22]中國青年出版社編：《北京十大名勝》，頁 194，北京，中國青年出版社，1989 年。
[23]郭嗣汾：《細說錦繡中華》，第 18 章，頁 1015，台北，地球出版社，1975 年。

明十三陵大觀

十三陵位於北京西北郊45公里處的昌平市天壽山系的蒼翠小盆地之中。盆地以北即主峰——天壽山，東西有峰巒聳立，是一個天然的屏障；南有龍山、虎山犄角而立，來自西北的溫榆河流經中部，再從東南的東山口直瀉河北大平原，景色異常雄偉壯觀。此即"背山面水，中間明堂，左青龍、右白虎"的最佳風水地勢。

明十三陵武翁仲

明十三陵勳臣翁仲

十三陵陵區內有 1 條長 7 公里的南北向神道。佈置著大石坊、大紅門、碑亭,再北有 18 對石人、石獸,及櫺星門、七孔橋便到達明成祖長陵。

明成祖長陵的祾恩殿，它是十三陵中現存唯一完整的明代木構殿宇，也是中國帝陵中現存最早的木構建築，和北京故宮太和殿、曲阜孔廟大成殿、並稱中國現存3大宮殿建築。

明熹宗德陵的二柱門（殘柱）及明樓

清東、西陵大觀

圖為咸豐定陵。清東陵位於河北省遵化市馬蘭峪,為中國現存規模最大、體系最完整的皇室陵寢,始建於 1661 年,陵寢建築分布在 48 平方公里的範圍內,15 座帝后陵寢、妃園寢依昌瑞山自東向西排開,氣勢宏大,蔚為大觀。東陵有順治孝陵、康熙景陵、乾隆裕陵、咸豐定陵、同治惠陵 5 座帝陵。

　　清西陵位於河北省易縣泰寧鎮永寧山,這裡有:雍正泰陵、嘉慶昌陵、道光慕陵、光緒崇陵。1990 年代初,宣統帝溥儀也由八寶山公墓移葬西陵。

清東陵總神道武翁仲

清東陵總神道文翁仲

清東陵總神道長 6 公里，從南端的石牌坊起有大紅門、碑亭、石獸、石人、櫺星門等。在總神道兩側分出支道，通往其它各陵形成一個完整的體系。

清西陵牌坊及大紅門

清世宗雍正帝泰陵隆恩殿

清高宗乾隆帝裕陵方城、明樓及月牙城

乾隆裕陵隆恩殿

乾隆裕陵琉璃花門

36

太行山上的長城嶺長城。明朝徐霞客說："登長城嶺絕頂，回望遠峰，極高者亦伏足下。兩旁近峰擁護，惟南來一線有山隙，徹目百里，嶺之上，巍樓雄峙，即龍泉上關也"。惟城樓經不起歲月風霜，此為 1997 年初作者所看到的景象。

秦咸陽宮一號殿遺址。南臨渭水，北枕高原，南與秦嶺終南之巔遙遙相對，北與六國宮室緊密相連，高台上的建築主要由殿堂、過廳、居室、浴室、迴廊、倉房和窖穴等部分組成，各個建築在使用功能、通道、採光、排水等方面作了較為合理的安排，這在中國建築史上還是第 1 次發現。

世之間以開封和杭州為過渡。

(一)上古及中古

中國古史活動的場面大體上主要在黃河流域，其西部上游武力較優，東部下游則文化經濟較盛，此種形勢自新石器時代，經商、周、直到秦併六國都沒有改變[24]。甚至到隋朝建立也都是這種形勢。長安、洛陽是中國上古、中古時期政治、經濟、軍事、交通、文化的中心。此時期的王朝如秦、西漢、隋唐大體上選擇長安附近作為正式的首都。但中國幅員廣大，政府對較遠的地區常有鞭長莫及之感，而中原一帶究竟也是文化進展較早的廣大地區，不能不在這一帶設立一個重點，作為長安的輔助。這種輔助大多基於政治性、經濟性、或文化性[25]。

周公選定洛陽，即是為加強對殷代後裔的統治，使之與長安在控制全國上形成犄角。因渭河平原腹地並非很大，所以，隋、唐以後，每遇荒年，皇帝就要率群臣就食洛陽；因為洛陽交通方便，由江淮、江南等來的漕糧都集中於此。

隋煬帝為適應大一統之局面，建設洛陽為東都，每月役丁 2 萬。大業 6 年(610)，煬帝曾於洛陽盛陳百戲以招待來京的各國酋長和使節。戲場周圍五千步，奏樂的有 18,000 人，演戲時間長達一月之久，以後更常常如此舉行，以誇耀中國的富強。唐朝時皇帝常常半年住長安；半年住洛陽。因厲行"關中本位政策"，定政治首都於長安，並另以洛陽為東都，作為帝國最大的文化、經濟中心。

隋、唐時代長安、洛陽同時為中國的首都，號稱"兩京"。英國地理學家柯立希 Vanghan Cornish 著《大國都》(Great Capitals)一書認為：建都條件

[24]錢穆老師：《國史大綱》，第 3 編，第 11 章，〈統一政府之對外〉，頁 145，台北，台灣商務印書館，1975 年。

[25]Michael Loewe, *The Growth of Chinese Citites*, From "*Imperial china*", p.222, Frederick A. Praeger, Inc Press 1966.

有 3，即叉路口、要塞、穀倉。西安的地理位置在唐以前可說大致具備這 3 大條件，因此對外，強可撻伐、開拓，弱則可以防守。對內則可控制中原與東南，有高屋建瓴之勢[26]。

10 世紀後，中國的都市發展有很大的變化，這種變化，可由國都的位置來證明一切。遠從公元前 1000 年起，成為國家中心的長安與洛陽，就好像在中間夾著函谷關，形成橢圓之兩個焦點似的，分立於東西兩邊，實具有易守難攻的地利。但在 10 世紀以後，它們已不再是光榮的首都。五胡十六國以後，由於江南的迅速開發，而逐漸超越當時國家的穀倉——黃河流域。對外交通亦逐漸由以西域為重點的陸路，轉向海道，長安與洛陽隨著全國整個形勢的發展而產生變化，繁華消歇，失去了領導全國的地位。

到了唐中葉以後河朔一帶藩鎮割據，暴刑賦，民生經濟遭摧殘破壞。繼則五代時期之長期兵爭，使汴、洛東西二、三千里丁壯老弱及財物牲畜幾乎無存。後梁、後唐皆夾黃河與敵相持，常決水行軍。到宋時黃河常常潰決，使北方的農村遭到嚴重的損害。所以由隋煬帝完成的"政治的北方與經濟的南方的橋樑"——大運河，一天比一天的重要。而反映這種動向的，就是位於河南中部大運河邊緣的汴州（今開封市），開始受到注意。

西漢長安未央宮遺址。在西漢長安城西南角。始築於公元前 200 年，由承明、清涼、宣室等 40 多個殿台組成，周長 11 公里。西漢、前趙、前秦、後秦、西魏、北周等朝代的皇宮都設在此。

龍亭。北宋故宮遺址，亭為清代所建，河南省開封市。

汴州位於洛陽之東約 180 公里處，距黃河向北曲流處不遠，它是華北平原的中心，道路四通八達，可以環視四周。唐代中期以後佔據此地的藩鎮，都利用汴州控制從大運河北上的物質，所以對唐室有很大的影響力[27]。

(二)過渡期

當唐末五代，北方經濟受到嚴重損壞的同時，南方所受戰禍，遠較中原為輕；北方士民為避戰火，不斷地南徙，北方人口因之減少；南方反而增加，

[26]宋肅懿：《唐代長安之研究》，頁 15，台北，大立出版社，1983 年。
[27]梅原　郁：〈都市の發展〉，收入《中國文化の成熟》，東京，世界文化社，1969 年。

吳越國皇宮（後為南宋皇宮）內梵天
寺的經幢——浙江省杭州市。

生產隨之提高。

　　南方國家尤以吳越國統治杭州一帶86年最為安定，當時中原戰火連年不息，而杭州卻一直未發生過戰事。吳越王又大興水利，使沿海之地，盡成沃野。

　　而江淮地區，自吳王楊行密開始，即一意保境安民，因此吳地漸成當時樂土，迨南唐建國於金陵，國力充沛，經濟豐裕。

　　汴梁是交通要衝，但四周為平原，無險可守，不適合作為永久都城，因此成為“長安、洛陽期”與“南京、北京期”的過渡都城。

　　北宋以後，宋朝政府曾大修江南圩田河塘，民間亦自築堤防浦港。南宋建都杭州，百萬之師悉寄命江南。江、浙之區，田連阡陌，悉為膏腴之地，為最重要的“穀倉”，自此中國國力的重心東移。

(三)近世、近代

　　北京成為全國統一政權的首都，是從元代大都城開始的。明、清相繼，並有了“北京”之名。五代以前，北京只是一個地方性的政治中心，又是中國北方的一座軍事重鎮。自遼以後漸由陪都發展為全國的首都。北京歷史地位的演變過程，也就是中國的主要政治中心從長安、洛陽、南京向北方轉移的過程。促進這一重大變化的原因，除社會歷史的演進起決定性的作用外，也是因為幽燕之地具備為中國近世、近代都城的地理條件[28]。

　　唐代中葉以前，中國的外患多在西北，唐代中葉以後，安、史倡亂於燕地，藩鎮也興起於河北。石敬瑭以燕、雲割讓予契丹後，中國外患遂來自東北，自燕山以南，直到中原，無險可

金中都城牆遺址。北京市。公元1151年，金遷都燕京，這是有王朝正式在北京建都之始，圖為盧溝橋鄉三路居鳳凰嘴村的中都西南城角夯土殘壁。

守，契丹騎兵一天之內可達汴京。宋朝無法收復燕、雲舊地，靖康之辱復重蹈石晉之轍而至。自從遼、金、元相繼建都燕京，中原受控御者達數百年[29]。

㉘尹鈞科：〈略論地理環境對北京歷史的影響〉，收入《北京歷史與現實研究》，北京，燕山出版社，1989年。
㉙《讀史方輿紀要》卷11。

尤以元朝之疆域幾遍歐、亞。由此可說明，中國地略的重心已東移到了燕京。

明成祖有鑒於此，乃毅然自南京遷都北京。清朝入關，沿明之舊，仍都北京，是因為北京與其初起地東北距離不致太遠，在戰略上隨時可以退回東北老家，入主中華可兼顧根據地。何況元、明對北京經營已制度化，宮殿、城闕、衙署完備，漕糧與江南物資運輸系統完整。元、明、清以來與海外的交往日益重要，近代俄國、日本的勢力交相衝突於東北，英法聯軍侵略於海疆，更證明了北京地位的重要。

元大都的北城牆及護城河。北京市。元世祖忽必烈於公元1267年在金中都的東北郊外，營建大都城，大都城的皇城是環繞今天的北海公園修建的。義大利的旅行家馬可波羅在《遊記》中讚美大都是"如此的漂亮，佈置如此巧妙"。

建都長安的朝代是扮演亞洲史，中國中世史的中國。中國與周邊國家如日本、朝鮮均在亞洲。古代中國境內的各民族所建立的國家如突厥、吐蕃、渤海國、吐谷渾、南詔也在亞洲，透過陸上絲路與海上絲路可以與中東各國相交通。

建都北京的朝代，是扮演世界史與中國近、現代史的中國。元代版圖橫跨歐洲、亞洲，元廷直接統治蒙古及中國，並在西伯利亞及俄羅斯建有欽察汗國，在今中亞到西亞一帶有伊兒汗國。察合台汗國和窩闊台汗國在今新疆到中亞一帶。

明朝之遷都北京，固然為防禦蒙古人的因素，但建都北京經營東北更為方便。而鄭和下西洋，象徵明帝國對海疆的重視。明中葉新航路的發現，歐洲人相繼由海路東來，長安僻處西北內陸，而陸上絲路衰落，海運興起，不足以支應東北及海疆。而建都北京正足以滿足此時中國歷史發展的需要。

㈣兩京制

建都長安或北京的統一朝代，為支應"大地略"，有兩京制。元、明、清以統一的王朝建都北京，一如周代、兩漢、隋唐，設"兩京制"，以便在統治龐大的領土做為犄角。元朝是第一個建都北京的統一王朝，在漢人劉秉忠的規劃下，設計、營建兩都。首都為大都（今北京），陪都為上都（開平府，今內蒙正藍旗石別蘇木）。既"藉于古昔"，繼承中原王朝的傳統，也完全適合於蒙古遊牧民族駐冬、駐夏的習慣。上都地處漠南，北至沙漠兩百多公里，東南至古北口200公里，南至大都315公里，"北控沙漠，南屏燕薊，山川雄固，迴環千里"，"展親會朝，茲為道里得中"。實在是忽必烈既可控制蒙古各部，又便於統治漢地[30]，此一點值得特別注意。

⑩顏吉鶴：〈試論劉秉忠的歷史作用〉，《北京史苑》，第3輯，北京出版社，1985年。

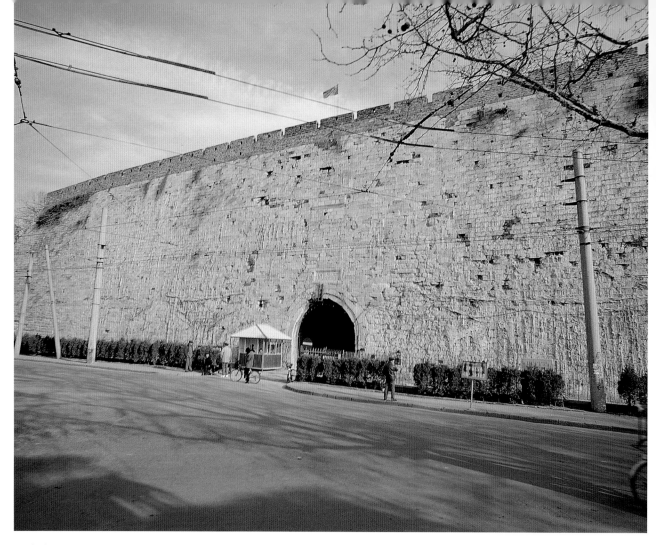

南京中華門。明代。新華社 2006 年 2 月 16 日報導：運用衛星拍照、航空影像、遙感技術、GIS（地理信息系統）及實地勘察，中國目前留存最大規模的京城城牆──明代南京城牆，經測繪總長為 35.267 公里，其中地面遺存為 25.091 公里，遺址部分為 10.176 公里。城牆最高 26 公尺，城牆頂部最窄處為 2.6 公尺，最寬處為 19.75 公尺，現存護城河全長為 31.159 公里。

南京中華門藏兵洞（明代）

明初建都南京，成祖遷都北京，1,500 公里南的南京則成為"行在"。成祖逝世後，明仁宗將北京改稱"行在"，直到英宗正統 6 年(1441)廢北京各衙門"行在"二字，南京各衙則增"南京"二字，改給兩文武衙門新印[31]。成祖之後十餘年沒有解決的國都問題，至此才得確定。自此到明亡，以北京為正式首都，南京為陪都，明末李自成攻陷北京，南京則成為南明的國都，福王弘光帝即位於此。

清以滿族入主中原，建北京為首都，從康熙 42 年(1703)開始，舉行"木蘭秋獮"，於熱河建避暑山莊（避暑山莊離北京 250 公里）[32]，建制於乾隆年間達到極點，承德為康乾盛世的陪都，嘉慶時代"木蘭秋獮"制度尚能勉強維

太平天國天京宮殿之 1——漪瀾閣

持，道光年間已形同虛設，咸豐 10 年(1860)，英法聯軍陷京，文宗逃往熱河，於是熱河又再度成為清廷的陪都。

長安、洛陽時代的兩京制是東、西二都，北宋時代則以開封為東京，洛陽為西京。元代以後的兩都是南、北二京，或上、下二都，也可以說明中國上古、中古時代中國國力是東、西互為犄角，到了元、明、清是南北列為犄角。由兩京制的變遷也可看出中國歷史國力重心轉變的經過。

二、西安與北京的地略

中國歷代帝都，形勝以西安為最，次為北京。西安山河四塞自成一地理區，退可閉關自守，進可出關東控中原。惟腹地太小。關中平原面積才 2.6 萬平方公里，可容納 4、5 百萬人口居住。

中國歷代敵人來自北邊、東邊、北京北有燕山，西北有太行山，東有渤海，成為天然屏障。南邊有廣大的黃淮平原（面積 31 萬平公里），做為腹地。東北可與松遼平原（35 萬平方公里）相接，西北與內蒙古就近連繫，又離海不遠，與海外交通也很便利，堪稱近世、近代、現代的理想建都之地，1000 多年來，遼、金、元、明、清等朝代在此建都，現為中華人民共和國的首都，城市氣勢雄偉，為世界大都市所罕見。

然而關中與河北的位置價值有二點異處：

[31]華繪：〈明代定都南北兩京的經過〉，《禹貢半月刊》，第 2 卷第 10 期，1935 年。
[32]閻崇年：〈康熙皇帝與木蘭圍場〉，《故宮博物院院刊》，1999 年 2 期。

兩京制：洛陽
──隋唐盛世陪都

洛陽龍門石窟，唐‧奉先寺。隋唐時代是以西都長安、東都洛陽並重的，特別由於洛陽地處中原，為全國水陸交通的樞紐，經濟地位較長安更為重要，隋唐朝的很多重大歷史事件都與洛陽有關。龍門石窟始鑿於北魏孝文帝遷都洛陽後，歷東西魏、北齊、隋、唐、北宋，400餘年大規模的鑿造，現有窟龕2,345個，造像10萬多尊，佛塔40餘座，碑刻題記近2,800塊。

龍門石窟一景，龍門石窟為中國4大石窟之1。

伊闕形勝。著名的龍門山是洛陽城南的天然屏障，因伊水中流，形似門闕，故名。

香山寺。自古為龍門
10 寺之 1，10 寺中以
香山寺最勝，這裡曾
是白居易居住和寫作
的地方，白居易自稱
"香山居士"。

隋唐洛陽宮城正南門應天門遺址。應天門，始建於隋大業元年(605)，此門沿用 300 餘年。經鑽探
可知其下部台基的範圍東西長 120、南北寬 60 公尺以上，城門進深 25 公尺，同時還發現了 5 塊門
道基石，城門墩基以及西側的城闕台基等，如果加以復原，將是一組以城門樓為主體、兩側輔以
垛樓、向外伸出闕樓、其間以廊廡相連的建築群體。由此可以想像當時的洛陽宮殿是多麼雄偉壯
觀。圖片說明文字引自，洛陽市文物工作隊：〈隋唐東都應天門遺址發掘簡報〉，《中原文物》，
1981 年，3 期。

兩京制：承德
——清康乾盛世陪都

河北省承德市普陀宗乘廟 1 景。承德避暑山莊興建於康熙 42 年(1703)，到康熙 47 年基本落成，作為"木蘭秋獮"時期，皇帝的行宮，承德在康熙、乾隆、嘉慶年間為僅次於皇都北京的全國第 2 個政治中心。

避暑山莊正門——麗正門，為乾隆36景的第1景。這是避暑期間，全國的行政樞紐和外使朝覲的場所。

澹泊敬誠殿——避暑山莊正殿，全部用楠木建造，散發出馥郁香氣，屋頂為青灰色瓦，樑柱只是略加油漆，具有淡雅、樸素接近自然的行宮格調。

澹泊敬誠殿內寶座

水心榭——具有北國江南的色彩

由避暑山莊宮牆望普陀宗乘廟（左）、須彌福壽廟（右）。康熙與乾隆為了籠絡蒙、藏各族部落，當然就要崇敬蒙藏兩族所信奉的喇嘛教，因此山莊外圍就有外8廟（北京以外）的興建，每座廟宇規模宏大，風格獨到。

普陀宗乘廟，又稱小布達拉宮，為乾隆60壽辰（乾隆35年）、皇太后80壽辰（乾隆36年）接待國內各少數民族王公貴族而建。乾隆32年動工，歷時4年。仿西藏布達拉宮建造。照片為萬法歸一殿藻井。

須彌福壽廟牌坊。須彌福壽廟，於乾隆45年(1780)仿日喀則札什倫布寺而建，以作為在乾隆帝7旬壽辰，班禪額爾德尼來承德覲見皇帝的居住和講經之地。

普寧寺大乘之閣。乾隆 20 年(1755)因平定准噶爾頭目達瓦齊的叛亂，因建此寺，佔地 23,000 平方公尺，綜合了漢、藏寺廟的建築形式。大乘之閣是全寺的主體建築，為仿照西藏山南扎囊縣的桑鳶寺的主殿烏策殿的形式修建，高 36 公尺有餘，是中國比較高的木結構樓閣建築之 1。

普寧寺大雄寶殿 1 景

普寧寺大乘之閣內的千手觀音，高22.23公尺，重約120噸，是由14根榆、杉、柏、檜等幾種木料拼接、雕刻而成。比例勻稱，造形巨大，這是中國、也是世界上現存最大的木雕佛像。

㈠西安地形山河四塞是大要塞

關中之為全國首都，創始於秦，秦漢隋唐皆漢民族，西安之建都，由漢主動。北京之建都，始於遼金，而元清用之以統一中國。遼金元清，皆北方民族，北京為其南下的根據地，與西安之為北征的大本營者，完全異趣。北京建都大多權操於人，而漢族受其制，此種變遷，乃中國歷史上一大轉捩點。

第二異點：由關中到中原與東南（或相反的方向）必須經河洛區，因陸有殽函之阻，水有三門砥柱之險，通過不便，由河北經中原南至長江（或相反的方向）則平原千里，絕無地形之阻，甚便馳騁。由此從北京控制中原與中國，遠較從西安來控制便易，這是國防地理上的一個重大的變遷[33]。

此外，在防禦線與交通線上也有差異：

北京的北邊與西邊有高山，這與長安類似，但長安距北山較遠，約為60公里。北山是一大片高原山地，一直北到甘肅省固原縣的蕭關，才是漢與遊牧民族的邊界。而北京北邊、西邊的燕山與太行山只是一條山脈。明·蔣一葵稱"漢唐都關中，去邊幾千餘里。今京師北抵居庸，東北抵古北口，西南抵紫荊關，近者百里，遠不過三百里爾[34]"。而北山與長安之間又隔了渭河，

‧‧‧‧‧‧‧‧‧‧‧‧‧‧‧
[33]沙學浚：〈西安時代與北平時代〉。
[34]明·蔣一葵：《長安客話》，卷7〈關鎮雜記〉頁140，北京古籍出版社，1982年。

普樂寺。建於乾隆 31 年(1766)，佔地 24,000 平方公尺，為漢族寺廟 "伽藍七堂" 式，主體建築 "旭光閣" 仿北京天壇祈年殿。

普樂寺旭光閣內的立體曼陀羅，內供勝樂王佛，閣頂有大型圓形鬥八藻井，內有二龍戲珠，製作精美。

安遠廟，又稱伊犂廟，建於乾隆 29 年(1764)，仿新疆伊犂固爾扎廟的形式興建。佔地面積 26,000 平方公尺，正中為三層黑琉璃瓦頂的普渡殿。

似乎又多了一層屏障，渭河在夏天雨季固然水多，有防衛上的功能，但秋、冬則是在枯水期，沒有多大的防禦作用。

北京北距燕山（長城在燕山上）約為 90 公里，燕山與北京之間沒有類似渭河這樣的大河做第二道防線。北京到號稱「神京右臂」的太行山很近，約只有 15 公里就到了，西山就是屬於太行山脈。而長安距隴山則很遠，在 200 公里左右。

長安東有黃河、潼關、華山為其屏障；北京東有渤海及大沽、塘沽等要塞，但長安東距黃河約有 200 公里，而北京距渤海只有 140 公里。

長安南距秦嶺 15 公里，似嫌離山太近，但渭河平原為一小地理區，離山太近使其防衛圈不致過長，這是一項優點。北京的南方為黃淮平原，物產豐饒，又以京杭大運河為聯繫線，與江南米倉連接，將南方的物質不斷地往北輸送。因此建都北京的王朝只要守住北面燕山及西面太行山的長城線，北京的防務就沒有問題，但長城線過長，防守也不簡單。清朝中葉以後，西人由海道遠來，仗恃著船堅砲利，壓迫中國開放門戶，清廷在大沽、溏沽等地也建起了炮台，海防開始受到重視，而建都西安的朝代，並未有所謂海防的困擾，此乃所處的時代環境不同。

防禦線、交通線均為國都所不可缺少，長安所扮演的角色是大要塞，是閉塞性的地略，自保以後才能擴張，如秦之統一中國，隋、唐之取天下。

交通方面關中的陸路、水路尚稱便捷。隋、唐時代之運河，使其水路交通更為頻繁；加上長安四通八達的驛道，使長安南北聯絡頻繁，物資糧貨等暢通，商業發達。長安雖是東西交通的樞紐，但地略、經濟略遜於北京。

(二)北京為叉路口——多民族勢力交叉地

北京的地略為開放性，其"叉路口"的特質比"要塞"特質顯著。在人文地理上，燕山南北、長城內外有著明顯的歷史差別。燕山以南、長城之內是漢民族主要分佈區，且人口稠密，其經濟以農業為主，其文化是中原漢族的文化。而燕山以北、長城之外則人口稀少，且以少數民族居多，其經濟以畜牧業為主，文化是北方少數民族的文化，與中原文化有顯著不同。北京恰處上述不同民族，不同經濟、不同文化之間相互交流、相互融合、相互滲透的紐帶地區。這種宏觀的地理背景，無疑是考察北京歷史地位演變的不可忽視的因素[35]。

到達北京的叉路形成 6 大官道，今有京廣、京九、京滬、京哈、京包、京承等鐵道及京杭大運河，以及眾多的國道與高速公路網，而北京到上海的京滬高速鐵路，於 2006 年下半年開工，2010 年將開始營運。交通線以輻射狀向四方擴散。因為是開放性的地略，所以北京的安全有賴遠方領土的主控權，左宗棠所說："重新疆所以保蒙古，保蒙古之所以衛京師"，乃因新疆關係到北京的安危。清季有海防論與塞防論，中國如海權不張亦足以威脅到北京的安全，如鴉片戰爭、英法聯軍與八國聯軍。日俄戰後，東北淪為日本人的勢力範圍，偽"滿洲國"成立後不久，接著長城各口的中、日血戰，繼而盧溝橋事變，華北淪陷。所以東北的安危，亦關係到北京的安全。不但中國境內多民族勢力相交叉於北京，清末列強勢力亦交相影響北京，是以北京作為叉路口的性質，遠勝於要塞。而北京能支應的大地略亦遠較長安為大。茲以清乾隆帝論北京大地略的氣勢概括形勝。

《人民日報》2005 年 4 月 7 日報導：北京市文物局宣布，刻有乾隆手迹《帝都篇》、《皇都篇》的御製石碑已在先農壇內壇東北角發掘完畢。這塊距今 252 年的石碑將成為新首都博物館的"鎮館之寶"。

據介紹，整個石碑分為碑身、碑帽和碑座 3 個部分，碑帽與碑座各有 2 個，一共有 5 件。石碑總高 6.7 公尺，總重 40 多噸。石材土的是漢白玉，保存十分完好，風化也不嚴重。碑身四面分別用漢文和滿文刻著乾隆皇帝作於乾隆 18 年(1753)的兩篇詩文——《帝都篇》與《皇都篇》。這兩篇詩文都有歷史記載，是乾隆皇帝所作的"北京頌"，反映了乾隆對清代建都北京的基本看法，文中"右擁太行左滄海，南襟河濟北居庸。會通帶內遼海外，雲帆可轉東吳杭"等名句，至今仍廣為引用。北京市文物局局長梅寧華表示，無論從文學、藝術還是科學價值來衡量，這塊石碑都具有非常重要的價值。

[35]同註[28]。

北京將成爲絲路鐵路的起點

根據倫敦《泰晤士報》2005 年 12 月報導：全長 4,000 公里的絲路鐵路已經開工興建，總工程費 50 億美元，連接中國、哈薩克、土庫曼、伊朗、土耳其，通往歐洲，預定 2010 年竣工，屆時單程只要 10 天，成爲往來亞洲與歐洲最快速便捷的陸上交通路線，並使古絲路再現生機[36]。本書作者推測北京將成爲絲路鐵路的起點。

三、立國方向

定都長安的朝代常因東方的文化經濟不斷向西輸送，使之與西方的武力相凝合，而接著再從西安向西北伸展，因此常是協調的、動態的、進取的，例如：西漢的驅逐匈奴、開通西域；唐代的平定突厥、經營西域、中亞[37]。

定都北京的朝代，也因江南的文化經濟不斷向北輸送，使經濟的南方與國防的北方相凝合，而接著由北京向東北、西北伸展，也因此常是協調的、動態的、進取的。例如：大都是歐亞大帝國──元朝的首都。明朝經營東北很有成就，到達黑龍江流域，兼領庫頁島。清人則來自東北，加入中華民族並積極經營西北、西南。

長安與北京都是進取的首都，建都於長安的周、秦、漢、隋、唐是中國上、中古時期的強盛朝代。立都於北京的元、明、清三代也是中國史上版圖最遼闊，文化燦爛完備，集中華文化之大成的朝代，立國的性格很相近。

現代史上，1949 年，中華人民共和國中央人民政府在北京建都，自 1979 年改革開放以來，經濟飛躍地成長，人民生活水準普遍顯著地大幅提高，現代的北京為中國歷史上最為繁榮的首都，為了迎接 2008 年奧運，北京正在大力建設，整頓市容，修復古蹟，開挖新地鐵，到時候將有來自世界各地的選手們在北京競技，北京市已與世界重要城市有同樣的地位，北京不僅是中國的名城，也是世界著名的大都市。

---

[36] 2005 年 12 月 6 日，台北，《聯合報》記者陳世欽編譯。
[37] 傅樂成老師：〈漢代的山東與山西〉，載台北，《食貨月刊》，復刊號，6 卷 9 期。

第三章
長安與北京設計的哲學理論

第一節　長安建制的思想淵源

隋唐長安是一座新設計的城市，不是自然發展或舊城沿用改建，因此長安的設計有幾項指導原則。

一、宇宙觀與世界觀

古代的中國皇帝都自認為是直接承奉天帝的命令來統治天下，根據"普天之下莫非王土，率土之濱莫非王臣"的政治觀念，世界上不可能再有一個與中國關係對等的國家，無論天朝的臣民或是四夷外邦，均須以中國皇帝為寰宇的共主。因此，在這種宇宙觀、世界觀的指引下，京都的設計，也仿照宇宙天極，以做為世界的中樞。

璣衡撫辰儀（渾天儀），清乾隆 9 年(1744)
建造，北京古天文台儀器。參看清‧允
祿：《皇朝禮器圖式》。

從可考見的：秦代咸陽①開始，始皇採用鄒衍的"陰陽五行說"把天上的星座與地上的臣君相比擬，歷長安②、洛陽③、建康、汴梁諸時期，下迄明清的北京城，中國皇都的設計，無不由此一"天極"的觀念演化而來。

中國古代的天文學家，將周圍的星辰分為 3 垣 28 宿，而附之以諸星座。3 垣是：紫微垣（北極星）、太微垣、天市垣：28 宿是：蒼龍 7 宿、白虎 7 宿、朱雀 7 宿、玄武 7 宿。

28 宿是守衛恆星 3 垣的行星。是古人在當時的天球赤道附近為比較月亮運動而設想的一些星座，相當於給月亮修的旅舍。28 宿的部分星名，早見於甲骨文。而漢末‧不著撰人：《三輔黃圖》："蒼龍、白虎、朱雀、玄武，

①《史記‧秦始皇本紀》。日本學者鎌田重雄氏在其著作，《秦漢政治制度の研究》（東京，1962，頁 92～98）中認為秦的 12 金人，象徵著北極星四周的星星，同時他們被安置在一座公元前 220 年所建供奉北極星的廟宇中。
②班固：《西都賦》："其宮室也，體象天地，經緯陰陽，據坤靈之正位，仿太紫之圓方。（註）七略曰：明堂之制，內有太室，象紫微。南出明堂，象太微。"
③《水經注》："（洛陽）今閶闔門外夾建巨關，以應天宿。"《新唐書‧地理志》："東都王城，曲折象南宮垣，名曰太微城，宮城象北辰藩衛，曰紫微垣。"

3垣28宿資料，北京建國門古天文台，紫微殿圖表。

天之四靈，以正四方，王者制宮闕殿閣取法焉"。3垣形成較晚，《史記·天官書》雖已提到3垣的輪廓，但形成較為成熟的樣子要到隋唐之際④。

唐長安太極宮又稱宮城，太極者，陰陽也。宮城乃陰陽交泰（即天地交泰、乾坤交泰）的地方。宮城是紫微垣的所在。紫微垣原為天帝的寶座，引申為天子的居所⑤，所以唐代洛陽用紫微垣來當做宮城的名稱，即"紫微城"。

宮城北門曰玄武門，為象徵玄武（龜蛇形狀）7宿所在，按《史記·天官書》："北宮玄武"。皇城正南的朱雀門，象徵朱雀七宿所在。

皇城是太微垣的所在。太微垣為天帝的南宮，端門為太微垣的南門⑥，"太微，天子庭也，五帝之坐也，十二諸侯府也。其外九蕃，九卿也。""南蕃中二星間曰端門，東曰左執法，廷尉之象也；西曰右執法，御史大夫之象也⑦。"唐長安皇城根據天文引申，即為百官衙署所在。而唐朝洛陽城的皇城亦以"太微城"為正式名稱。

市場象徵天市垣所在。按《隋書·天文志》："天市垣，主權衡，主聚眾。市中六星臨箕，曰市樓市府，主市價律度。市門左星內二曰車肆，主眾賈之區。"長安城內有東市、西市，對稱設計。另唐長安城街坊之規劃也有其象徵意義與淵源。皇城之東、西側南北縱行皆有13坊，象徵1年有閏。每坊皆開4門，有十字街四出趣門。皇城之南，東西每列4坊，以象4時，南北縱行皆9坊，取則《周禮》九達之制⑧。

二、隋大興城規建傳說

隋文帝開皇2年(582)詔左僕射高頴、將作大匠劉龍、鉅鹿郡公賀婁子幹、太府少卿高龍義等創造新都⑨。以李詢為大監⑩，但凡所規畫，皆出於領營新

④伊世同：〈最古的石刻星圖──杭州吳越墓石刻星圖評介〉，《考古》，1975年3期。
⑤《晉書·天文志》："（紫微垣）天帝坐也，天子之所居。"
⑥《史記·天官書》，〈索隱〉引宋均曰；《雍錄》："凡宮之正門，皆可名端門"。
　謝敏聰：〈明清北京建制的思想淵源〉，國民黨《中央日報》，1980年5月6日。
⑦《晉書·天文志》。
⑧徐松：《唐兩京城坊考》，卷2。
⑨《北史·隋本紀》。

都副監太子左庶子宇文愷。其地在漢長安故城東南 13 里龍首原之地，名為大興城⑩。

龍首山一帶，不但地面廣闊，為大多數的建築物計劃提供更大的範圍，並期望得到利用更多充足的水源供應⑫而龍首原高亢，為建宮城最適宜之處，可居高臨下。

新都在開皇 2 年(582)6 月開始興建，3 年 3 月，大致已竣工，自興建至此，計 9 個月。煬帝大業 9 年(613)，再發丁男 10 萬城大興。

隋氏營都，宇文愷以朱雀大街（南北向），有 6 條東西向的高坡，從北向南排列，為《易經》中乾卦的六爻之象，乃天造地設的國都所在地。乾即是天，為陽，代表君主，在這裡建都，國運必然昌隆，子孫興旺。《易經》："以陽爻為九"，而乾卦第 2 爻是卦中最尊貴的，所以第 2 道坡置宮殿，即"九二置宮殿以當帝王之居"即隋之大興宮，唐之太極宮；九三第 3 道坡置皇城，立百司（即朱雀門內百司庶府皆是），以應君子之數，九五貴位不欲常人居，故置玄都觀及興善寺以鎮其地⑬。此 6 坡從龍首山分隴而下，東西相帶，又為自北而南的朱雀街所隔，故山崗析為 12。實際上是利用有利地形，將宮殿建在坡上，居高臨下，這樣全城的制高點便牢牢地掌握在皇帝手裡。

唐長安城內的 6 條龍首原餘橫崗（坡），由於歷代的開挖和自然的變化，這些崗已逐漸消蝕。唯大城內的輦止坡和南關外的草場坡，仍有比較明顯的遺跡⑭。

三、《周禮‧考工記》的理論

周禮是儒家的政治理想藍圖。《周禮‧考工記》云："匠人營國，方九里，旁三門，國中九經，九緯，經涂九軌，左祖右社，面朝後市，市朝一夫。"

意即國都的規劃要以宮城為中心，左邊有祖廟，右邊有社稷壇，前面是外朝辦事之所，後面是市場交易之處。外朝與市場的面積都是一夫之地（百步見方）。此種形制，清‧孫承澤在其《天府廣記》，卷 5，說與古代的井田制度有關。

隋唐長安城約略為正方形，而郭城 4 牆也均為 3 門，外郭城中有 25 條大街，其中東西向 14 街，南北向 11 街。在這些大街中，以朱雀門到明德門之

---

⑩武伯綸：《古城集》，〈古城拾零〉，〈隋新都的創修〉，引 1956 年，西安東郊十里舖西南出土，〈唐故邠州別駕隴西公李紹墓志〉，正史沒記錄此事，（西安，三秦出版社，1987 年。）

⑪《隋書‧文帝紀、宇文愷傳》。

⑫李令福：〈隋大興城的興建及其對原隰地形的利用〉，載《陝西師範大學學報‧哲學社會科學版》，2004 年 1 月；並見 Michael Loewe 著、謝敏聰譯：〈中國城市的發展〉，載台北，《文藝復興月刊》，147、148 期，1983 年 11、12 月。

⑬唐‧李吉甫：《元和郡縣志》，卷 1。

⑭武伯綸：《古城集》，〈唐代長安城的東南隅〉，〈樂遊原和青龍寺〉，頁 1。

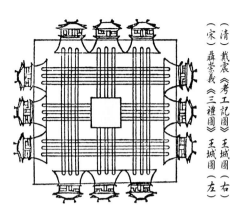

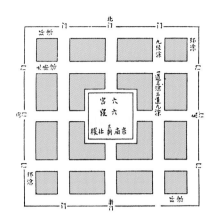

（清）戴震《考工記圖》王城圖（右）
（宋）聶崇義《三禮圖》王城圖（左）

大興善寺山門。始建於晉泰始至太康年間(256-289)，隋文帝建新都大興城，為了城防安全，要求城內坡頭高地，皆建為宮殿官衙、王宅或寺觀。乃遷建原陟岵寺於朱雀大街東側高地，並以所在坊名命名，稱"大興善寺"，此寺僧徒眾多為長安城內皇室寺院規模之最，被稱為"國寺"，佛殿制度與皇城的太廟相同，大興善寺也是唐代為長安城內佛經三大譯場之一。

間的朱雀門街（亦稱天街）為全城的中央大街，通往城門的六條大街，均為主幹大街，這些街衢都端正排列，或正南北向，或正東西向。

外郭城中央偏北為皇城與宮城。皇城內除中央衙署外，還有左側立太廟，右側為大社。

除了街衢多了 7 條外，這些都是與〈考工記〉約略相符合的地方。而與〈考工記〉不同點為：宮城不在城正中央，而在中北部，這是宇文愷利用全城地勢的制高點，做為宮城，以利防守，並與御苑毗鄰，皇帝來往方便。因宮城北即御苑，因此不便置市場，而將市另置於皇城東南——東市、及西南——西市。

長安城有 84.1 平方公里，隨著疆域擴大，與海內外交通及商業之頻繁，方九里只是上古時期的理想國都的面積，長安城的宏大是事實需要而設計，可看出隋文帝之魄力與帝國之宏規。宇文愷設計長安，從《易經》哲理、《周禮》理想，古人政治理論中的宇宙觀與世界觀及事實需要，均面面俱到，而呈現規律、整齊、端正，史無前例，舉世無雙的長安城，實令人欽佩。

四、隋唐長安都市計劃的藍圖

長安城是經嚴格計劃的大城，其計劃除遷就地理的特點，另也受歷代都市設計的影響。

(一)曹魏鄴都北城之影響：

曹魏鄴城城址位於今河北省臨漳縣附近，漳河沿岸，除了位於城西北角的銅雀台、金虎台尚有遺址外，城址大部已為漳河沖毀，只能依據文獻資料來研究。

據文獻記載，鄴城中間有條通向東西主要城門的幹道，將城市分成兩半部。北半部全為統治者專用地區，正中為宮城，其中佈置一組舉行各種典禮的宮殿建築及廣場。宮城東為一組宮殿官署，其北半部為曹操的宮室，南半部為官署。官署東為戚里，為王室貴族的居住區。宮城西為銅雀苑，為王室專用園林，靠近西城為糧食武器庫。東西軸線南半部為一般的居住區，劃分為若干正方的坊里，有 3 個市，還有手工作坊。

東西幹道通向東城門迎春門及西城門金明門。南北向有 3 條幹道，均為通南面城門之大街：中軸線幹道由南門雍陽門，通向宮門及宮殿建築群，以北城正中的齊斗樓為終點。東西幹道與中軸線幹道丁字相交於宮門前，形成一個封閉形的廣場。

宮殿建築群的佈置很嚴整。正中宮城部分，入宮門為一封閉形廣場、經過端門至大殿前廣寬的庭院，大殿在正中，舉行大典時用，殿前左右有鐘樓及鼓樓。

鄴城的規劃佈局在古代城市的規劃中有重要的影響，城市有明確的分區，統治者與一般居民嚴格分開，一方面的繼承了古代城與廓的區分，也直接繼承了漢代宮城與外城的區分。不同點是，區分更明確，不像漢長安與洛陽宮城與坊里相參，或為坊里所包圍，這也反映了地位的不同及當時等級的森嚴，整個城市的佈局，將道路正對城門，幹道丁字相交於宮門前，這樣把中軸線對稱的佈局手法從一般的建築群，擴大應用於整個城市。這種規劃手法對以後的都城佈局有很大影響，如北魏、東魏、北齊及隋唐長安等城[15]。

⑮董鑒泓等：《中國城市建設發達史》，第 5 章、〈三國至隋唐的城市〉，頁 25、26。台北，明文書局，1984 年。

沉睡千年的鄴城遺址有望重見天日　整體面貌呈現世人

根據《燕趙都市報》記者 2005 年 3 月從有關部門了解到，在地下沉睡了千餘年的鄴城遺址，有望重見天日，把整體面貌呈現給世人。

邯鄲市臨漳縣古時稱鄴，鄴城遺址距臨漳縣城 18 公里處，佔地 20 平方公里，先後成為曹魏、東魏、北齊等"六朝古都"，與北京、西安、洛陽、開封等古都不同的是，鄴城在北周時被楊堅下令焚毀，從此湮沒於田野之中，再無成為都市的機緣，卻使它成為中國古都中少見的沒有疊壓的城市遺址，正是因為它在地表上沒有城市疊壓，為全景呈現提供了可能。

由中國社科院考古科研究所和省文物研究所共同組成的鄴城考古隊，多年來一直從事於鄴城的考古發掘。他們通過考古發現，鄴城的城市佈局有著明顯的中軸線，區域劃分清楚，強調了城市的統一規劃，從根本上改變了漢代以來宮殿區分散的形制，該佈局方式對後來隋唐長安與明清北京等都城的建設產生了很大影響。

㈡北魏洛陽城的影響

追溯北魏洛陽城的淵源有 3：

1.建康宮闕：當魏孝文帝還在平城將營建太廟與太極殿的時候，遣蔣少游乘傳詣洛，量法魏晉基址。北魏洛陽在其最寬廣的街道銅駝街（即御道）左右佈置中央衙署和廟、社，這種制度是參考南朝都城建康的設計。南朝的建康城是以北極閣和朱雀橋為中軸線[16]。

2.河西：漢末魏晉中原大亂，中原士族避難河西，河西走廊成為中原正統文化中心之一。五胡十六國之一的前涼張軌增築姑臧北城命之曰圃，既殖園果，復有宮殿，是由增築之北城直抵王宮，其間自不能容市場之存在。但其城本匈奴舊建，張氏增築時其宮市位置為遷就舊址之故，不能與中國經典舊說"背市"符合，李沖規劃洛陽時可能也受此影響[17]。

3.平城故都

文獻記載宮城北、西兩面設苑，東建太子宮。宮苑不僅佔據了整個平城的北面，且擴張到城東、城西。平城地勢北高南低，其外城和外郭主要在宮城南面。《魏書‧莫含傳附孫題傳》云："太祖（拓拔珪）欲廣宮室，規度平城四方數十里，將模鄴、洛、長安之制"。

---

⑯宿白：〈北魏洛陽城與北邙陵墓〉，《文物》，1978 年 7 期。《南齊書‧魏虜傳》、《魏書‧術藝‧蔣少游傳》、《魏書‧成淹傳》、《北史‧王肅傳》。

⑰陳寅恪：《隋唐制度淵源略論稿》，附〈論都城建築〉，收入《陳寅恪先生論文集》，頁 65、66，台北，文理出版社，1977 年，增訂版。

(三)東魏、北齊鄴都南城之影響

東魏、北齊之鄴城的佈局大體繼承北魏洛陽的形式。宮城位於城的南北軸線上，大朝太極殿的左右雖建東西堂，但在這組宮殿的兩側又並列含元殿和涼風殿，而太極殿後面還有朱華門和常朝昭陽殿，可以看出東魏宮殿的佈局除沿用曹魏洛陽宮殿的舊制以外，同時又附會了《禮記》所載的“三朝”佈局思想。它對於隋唐兩朝廢止東西堂、完全採取“三朝”制度，起著承前啟後的作用。宮城北面為苑囿。宮城以南建官署及居住用的里坊。城外東西郊又建有東市和西市[18]。

陳寅恪先生謂：“隋創新都，其市朝之位置所以與前代之長安殊異者，實受北魏孝文營建之洛陽都城及東魏、北齊之鄴都南城之影響。”

第二節　北京建制的思想淵源

一、宇宙觀與世界觀

如長安城一樣，北京城的設計宇宙觀也是 3 垣 28 宿[19]。北京外城在內城之南，為長方形，有 14 公里（1 華里約為 450 公尺）；內城為正方形，有 20 公里；在內城之內有皇城，周 9 公里；皇城之內再有紫禁城。城牆與城門是城市的幾何坐標，格局雄偉，符合周禮“前朝後市，左祖右社”的都城制度。

明代市在玄武門外，每月逢四開市，聽任商賈貿易，謂之內市。正陽門與大明門之間，也是商業區；城內其它各區，分別為市廛和民居。都市的商業雖是由需要發展而成，明清兩代北京的商業區與住宅區，在上述的天文觀中可以代表為天市垣 22 星的縮影。

內城的正南門——正陽門往北，經大清門、天安門、端門至午門，有一條長 1.5 公里的御道，這是古代帝國的設計者，為了創造神秘的韻律，一個城門接一個城門，由外面世界引進宇宙的中心——紫禁城。

紫禁城為皇帝居所，是紫微垣的象徵。紫宮東垣下五星稱為“天柱”，是建政教，懸圖法之所，《三輔黃圖》卷 1：“橋之南北堤，繳立石柱”。今北京天安門內、外共有四根華表柱。

太微垣為天帝的南宮，端門為太微垣的南門。太微垣南蕃中的二星，東為左執法，西為右執法，左執法之東有左掖門，右執法之西有右掖門[20]。今北京午門以南有端門，午門的兩觀則分別有左掖門、右掖門。午門本身的意義，表示天子的尊嚴高貴，擁有無上的權力，好像正午時候的日光[21]。

---

[18] 同註[15]。

[19] 謝敏聰：〈明清北京建制的思想淵源〉，載國民黨，《中央日報》，〈文史〉，第 103 期，1980 年 5 月 6 日。

[20]《隋書·天文志》。

[21] Reginald Fleming Johnston, *Twilight in the forbidden city*, The Forbidden city, 1919-1924, p. 175, D. Appleton-century Company, New York, 1934.

　　清‧徐揚繪：《京師生春詩意圖》。北京，故宮博物院藏。城東南部的天壇，中軸線上的正陽橋、
正陽門箭樓、正陽門門樓、大清門、天安門、端門、紫禁城宮殿、景山，太廟、社稷壇、三海皆
可看見。此圖作於乾隆 32 年(1767)，絹本　設色　縱 255 公分　橫 233 公分。

午門五鳳樓象徵朱雀7宿，神武門象徵玄武7宿，西華門象徵白虎7宿，東華門象徵青龍7宿。

午門以內，經金水河，即達太和門，門北有太和殿、中和殿、保和殿，稱為三大殿，三大殿的東西兩翼有文華殿、武英殿，這是外朝。

據《三輔黃圖》卷1，〈咸陽故城〉："（咸陽宮）以制紫宮象帝居，引渭水貫都以象天漢"，而《舊唐書·地理志》："東都，洛水灌都，有河漢之象"。紫禁城內金水河上有5座石橋，橫橋南渡以法牽牛（星）。

金水河之制，始於周代，用意在象徵天河銀漢[22]。太和殿即太微垣西南角外3星──明堂的返照，即《隋書·天文志》所說的："擬明堂而布政"。亦如《舊唐書·地理志》："東都宮城正門曰應天，正殿曰明堂"。

乾清門以北為內廷，區分為5路：中路、內東路、外東路、內西路、外西路。

中路乾清門以北依序為乾清宮、交泰殿、坤寧宮、御花園。而乾清門內東、西各有日精門、月華門。2門的左右邊各有兩條長街，每1長街以次列3宮，佈為12宮。

內東路有東六宮，東六宮之北有乾清宮東五所；內西路亦有西六宮，西

午門（北面）與內金水河。金水河之制自周代就有，用意在象徵天河銀漢。

[22] 明·王三聘輯：《古今事物考》，卷7。北京外金水河上原有牛郎橋（在南池子）、織女橋（在南長街），因城建而被蓋於馬路地面下。

乾清宮。為內廷正殿。內宮之制以乾清宮、坤寧宮法象天地，為紫微正中。

交泰殿（左）與坤寧宮（右）。坤寧宮在明代為皇后寢宮。清代中三間為祭祀薩蠻之所，皇帝與皇后大婚的洞房也是設在坤寧宮的東暖閣。交泰殿是天地交泰之地，內存放寶璽25顆。

乾清宮前的金殿

月華門門額

紫禁城內的長街之 1。乾清門內東、西各有日精門、月華門，2 門的左、右邊各有 2 條長街（永巷），每 1 長街以次列 3 宮，佈為 12 宮。12 宮象徵 1 天 12 個時辰。

咸福宮正殿外景。咸福宮是西6宮之1，建於明永樂年間，大體還保持著明代風格，東西12宮，凡未經改建的宮，都是差不多一樣的形式，即前正殿3間，廡殿式，前有露台，後殿5間，硬山式。

咸福宮寶座。寶座上懸乾隆御書匾曰："內職欽承"。

長春宮外景。長春宮為西
六宮之一。乾隆皇帝的孝
賢皇后曾住過。慈禧太后
亦曾居此。

永和宮外景。康熙25年
(1686)重建,光緒時,
瑾妃住過這裡。

六宮之北有乾清宮西五所。

此內宮之制，以乾清宮、坤寧宮之乾坤，法象天地，為紫微正中；乾清宮前，東、西丹陛之下，有 2 座紋石台，上面安置社稷、江山的金殿，在它的周圍還配置了蒼龍、玄武、白虎、朱雀等 28 宿像的石獸。乾清、坤寧 2 宮間的交泰殿，是天地交泰之地，為內廷的禮堂；乾清門以內的日精門、月華門以象日月；東西 12 宮則象 12 時辰，其北之東、西部各 5 所則躔周星拱之之義 [23]。

如此一來，紫禁城便成為萬物的中心，是 "天地會合，四季融合，風調雨順，陰陽交泰之處。" 也是皇帝 "屹立於天下中心，安撫四海萬民" 的所在 [24]。加上上述天市、太微諸垣，即成為宇宙天極的縮影 [25]。由此可以說明當年的皇帝們，曾自我陶醉到把宇宙中心點幾何式地精確的定在一組同心圓內，而那便今日的北京城。

二、明北京的規建傳說

北京是修改元大都而來，因此神話傳說也應溯自元大都。

大都城為長方形，東西側各有 3 座城門，北面有 2 門，則南面亦當有兩門相配，一共應有偶數之 10 座城門，它所以每牆開闢 3 門，便全城有 11 座城門，是因為宮城居中央向南，有御道直通皇城之外，故此特闢一門專備車駕出入。民間傳說則不然，另有奇異光怪的解釋。《農田餘話》的申釋《輦下曲》："（大都）凡十一門，作哪吒神三頭六臂兩足"，劉秉忠所以開闢 11 座城門，是要徵配合哪吒神的身軀；南面 3 門象徵 3 頭，東西 6 門代表 6 臂，北面 2 門配合兩足 [26]。

三、《周禮・考工記》的都城論

北京城大體合乎《周禮・考工記》的要求，宮城位於城中央，內城為正方城，城垣除了南牆 3 門外，其餘各牆兩門。不過較〈考工記〉多了皇城。皇城前為京堂衙署，宮城後門——玄武門北邊為市場。而宮城左為太廟、右為社稷壇，均符合〈考工記〉的要求。

四、明代北京紫禁城的祖型

北京宮闕以南京及鳳陽的皇宮為祖型。

---

[23] 朱偰：《北京宮闕圖說》，第 2 章、〈外朝及內廷〉，頁 34。又古人以天南、地北、日東、月西，所以南為乾清宮、北為坤寧宮、東有日精門、西有月華門。

[24] Anthony Lawrence: *The Forbidden City* 中文版，原載《讀者文摘》，1975 年 6 月號。

[25] 謝敏聰：〈明清北京建制的思想淵源〉，載國民黨《中央日報》，〈文史〉，第 103 期，1980 年 5 月 6 日。

[26] 陳學霖：〈元大都城建造傳說探原〉，《漢學研究》，第 5 卷，第 1 期。

(一)南京明故宮

北京紫禁城，悉如金陵之制，而宏敞過之[27]。

明太祖朱元璋於元至正 26 年(1366)，拓應天府城，命劉基卜地作新宮於舊城東鍾山之陽。第二年(1367) 9 月，圜丘、方丘、社稷、太廟、宮室、皇城全部完工。這就是吳王新宮。洪武元年(1368)正月，朱元璋即皇帝位，國號明，自南台舊內，遷入新宮。

新內正殿名稱是奉天殿，殿前為奉天門，殿的後面有華蓋殿，華蓋殿的後面有謹身殿，殿的兩翼都有廊廡。奉天殿的左右各建有樓閣，左稱為文樓，右稱為武樓。謹身殿的後面為內宮，前為乾清宮，後為坤寧宮、6 宮依次序排列。

紫禁城外有皇城。紫禁城 4 門：南為午門，東為東華門，西為西華門，北為玄武門[28]。

從洪武元年開始，逐步改建大內，其間並參考鳳陽明中都的城市規劃和建築設計，到洪武 10 年(1377)10 月大內宮殿改建完成，規模宏偉。到 25 年(1392)，又改建大內金水橋，建端門、建承天門樓各 5 間，及長安東、西 2 門。而西宮是皇帝燕居的地方[29]。

《洪武京城圖志·序》敘述明京皇城前官署佈置云：“六卿居左，經緯以文，五府處西，鎮靜以武”，明北京承天門（天安門）前衙署規畫也如此。

南京明故宮大部份建築已毀於太平天國之役。

(二)鳳陽紫禁城

洪武 2 年(1369)9 月，明太祖正式下詔以臨濠（今安徽省鳳陽縣淮河中、下游）為中都，置留守司，“命有司建置城池宮闕，如京師之制焉”。這個陪都周長 25 公里（南京 37 公里；北京內城 20 公里，如加上外城為 34 公里），有 9

㉗ 清·孫承澤：《春明夢餘錄》，卷 6。
㉘ 《明太祖實錄》，卷 25；又見《春明夢餘錄》，卷 6。
㉙ 清·王棠：《知新錄》，卷 12，引朱國楨曰。

南京明故宮午朝門

南京明故宮午朝門城台頂部

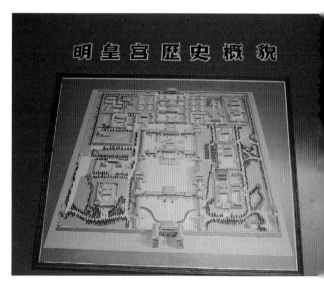

南京紫禁城原貌想像圖。明故宮遺址公園

個城門[30]。中都有裡外三城牆：最外面一道稱 "中都城"，中間的一道 "皇城"，周長 7,670 公尺，最裡面一道 "紫禁城"，周長 3,680 公尺。

中都城建築佈局，以對稱為基本特點，中都城有一條南北向的中軸線，中軸線的最南端是中都城洪武門（正南門）。自南而北由如下建築組成一條中軸線：洪武門、洪武街、大明門、凸形廣場、承天門（皇城的南門）、端門、外五龍橋、午門、內五龍橋、奉天門、正殿、後宮、玄武門、苑囿、煤山（鳳凰山主峰）、北安門、中都城的正北門（未建）。這條中心線軸長近 7 公里，中都城的建築物大多以此軸為中心而東西對稱[31]。

紫禁城正南是午門，北為玄武門，東稱東華門，西稱西華門[32]。中都宮闕位於臨濠府城西南 9 公里鳳凰山的正南方，在平緩的坡地上 "席山建殿"，使宮城高亢向陽，又 "枕山築城"，讓皇城禁垣蜿蜒直上[33]，有如漢之未央宮與唐之大明宮宮城均依高昂之龍首原。

明中都鳳陽鼓樓台基，建於洪武 8 年(1375)，位於皇城前雲霽街東，與鐘樓東西相對，相距 3 公里。1995 年 2 月拍攝。

[30] 中都城周長 30,365 公尺。

[31] 吳庭美、夏玉潤：《鳳陽古今》，第 3 章、〈中都城〉，第 3 節、〈中都城的佈局及其建築〉，頁 63～65，合肥，黃山書社，1986 年。

[32] 《明史・地理志》。

[33] 袁文新：《鳳陽新書》卷 31。

明中都紫禁城午門之1，背面（北側）。1995年2月拍攝。

中都宮殿、門闕的設計，和名稱都相沿未改，紫禁城內的主要建築：有奉天殿、文華殿、武英殿、奉天門……等，它和北京宮殿、南京大內在佈局上，基本相同。甚至宮城內的金水河道也完全按照南京的樣子開挖。南京的金水河道，是按地勢最低下的原燕雀湖的西岸邊緣疏濬而成的，受自然地形的約束，沒有別的更為理想的排水通道，中都金水河道，原可以隨心規劃，但卻將南京全照搬過來，北京也是如此。

元大都皇城前沒有東西向的大街，南京皇城前也沒有，只有明中都皇城前有雲霽街橫貫。因此北京的東西長安街出現是受明中都影響。元大都南牆位置即今東西長安街[34]。

明中都故宮午門之2，中間3券。1995年2月拍攝。

[34]王劍英：〈明初營建中都及其對改建南京和營建北京的影響〉，載《歷史地理》第3輯；王劍英：《明中都研究》，北京，中國青年出版社，2005年。

第三節　比較

長安、北京都城建置的宇宙觀與世界觀均淵源於 3 垣 28 宿，但隋唐的長安這種思想尚在萌芽階段，明清北京則已定型。

唐長安城建於隋初，宮城象徵紫微垣所在，固無疑問。皇城亦稱子城，而未見其它有關太微垣的名稱。不若東都洛陽，以宮城為紫禁城，以皇城為太微城，因此，3 垣之思想成熟，應在隋、唐之交。

中國古人"有天圓地方"的觀念，所以長安與北京設計的格局也是方形。

長安、北京的宮城（長安為太極宮、北京為紫禁城）均象徵紫微垣；而長安皇城、北京皇城的象徵為太微垣。長安城內有東市、西市，明北京城由玄武門到鼓樓一帶為市，明、清北京商業交易最盛為廟會、市集，這些都可視為天市垣的代表。

長安、北京是中國大一統強盛朝代的首都，其建城也有動人傳說，與羅馬(Rome)建城相似。相傳在特洛依(Troy)陷落之時，有一位特洛依的部將，率眾逃出特洛依，遷移到羅馬——這就是羅馬人祖先的由來。

長安的建城"六爻說"、北京建城的"哪吒說"，旨在說明都市的正統合法地位與特殊性，強調的是地靈，再由隋文帝、元世祖、明成祖等人傑規建為首都，適合做為萬邦來朝的世界中心。

中國歷來都城的建置受《周禮‧考工記》的影響，《三禮圖》一書還根據文獻想像，畫出了周王城圖。周以後的很多都城，或多或少都附會這個規則，但完全符合這個範圍的都城卻一個也沒有[35]這點北京的規建符合這套"都城論"的較多，這應是地形的影響，長安有 6 條東西向的小山崗，宮城、皇城要建於制高點，以便控制全城；在設計上比較受限制。北京則為平原，不受地形拘束，可照〈考工記〉的理想來設計。宋人呂大防亦說："隋氏設都，雖不能盡循先王之法，然畦分棋布，閭巷皆中繩墨，坊有墉，墉有門，……而朝廷、宮寺、民居、市區不復相參，亦一代之精制也[36]"。

長安：城約略為方形，每牆 3 門、左祖右社，但宮城不在正中央，前朝但不後市。隋唐長安之所以與〈考工記〉中"面朝後市"的後市不同，陳寅恪教授認為係受歷代都城模式的影響已如前述，而中、日學者也有很多的論述，茲比較如下：

趙振績博士認為："遼朝北、南面政制是沿北魏之舊。北面官制因其牙帳（衛門）居大內殿帳（可汗行帳）之北謂之"，以此推演北朝系統的鮮卑拓跋後裔的契丹上京臨潢府的南城名曰漢城的原因[37]。

森鹿三氏認為："隋唐長安城的淵源是北魏洛陽，而北魏洛陽承襲東漢、

---

[35] 葉驍軍：《中國都城發展史》，〈總論〉，〈中國都城的規劃〉，頁 14，西安，陝西人民出版社，1988 年。

[36] 元‧李好文：《長安志圖》，《四庫全書‧史部‧地理類》。

[37] 趙振績：〈契丹二元政制與元魏之關係〉，《史學彙刊》，總 9 期，頁 67～74。

曹魏、西晉的內城，在北魏時代，設計外郭，擴張外城，但因北阻邙山，受地形制約的關係，因此北部的面積擴大有限，因而宮城仍於北部。隋大興城內外城的設計係一次完成，如此設計規模宏遠益增威嚴與美觀，更何況〈考工記〉以前的帝都從未使用過。"

宮崎市定氏觀點為："大都市是一個大區域的計劃。此時期都有堅固城壁的防衛城市，而將小要塞（宮城）置於中央，如此不影響與外部的直接交通，宮城置於北部，則百姓無法從北門出入。"

那波利貞氏認為："為都市的實用面的重視，胡人對中原文化起初曉解有限，較注重實際生活的一面。北朝系的北魏洛陽、東魏的鄴南城，都是宮城與王府等設於城北，而商業區設於城南。而設計大興城的宇文愷亦為胡族出身，在設計上亦受以往影響，也兼重實用。"

駒井和愛氏認為："唐宮城的主殿稱為太極殿，太極是萬物的根源，天的中宮為北極星，因此宮城設在北部，這是占星思想的結果。"

瀧川政次郎氏認為："宮城設在北部是天帝信仰與北斗星信仰的合體[38]。"

中國都城第一個按〈考工記〉的理論設計的都城是元大都，在元大都之前，宋汴京雖約略有〈考工記〉的形狀，如城牆約略方正，宮城置於城中央，但汴京宮城是沿用唐代汴州節度使的衙署，這個衙署五代時曾為後梁、後晉兩個小王朝作宮城，宋初加以改造，仍作宮城，別稱大內，可見當初並未照〈考工記〉的理想，這應只是一項巧合。

北京承襲元大都，並加修改。城方形（內城），南牆 3 門，其餘每牆 2 門，左祖右社，宮城在城中央，前朝後市。

北京內城固然是正方形，而且也是正南正北，但都城因地缺西北，皇城地缺西南，在外觀上稍不及長安工整，雖長安東南隅的曲江池一半在城內，一半在城外；大明宮及西內苑凸出於郭城之北，但都不影響城牆佈局，而長安皇城也十分工整。

長安宮城東西長、南北短；北京宮城則南北長、東西短。長安皇城在宮城之南，北京宮城則被皇城所圈。長安京堂衙署在皇城內，北京則在皇城之南。長安皇城除有太廟、大社外，專為辦公衙署；北京皇城內除太廟、社稷壇、宮內衙署外，尚有御苑（三海、景山）。

歷代京城設計固受〈考工記〉的影響，但都不是機械式的照搬，還需結合當地的地理特點，與當時的需要加以創新。

以宇文愷為代表的建築師們，在設計長安建築佈局前，曾親自踏勘了漢長安城、北魏洛陽城、東魏鄴城、陳都建康城。這些都城的平面佈局，無疑給了他們很大的影響和啟迪。但他們沒有拘泥於傳統設計思想，而是在繼承的同時進行了創新，使宮城的位置由漢代的西南隅，改移到了正北，一反秦

[38]室永芳三：《大都長安》，一、〈大興城的時代〉，〈大興城　上　都城論〉，頁58～63，東京，教育社，1982 年。

漢以來"面朝後市"的佈局,使宮城、皇城和郭城 3 重相依,由北向南,同用一道北城垣。"城上平臨北斗懸",更突出了皇帝所居的宮城象徵北極星周圍的紫微垣,皇城則象徵著地平線上以北極星為圓心的天象……,形象地反映了群星環拱北極星的佈局思想。於是天上的瓊樓玉宇由人間入世的皇帝居住,人的世界與神的世界不是在想像中,而是在現實中、思維中[39]。

北京雖完全依〈考工記〉設計,但是主要街道都是南北向,如御道(正陽門大街)、崇文門大街、宣武門大街。東西向的主要為長安街及江米巷,但長安街的東西端有長安左門及長安右門,在明清兩代一般人由東城到西城是無法直接通過長安左門及長安右門,必需繞道大清門或地安門。而長安城內除大城中央北部為宮城、皇城佔有外,其餘東西向、南北向的街道大致可以四通八達,長安城宏闊、北京城精巧。長安規整,北京則稍雜亂。

長安城的祖型主要是曹魏鄴都北城、北魏洛陽、南朝建康、東魏北齊鄴都南城。北京的祖型,近為南京、鳳陽,遠實為宋汴京及元大都,3 重城之制,長安只有 2 重,3 重城開始於北宋開封,明清式的皇城是始於元代大都的蕭牆。

[39] 葛承雍:《華夏文化的豐碑——唐都建築風貌》,頁 3、4,西安,陝西人民出版社,1987 年。

創建隋唐長安城的隋文帝楊堅。繪者
不詳，《乾隆年製歷代帝王像真
蹟》。

第四章
兩都的城垣與城門懷古

第一節　隋唐長安的城垣與城門

一、長安城郭

　　唐長安城，全就隋大興城的基礎修繕，城門、街道、坊市名稱幾乎都沿隋舊制。但唐代的文治、武功均倍盛於前，因而對長安之建設更有餘力，尤其皇宮內苑方面，愈加絢麗壯觀。郭城、宮城沿用隋舊，而新創建的為東內大明宮和南內興慶宮[①]。

　　外郭城，隋稱大興城，唐稱長安城。南直終南山子午谷，北據渭水，東臨滻川，西次灃水。東西 18 里 115 步，南北 15 里 175 步，周 67 里，其崇 1 丈 8 尺[②]。隋時規建，先建宮城，次築皇城，再築外郭城。由於土築的城牆易於崩塌，所以曾經多次重修[③]。唐高宗時 9 門各施觀[④]並將路面加高、夯平[⑤]門道兩壁及城門墩則仍隋舊。玄宗時重修外郭[⑥]。

　　考古實測唐長安城周長為 36.7 公里，面積 84.1 公里，其平面是長方形。實測周長與《唐兩京城坊考》所載"周 67 里"（約合 35,456.4 公尺，一里以529.2 公尺計）多 1.2 公里餘。

　　外郭城的城牆全是夯土版築，現在地面城牆遺址僅玄武門附近和安化門處各有 1 小段，而城基除部分已被破壞無存外，其餘四面城基大都還保存在現在地表以下深 0.5-1.5 公尺不等。保存的高度有的僅存 0.3 公尺，一般高度約為 0.7-1.5 公尺，但如西城金光門址處的一段城基便殘存 3 公尺高[⑦]。

　　地下城基的寬度，在保存較好的地方，一般均是 9 至 12 公尺左右。此外，東城牆在約與靖恭坊東端相對處有一段寬度將近 20 公尺。據鑽探的情況

①宋肅懿：《唐代長安之研究》，頁 47，台北，大立出版社，1982 年。
②唐玄宗撰、李林甫等注：《唐六典》，卷 7，頁 154，台北，文海出版社，1974 年。
③元・駱天驤、黃永年點校：《類編長安志》，頁 42，北京，中華書局，1990 年。
④《舊唐書・高宗紀》。
⑤中國科學院考古研究所西安工作隊：〈唐代長安城明德門遺址發掘簡報〉，《考古》，
　1974 年第 1 期。
⑥《舊唐書・玄宗紀》。
⑦中國科學院考古研究所西安唐城發掘隊：〈唐代長安城考古紀略〉，《考古》，1963
　年第 1 期。

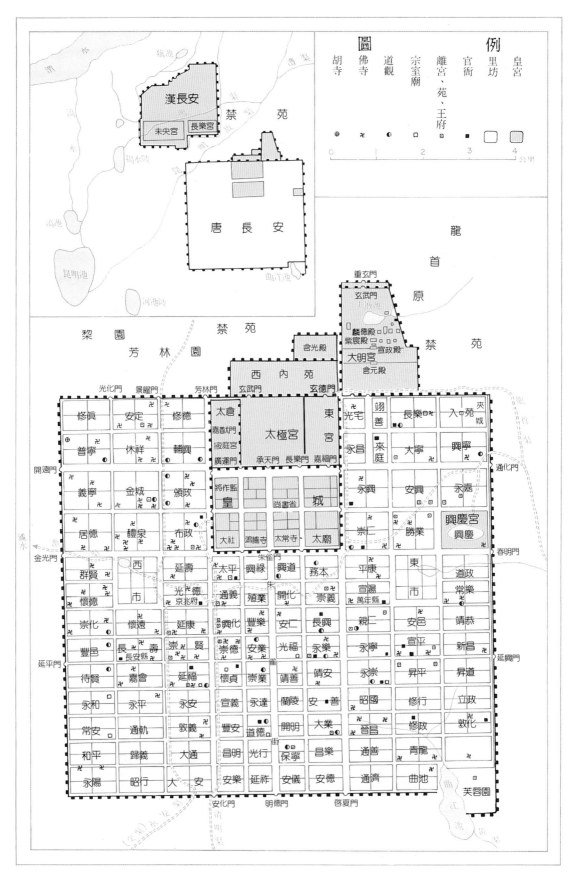

所知，除與各城門相接的一段城牆（門基座）寬達 20 餘公尺外，一般城垣在不近城門處則很少有這樣寬的，推測這一段城牆很可能是唐代重修時所致⑧。

城牆距牆基 3 公尺處，有寬 9 公尺，深 4 公尺的城濠作為護城河。

長安城較特別的是在外郭城的東城牆外，有一道與城牆平行的複牆。這道複牆就是開元 14 年(726)所築的"夾城"。兩牆之間稱為複道，一般寬約 50 公尺。據考古發掘得知，複道經過城門時，於城門的南北兩側築登道，從城門樓上面越過去。皇帝由興慶宮從複道中北去大明宮，南去芙蓉園，往來潛行，不為外人知。

二、考古發現唐長安城並非端正方城

新華社西安 2005 年 8 月 7 日電（三秦）：經過半個世紀的考古勘探和發掘，唐長安城的城牆、城門、大小、道路網絡等已基本清楚，考古發現，唐長安古城並非"四方城"。

考古工作者先後對唐長安城城址的外郭城、皇城、宮城、里坊街道、殿址和城門、東市和西市等範圍和形制布局進行了實測核實，繪製出唐長安城遺址的實測圖和初步復原圖。調查並部分發掘了興化坊、明德門、青龍寺、含光門以及大明宮內三清殿、東朝堂、翰林院等主要遺蹟，極大地豐富了對長安城內部結構和個別遺蹟的認識。同時，長安城的隋城遺蹟和一些遺蹟的變化被加以區分，搞清了郭城內十字街劃分出小區的設計原則，從長安城的建立、發展的階段性中看到了發展演變的歷史過程。

另外，對唐長安城西南角進行了實地鑽探，明確了西南城角的位置在今唐延路南段西側、陝西省體育中心草坪之中，從而推知了唐長安城四角明確的經緯度，為了解唐長安城基本格局提供了真實而準確的重要依據。

在對唐長安城外郭城西南城角考古發掘中，考古人員發現大唐長安城牆、街道不是一般人心中的"端端正正"走向，而是有 10 公尺左右偏向斜度。

一般人都認為長安城城牆、街道均"端端正正"，而在 2005 年的考古發掘中卻發現長安城方位整體走向是"東西"偏差的。西南城角與西城牆延平門的垂直偏差達到了 10 公尺，也就是說西南城角位置在延平門向北的垂直距離線東邊的 10 公尺處。

三、長安的城門——郭城每旁三門

唐長安的外郭城（或稱為大城），依據《周禮·考工記》："匠人營國，方九里，旁三門"的城建制度，在郭城 4 牆，各開有 3 座城門。其中大城北面，由於宮城居於中部，大明宮居於北部偏東，已佔去了大城城門的位置，但為了符合"旁三門"之數，於是在大城北面偏西一隅另開芳林門、景曜門與光化門。此 3 門，實際上是禁苑的南門，僅皇室貴族可出入，百姓是不能

⑧同註⑦。

明德門遺址碑

自由進出的[9]。因此，外郭城實則只有 9 門。

1.明德門　位於南牆的正中，為整座長安城的正門。其北正對皇城的朱雀門，其南對著 80 里外的終南山。門址在今西安城南郊楊家村西南約 80 多公尺處。

明德門是長安城外郭最大的一座城門。城門東西 52.5 公尺，南北 16.5 公尺，面積 866.25 平方公尺[10]。城門之上，有永徽 5 年(654)所建的高大宏偉的門樓。

由考古發現明德門下開 5 門洞，與記載相同，各門道皆寬 6.5 公尺，進深 18.5 公尺。每個門道都可以同時並行兩輛車。但僅兩端的 2 個門道中有清晰的車轍痕跡[11]。正中一個門道，是專供皇帝通行的御道。

2.啟夏門　為南牆之東門，西距明德門 1,550 公尺，位置在今西安南郊陝西師範大學以東約 30 公尺處。門東西 35 公尺，南北 15 公尺，面積 525 平方公尺。有三門道。門外西南 2 里有圜丘及先農、耤田 3 壇。

3.安化門　南牆之西門，其北遙對城北禁苑之芳林門。清明渠流經安化門向北流入皇城、宮城。東距明德門 1,360 公尺，位置在今西安南郊北山門口村以東約 220 公尺處。門東西 42.5 公尺，南北 10 公尺，面積 425 平方公尺。

唐長安明德門遺址（由東南向西北攝），引用自中國科學院考古研究所西安工作隊：〈唐長安明德門遺址發掘簡報〉，《考古》，1974 年第 1 期。

[9]張永祿：《唐都長安》，第 3 章，頁 29-33，西安，西北大學出版社，1987 年。
[10]陝西省文物管理委員會：〈唐長安城地基初步探測〉，《考古學報》，1958 年第 2 期。
[11]馬得志：〈唐代長安與洛陽〉，《考古》，1982 年第 6 期。

唐長安明德門遺址（由西北向東南攝），引自中國科學院考古研究所西安工作隊：
〈唐長安明德門遺址發掘簡報〉，《考古》，1974 年第 1 期。

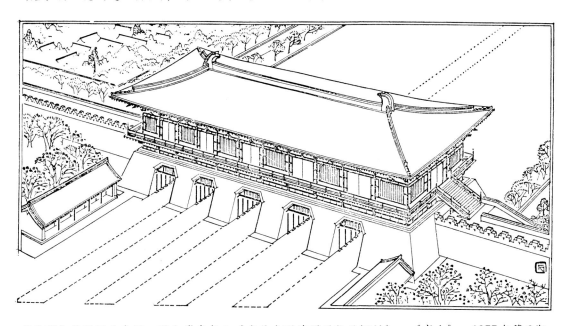

明德門全景復原示意圖，引自傅熹年：〈唐長安明德門原狀的探討〉，《考古》，1977 年第 6 期。

　　4.通化門　東牆北門，與皇城之延喜門相對，其南距春明門 2,110 公尺，
位置在今西安東郊陝西省火電公司東南。
　　門上有樓，門下有 3 門道。通化門因為臨近宮城與東內大明宮，常常被
作為皇帝臨送大臣離都之處。
　　門東 7 里為長樂坡，坡北可望長樂宮，坡上有長樂驛。龍首渠之西渠，

在原址附近復原的開遠門。開遠門為隋唐時代絲路的起點，當時凡到西域的里程皆從開遠門算起。

流經此門入城。

5.春明門 東牆中門，其西與金光門遙對，經此門過道政坊便至東市。居東郭城牆自南向北 4,600 公尺處，在今西安東郊緯十街偏北之處。門東西為 23.6 公尺，南北 15 公尺，面積 354 平方公尺。

門上有樓，門下有 3 門道。但據 1955 年考古鑽探，僅得 1 門道。這可能是開元 14 年(726)及 20 年(732)兩次擴建興慶宮，城門因而南移，門道隨之減少的緣故[12]。由關東入關中的官員、軍人商旅及遣唐使大多由春明門入長安。

僖宗廣明元年(880)12 月 5 日，黃巢從灞上率軍，就是"入自春明門，升太極殿[13]"。

6.延興門 東牆之南門，北距春明門 2,260 公尺，位置在今西安東郊鐵爐廟村以南。門東西 21 公尺，南北 42 公尺，面積 882 平方公尺。延興門西對郭城西面延平門。門上有樓，門下 3 門道，門道寬度皆為 6 公尺。隋唐時期，由於延興門地區比較偏遠，因此門外門內，多為墓葬之地。同昌公主葬時，懿宗與郭淑妃御此門哭送[14]。

7.開遠門 隋稱開遠門，唐改名安遠門。與皇城之安福門相對，為西牆之北門，也是"長安城西面北來第一門"。門上有樓，門下 3 門道，故址在今西安市西郊大土門村。開遠門是隋唐兩代由長安城通往西域地區絲綢之路的起點。當時凡言去西域里程，皆從開遠門計起[15]，而德宗避朱泚、僖宗避黃巢，皆出此門往南行。

8.金光門 西牆之中門，與東牆之春明門相對，位於西郭城自北向南 3,300 公尺處，在今西安西郊李家莊西北約 130 公尺，現今仍有其門址殘留於地面，高約 3 公尺、直徑約 10 公尺的夯土墩遺跡。門東西 11 公尺，南北為 37.5 公尺，面積 412.5 平方公尺。門上有樓，門下 3 門道，門道皆寬為 5.2 公尺[16]。天寶元年(742)，京兆尹韓朝宗引潏水為漕渠，經金光門入城流於西市，並在西市之街，置潭以貯藏木材，由此門西出可至昆明池。

9.延平門 西牆之南門，與東牆之延興門相對，其北距金光門 2,320 公尺。門東西 15 公尺，南北 39.2 公尺，面積 588 平方公尺。門上有樓，門下 3 門道，門道寬度皆為 6.7 公尺。名將李光弼薨，代宗曾詔幸臣百官送於此門外

⑫同註⑩；並見張永祿：《唐都長安》，頁 29～33。
⑬《新唐書‧黃巢傳》。
⑭《唐兩京城坊考》，卷 2。
⑮《資治通鑑》卷 216，〈唐紀〉32："是時中國盛強，自安遠門西盡唐境萬二千里"。
⑯同註⑩。

第二節　明清北京的城垣與城門

創建北京今城的明成祖朱棣。繪者不詳，《乾隆年製歷代帝王真蹟》。

一、北京城垣的形制與結構

北京的城牆是分 3 次修成的。

1. 第一次改築

洪武元年(1368)，明太祖改大都路為北平府，以都督副使孫興祖、僉事華雲龍守北平。以北平北部，地多空曠，而城區太大，防衛線過長，因此將北牆南移 2.5 公里（原北牆之安貞門（東）、健德門（西），與偏北之東、西牆的光熙、蕭清 2 門，因而被廢棄了，其餘 7 個城門，照元代原來的位置，不加更改⑱。即將今祁家豁子的東西一線移到今德勝門、安定門一線。

新築的北平北城牆取一直線，東西長約為 5 公里，新闢安定門（東）、德勝門（西），直對元大都北牆 2 門。同時指揮張奐並測量故元皇城，周約為 3.5 公里，並拆毀元故宮⑲，指揮葉國珍也測量南城周圍約為 15 公里⑳。

2. 第二次改築

永樂元年(1403)，明成祖改北平為北京。4 年(1406)至 18 年(1420)營建北京宮殿。

永樂 18 年(1420)又將元代大都城的南牆，南移 1 里（原元代南牆部分在今日的東、西長安街一線），至今正陽門、崇文門、宣武門的位置。城制此時已成為明清北京內城的形態，內城周長 20 公里，呈正方形。

3. 第三次增築

嚴格地的說北京城牆在總體設計上應完成於永樂 18 年，外城的加築不屬於最初的設計之內。一如長安城牆，有很多有後續性的工程。

正統元年(1436)，英宗命安南人太監阮安和都督同知沈青、工部尚書吳中，率領軍工數萬人，修築了 9 門的城樓。工程進行了 4 年才完工。新建的城門，較之元代的城門更加雄偉堅固與高大。經過修整過的城門，不僅建築了城樓，門外還設立了箭樓，並在城垣的四角設立了角樓。除正陽門箭樓設門外，其餘均不設正門。除正陽門甕城闢便門 2 座外，餘均於甕城內側闢便門 1 座。

成化 10 年(1474)，定西侯蔣琬奏請營建外城，未被採納。到嘉靖 21 年

⑰同註⑩；《舊唐書‧李光弼傳》，卷 110。
⑱明‧陳循等：《寰宇通志》，卷 1，台北，廣文書局影印，1968 年。
⑲明‧蕭洵：《元故宮遺錄》，頁 1-5，台北，世界書局，1963 年。
⑳《明太祖實錄》，卷 34。

明清北京正陽門門樓（右）、箭樓（左）

北京正陽門箭樓。北京大城城門內9外7,均有箭樓、門樓,並圍以半月形之城垣,使其相互連接,是為甕城,正陽門甕城,在1915年為交通便利,實行拆除。

北京正陽門門樓。正陽門為明清北京城的正門,地位一如隋唐長安城的明德門。位於大城的中軸線上,俗稱前門,結構宏偉,刻畫壯麗,樓頂迄地高達42公尺,為北京各門之冠。

(1542)7 月，邊報日急，蒙古俺答虎視眈眈，威脅著北京，修築外城之事才又由都御史毛伯溫重新提出來[21]。但又遭到嚴嵩等人的反對。直到庚戌之變後，形勢日緊，修築外城已屬勢在必行。嘉靖 32 年(1553)3 月始施工。

從此北京城垣的形制就由□形變成凸形了。北京外城以內城南端東西兩側為起點，寬於內城 1 里餘圍起內城的南端。外城的北端為凸字形的兩肩，兩肩各設有 1 門，東為東便門，西為西便門，均北向。加上外城的南垣 3 門，東、西城垣各 1 門，共有城門 7 座[22]。

每座樓門各設單檐門樓一座，各門皆築甕城，其門闢於正中，與城門相對。城垣四角各設角樓一座，東西便門各設水關 1 座，皆為 3 孔洞，內外護以鐵柵。外城垣周長約 14 公里，呈長方形，內外壁均為下石上磚，牆內為土心，牆體高約 6.4 公尺，雉堞高約 1.28 公尺，城牆通高約 7.68 公尺，城垣下寬約 6.4 公尺，上寬約 4.48 公尺。從總體看外城垣規制比內城垣要小。

北京西便門

西便門附近的外城城牆

明代修築的城垣，除一部分是在元故城垣的基礎上修築而成的，還有一部分是重新修築的。目前保存的崇文門以東一段的內城南城垣就是屬於後者，前者一段是在夯土上進行包磚灌漿而成。而新建城垣則較為複雜，牆體夯土

[21]清·孫承澤：《春明夢餘錄》，卷 3，"城池"，台北，大立出版社，1980 年。
[22]清·孫承澤：《天府廣記》，卷 4，"城池"，台北，大立出版社，1980 年。

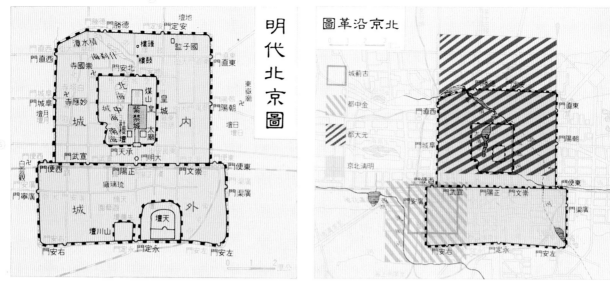

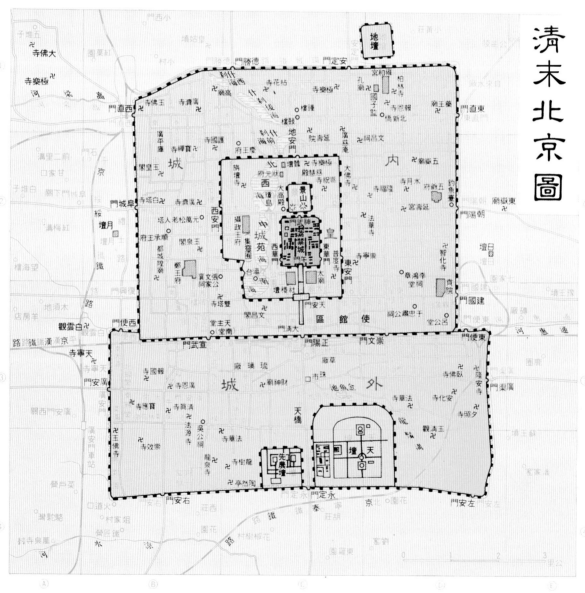

三圖為，謝敏聰編繪，收入張其昀監修，程光裕、徐聖謨主編：《中國歷史地圖》，台北，文化大學出版部，1984年。

層的下面，在深達 5 公尺左右的流沙層中，橫豎排列著 15 層原木料，每層約達 60-70 根不等。每根長約 6-8 公尺左右，直徑在 20-30 公分之間，絕大部分是紅松和黃花松，木料之間都用大扒釘釘死，連接成一牢固整體。

北京城的內外城垣四角都建有角樓。這種做法古已有之。角樓全稱應為城垣角箭樓，內城角樓為重檐歇山頂，平面呈曲尺形，兩闊面與兩窄面牆體上分別闢有 4 層箭孔，闊面每面 56 個，窄面 16 個，

北京內城東南角樓

每座角樓有箭孔 144 個。外城角樓形體較內城要小，共有箭孔 20 個。其次是馬面的建造，馬面是凸出城垣外側的墩台。其高度與城垣相同，主要作用是增強城市的防禦能力，策應正面的防守。

明代修建內城所用的磚，是在山東臨清燒製的，由運糧船過臨清時攜運來京。清代修理城牆，每年需臨清磚 66 萬塊，斧刃磚 40 萬塊。道光年間，才改為北京就地燒製[23]。

二、北京的城門

明清北京內外城共有城門 16 座，內城 9 座，外城 7 座，各門均建有門樓和甕城。內城的甕城建有箭樓等設施。內城的城門大多是根據元代故城門改建而成的，門樓均朱楹丹壁、封檐列脊、灰筒瓦綠剪邊，3 層檐歇山重樓式建築，除正陽門樓為面闊 7 間外，其餘 8 門皆面闊 5 間，通高在 30-40 公尺之間；外城的城門樓稍低一等，為單檐歇山式建築，且面闊 3 間，通高 11 公尺左右，規格小於內城。

(一)內城九門

1. 正陽門：內城正門，又稱前門，是北京最重要的城門，位於天安門廣場南端，初建於明永樂 18 年(1420)，明正統 2-4 年(1437-1439)改建。建築高大精美，城外有甕城及箭樓。箭樓重檐歇山頂，4 層箭窗，城台上有漢白玉雕欄環繞，雄偉秀麗。北面的正陽門城樓，飛檐 3 重，閣樓 2 層，通高 42 公尺，金碧輝煌，端正宏麗，與北面天安門遙遙相對[24]。

[23]王偉傑等：《北京環境史話》，頁 15，北京，地質出版社，1985 年。
[24]北京旅遊出版社編：《北京旅遊手冊》，頁 12，北京旅遊出版社，1986 年。

明·《皇都積勝圖》（部分），繪者不詳，此部分描繪明代嘉靖到萬曆年初，北京正陽門一帶的情形。北京，中國國家博物館藏。

北京崇文門。（資料照片）。圖引自三田村泰助：《明と清》，東京，河出書房新社，1968 年。

2.崇文門：又稱"哈德門"，係因元代哈德大王府在其地之故，位於北京內城南牆東側。城樓形制為 3 重簷，面闊 5 間。城樓通高 33.4 公尺、寬 39.1 公尺，進深 24.3 公尺。清代沿明舊制，順治元年(1644)規定正藍旗軍民居崇文門內。

崇文門於明、清兩代均設總課稅之所，當時規定運酒車必須進崇文門，因此京師造酒業多集中於東郊、南郊，進崇文門課酒稅。崇文門稅所對客商及平民徵稅十分苛刻，甚至官員亦深受其苦[25]。民初，崇文門課稅，北洋政府仍之，到北伐完成始廢城門之釐金制度。

3.宣武門：南牆西門為宣武門，又稱順治門，被視為不幸和枯竭之門，是清代死刑犯經過此門後，被拉至刑場砍頭，故此門亦叫死門。民初，送喪行列仍多經此門。

⸺⸺⸺⸺⸺⸺⸺⸺⸺⸺

[25]張先得：〈明清北京城垣和城門〉(一)，《古建園林技術》，1985 年第 3 期。

4.德勝門：北牆西門，意為以品德取勝，亦稱"修門"（裝飾之門），又有得勝之意，清朝軍隊從這裡凱旋歸來。德勝門，建於明正統4年(1439)，清乾隆時重修，城樓在1969年地下鐵道施工時拆除，僅存箭樓和甕城部分垣牆。箭樓在城樓前沿，建在磚砌的城台上，為城樓的防禦性建築。面闊7間，內鋪樓板3層。兩檐間和東、西、北3牆上，開有方形箭窗82個。南面出抱廈5間，抱廈南面有3座大門通向城台頂部。

德勝門箭樓

5.安定門：又稱"生門"（意即豐裕之門），皇帝每年一度經此門赴地壇祈禱豐年。清朝皇帝的軍隊皆自此門出征，去"安遠定亂"，城內外觀氣勢雄健。

東垣二門，東垣的護城河（或運河）對於運送大米具有重要意義，這些大米是市民的主食，東牆下有很多倉庫。

6.東直門：亦有"商門"之稱，平民在此從事日常買賣，皇帝從不涉足此門，此門實高34公尺。

7.朝陽門：俗稱齊化門，常稱"杜門"（休憩之門），即由通州沿通惠河到北京最近的城角。朝陽門壁上原刻有麥穗的形狀。[26]

⑳黃先登編譯：《北京的傳說》，22、〈補白塔〉，後之註，頁36，台北，長春樹書坊，1979年。

8.阜成門：又稱平則門，意為安寧和公正之門。據云，附近居民常被皇帝詔命驚擾，故亦有"驚門"之稱。甕城場地大部分被煤棧和缸瓦舖所佔，所以在北京用作燃料的煤便從西山經過此門運進城內。

9.西直門：又稱"開門"，即開放之門，意即喻曉之門，表示充分領悟皇帝詔令的英明[27]，皇帝往圓明園或頤和園經此門，然後在萬壽寺碼頭坐船沿長河到園。

(二)外城 7 門

外城的城門，比內城門小得多，計南 3 門，東 1 門、西 1 門，東北角和西北角與內城相接的兩側短牆又有各一門。

1.西便門：西垣北門，城樓大小如下：樓寬 11.2 公尺，深 5.5 公尺，樓高 5.2 公尺，通高 11.2 公尺。屋架僅一排柱，每邊四根，附立於牆內，屋樑二根，既無斗栱，亦無檐柱。

2.東便門：係東垣北門，與西便門是姐妹門。城外通惠河上的大通橋是京杭大運河的起點。

3.廣渠門：又稱沙窩門，是北京最冷清的城門，位於外城北部一片相當荒涼的地區。

4.廣安門：原名廣寧門，因避清道光帝諱故改名，為外城西垣城門。

5.右安門：南牆西門，又稱南西門。

6.左安門：為南牆東門，又稱江擦門。

7.永定門：是外城最大、最重要的城門，位於南垣中央，是從前門一直延伸下來的大街終點[28]。永定門於 1957 年拆除。1999 年，北京市社會科學院研究員王燦熾教授，提案復建。2004 年 3 月復建開工，2005 年 9 月全部竣工。永定門大街南段兩側是天壇（東側）和先農壇（西側）的圍牆。

第三節　城垣與城門的比較

一、研究材料

研究隋、唐長安的城牆與城門較為困難，有幾項原因：

1.唐末朱溫強迫昭宗遷都洛陽，由於長安城已失去都城地位，又遭徹底破壞，人口銳減，城區過大，不易防守，因此昭宗天祐元年(904)，由留守此地匡國節度使韓建對長安進行了改建。這次改建，首先是放棄了宮城和外郭城，僅僅保留了皇城，從而大大縮小了城區的範圍。新城即唐皇城的面積，為東西寬 2,820.3 公尺，南北長 1,843.6 公尺，周長 9.2 公里，面積 5.2 平方公里。外郭城廢棄迄今近 1,100 年，夯土日漸傾圮，雖透過考古發掘可知其輪廓

[27]〔瑞典〕奧斯伍爾德‧喜仁龍著、許永全譯：《北京的城牆和城門》，第 7 章、〈北京內城城門〉，頁 116，北京，燕山出版社，1985 年。

[28]許永全譯，前引書，第 8 章、〈北京外城城門〉，頁 162-167。

永定門。明清北京的 7.8 公里中軸線的南端起點。此門原於 1957 年拆除，後由王燦熾教授的建議，於 2005 年 9 月，復建竣工，現位置在原址稍北處。

及底寬，但無法測其原高度及上寬。

　　2.城門的演繹係藉基址的考古發掘，而文獻記載不多，城門復原係根據城門附近出土的地下文物及唐墓壁畫；或敦煌現存唐代壁畫復原，城門原狀是否如此，也難以確知。

　　北京則不然，北京城牆拆於 1950-62 年，拆城前引起一番大辯論，究竟城市建設重要抑或保存古蹟重要，所幸拆除以前已有一些專家學者研究過，如瑞典學者喜仁龍(Sirén)所著《北京的城牆與城門》即為一本了不起的著作；各城門的形制也都有照片；而現存有正陽門門樓、正陽門箭樓、德勝門箭樓、內城東南角樓，西便門及其附近殘存 190 公尺的外城城牆、崇文門迤東殘存有 1,000 公尺的內城城牆。

　　研究北京的城牆與城門有專論、專文、照片、實物，而城門的原地今地名仍舊，內城城牆圈（即二環）今圍有地鐵，要演繹北京的城牆與城門並不困難。

二、城垣形制與面積

　　唐長安城，全就隋大興城的基礎修繕，城門、街道名稱，幾乎都沿隋舊制。但唐代的文治、武功均倍盛於隋；清北京城，也全就明北京城的基礎修

北京大城城牆。資料照片，引自三田村泰助：《明と清》，東京，河出書房新社，1968 年。

繕，城門、街道名稱，幾乎都沿明舊制，而清代的文治、武功也倍盛於明。兩城所處時代的國勢及其沿用情形類似。

唐長安城實測東西廣 9,721 公尺，南北長 8,651.7 公尺。城制為東西寬而南北窄的長方形，面積 84.1 平方公里。

北京內城城牆根據測量，南牆 6,690 公尺，北牆 6,790 公尺，東牆 5,330 公尺，西牆 4,910 公尺，全長 23.72 公里，大致為正方形；北京外城東西長 8 公里，南北長 3.2 公里，由於外城的北牆係與內城共用，所以全長 19.2 公里。大致為長方形。

北京內城面積 36.57 平方公里，外城面積 25.38 平方公里，合計 61.95 平方公里；另有一種測量數據為內城 34.1 平方公里，外城 25.4 平方公里，合計 59.5 平方公里。

由上述資料可看出，唐長安城為北京內城的 2.3 倍（永樂到嘉靖），唐長安城為北京全城（內城與外城）的 1.35 倍。長安應是人類史上最大的城郭城市。

長安為約略方形；北京內城約略為正方形，較符合《周禮・考工記》的形制，但北京內城缺西北角，依喜仁龍(Osvald Sirén)的看法是：西北角處是被認為最缺乏陽光的地方，而北京全城和皇宮的正面都朝南，即朝著"太陽"——整個宇宙的統治者，因此"地缺西北"截開一大片方塊地。但實際是遷就地理特點，因新建北城垣的西端正值由甕山泊（昆明湖）發源的長河的河床，地勢低窪，土質鬆軟。緊迫的軍事工程，不允許先填平河再築牆。倉促之間，只得將城垣改道，自德勝門以西起，城垣即向南偏斜。這就是北京內城西北缺一角的緣故。

長安將宮城、皇城建於高坡也是遷就地理特點。

長安城牆高約 5.3 公尺，不甚高大，氣勢無法與今日之西安城牆相比，今日西安城牆高 12 公尺，《咸寧長安兩縣續志》，卷 4 稱西安城牆"百雉巍峨，形勢厚重，燕京之外，殆難多睹"。

到宋代由於火藥的發明，元代各種攻城武器的進步，北京的護城河加寬很多，內城城牆也高大很多，也有甕城的設備。城牆的高大與否是取決於"時代的因素"，即"城防的需要"，並不是完全由"帝國的威儀"的角度來看。

　　北京是大平原，平原最有利騎兵作戰，但給遊牧民族最頭痛的攻城障礙是城池。唐代主張"華夷一家"，因此修城遠不如明代熱心，即最重要的萬里長城工事在唐代亦無甚進展；明代則十分注重修城，明代前中國城牆少有甃磚，即使長安城亦僅在城門附近甃磚，其餘全部仍為夯土城牆。

　　長安外郭北牆東部與東牆有夾城以供皇帝、皇族從大明宮經興慶宮到曲江池，其目的是讓皇帝沿城壁的夾城來往，可以不為外人發現。

　　北京城內，重要宮殿、苑囿集中於皇城及紫禁城內，北京皇城外，無重要宮殿，而紫禁城在皇城內，皇帝往來皇城內各宮殿、園囿，不需出皇城，因此不必有夾城。

　　明代不但北京城牆全部下石上磚，全國城牆亦大部分都是如此。北京的護城河寬達 55.8 公尺，是長安城護城河（寬 9 公尺）的 6 倍多。

三、城門

　　城門是城防的重點，長安有 12 個城門，每旁牆 3 門，但北牆的 3 門，芳林門、景曜門與光化門，實際上是禁苑的南門，僅皇族、貴賓可出入，百姓是不能自由進出的。沒有資料顯示長安城門有特殊規定用途，只可說是"因門制宜"，如通化門因為臨近宮城與大明宮，常被皇帝作為親送大臣離都之處；開遠門是隋唐兩代由長安城通往西域地區絲路的起點，當時凡言去西域的里程，蓋因開遠門算起；春明門通常是由東方到長安的商旅入都之門。

　　北京內城 9 門、外城 7 門，老百姓均可出入，但有也特殊規定用途或性質。

　　冬至，皇帝到天壇祭天，由正陽門出；春分，到日壇祭日，由朝陽門出；秋分，到月壇祭月，由阜成門出；夏至，到地壇祭地，由安定門出。明代皇帝到今十三陵謁陵及死去帝后的發引，由德勝門出。當時規定："凡在京大小喪柩，得於安定、西直、東直、阜成、崇文門發引，餘 4 門（即正陽、宣武、朝陽、德勝）不許喪柩出也"。

　　因朝陽門東南是通惠河，而門內又有許多貯存糧食的糧食，所以，糧車由朝陽門入。東直門內有許多木材加工場。由南方通過通惠河和運河運來的木材，都從東直門入。而地壇附近是北京主要糞場（另兩個在天壇東和外城梁家園），所以安定門走糞車。西直門走水車。皇帝不飲城內的地下水，專喝西郊玉泉山甘甜的泉水。阜成門走煤車，門洞內刻有"梅花"，即表示"煤"的意思。明、清時，煤礦主要在門頭溝和三家店，運煤的馬車和駱駝絡繹不絕。宣武門走囚車，因為刑場在宣武門外的菜市口。崇文門走酒車，那時的燒鍋多在南郊和通縣一帶，有南路燒酒和東路燒酒之稱。崇文門又是收稅的地方，凡過往商賈，至崇文門皆要繳納關稅[29]。

　　長安明德門有 5 門道，其餘各門為 3 門道，中間的 1 個門道，僅供皇帝

[29]王偉傑：〈北京古代內城九門的通行〉，收入李鳳祥編：《北京風物遊覽典故》，北京旅遊出版社，1989 年。

出入；北京各門均只有 1 門道（箭樓除正陽門、永定門有中央門道，僅供皇帝出入外，餘不設中央門道，均只設便門）。

長安無甕城，北京 16 個城門全部有。由於攻城都是以攻打城門為主，城門洞太多，不利防守，護城河之加寬亦與戰術及武器進步有關。甕城之設是為給城門多一道防線，相對也可看出為何唐長安城門洞多，而明清北京則僅一個門洞。這是因為元朝以後各種攻城機器的發達。茲列兩城之城垣與城門比較表如下：

項目	長安	資料來源	北京	資料來源	備註
周長	67 里 36,744 公尺	《長安志》 考古實測	68 里 39,750 公尺	《光緒順天府志》 梁思成測	長安為唐里 北京為華里
面積	84.1 平方公里		60.2 平方公里		
形狀	長方形		內城為約略正方形，但缺西北角，外城約略為長方形		
牆高	5.3 公尺	《長安志》	外城 6 公尺，內城 11 公尺（內城北牆 12 公尺）		
牆面狀況	城門附近及城垣轉角處甃以磚，其他部分為夯土		全部下石上磚		
牆基寬	一般 9-12 公尺	考古實測	內城約 19.84 公尺，外城約 6.4 公尺		
城門數	12（附會〈考工記〉）		16（內 9 外 7）		
護城河	約深 4 公尺、寬 9 公尺	考古實測	約深 1 丈、闊 18 丈（深 3.1 公尺、闊 55.8 公尺）	《光緒順天府志》	
城門洞	明德門 5，其餘 3		全部都只有 1 個		
甕城	無		有		
夾城	外郭北牆東部及東牆		無		

第四節　長安明德門與北京正陽門

明德門在隋代稱為太陽門，是長安城的正門，正陽門是北京城的正門，兩座京城的正門，均在象徵"聖主當陽"的意思。兩門比較饒有意義。

一、明德門的遺址與復原情況

明德門是唐代首都長安城外郭城的正南門，處在全城南北向中軸線上。在明德門和朱雀門之間有長達 5 公里餘，寬達 150 公尺的寬大街道，是唐長安城最主要的南北幹道。

從發掘情況得知，明德門是被火燒後廢棄的。各門道的兩壁及路面大部被燒成黑紅色的堅硬燒土，並有大量的木灰和炭塊。

明德門有 5 個門道，平面呈長方形。城門墩東西長 55.5 公尺、寬北寬 17.5 公尺。方向北偏東 1.30°。城門包磚牆皮都已破壞，僅東端 2 門道之間的隔牆北側尚殘留少許。從包磚遺痕來看，包磚壁厚約 0.5 公尺左右。在磚壁外，尚有部分散水的鋪磚和遺痕，散水寬 0.8 公尺。

門樓建築復原為：下有平坐，用永定柱，柱腳落在門道木過樑洪門栿上；門樓本身柱高 15.5 唐尺，與面寬相等；柱頭斗栱出兩層栱一層昂，共 3 跳；出檐自檐柱中線起為 11 唐尺，前後檐口距離為 67 唐尺，比墩台南北側散水外緣之距 68.8 尺少 1.8 尺；屋頂為單檐廡殿；用鴟尾。

城門外有房址，應是門外廊，據章懷太子李賢墓闕樓圖壁畫中的門房形象，可能是前半為廊，上用懸山瓦頂。

明德門門樓東西 11 間，除了以遺址本身尺寸為依據外，從建築的等級上也是說得通的。在已發掘的唐代遺址中，只有含元殿是東西 11 間（指殿身）。含元殿在大明宮中的地位相當於太極宮的承天門，明德門是唐長安外郭中軸線上的正南門，和朱雀門、承天門都在中軸線上，和它們具有同樣的重要地位，很可能朱雀門、承天門，也是 5 門道上建 11 間城樓的[30]。

二、正陽門的形制與現況

正陽門是當年北京全城最高的建築，總高 42 公尺。正陽門是根據 "宸居九重，負陰抱陽，陽宜開廣"，"聖主當陽，日至中天，萬國瞻仰" 的意思定名的。

正陽門是內城南垣正中大門，位於皇宮正前方，其宏麗的規模，使之成為北京最重要的具有歷史價值的巨大建築之一。元代稱 "麗正門"，明正統 2 年改稱正陽門，建築高大精美，飛檐 3 重，閣樓 2 層，面闊 7 間，面寬 49 公尺，進深 24 公尺，金碧輝煌，端正宏麗。正陽門在歷史上幾經戰亂，幾度修葺。城牆外有甕城及箭樓。

正陽門甕城內有廟宇兩座，均座北朝南，西北角之廟為關帝廟，奉祀關羽，東北角之廟為觀音大士廟，供奉觀音。正陽門甕城有 3 個城門分別闢 3 側垣牆，正面只供皇帝的御駕出入，平民百姓只能從兩側月牆下進出。1914 年拆去了甕城城牆[31]，只留下正南的箭樓。

正陽門城樓，座落在磚砌城台上，城台上窄下寬，有顯著的收分，寬 95 公尺，厚 31.45 公尺，高 14.7 公尺，城台南北上沿各有 1.2 公尺高的宇牆。門洞為拱券式，開在城台正中，五栿五券，內券高 9.49 公尺，寬 7.08 公尺，外券高 6.29 公尺，寬 6 公尺。灰筒瓦綠琉璃剪邊，重檐歇山三滴水結構，每側有檐柱、老檐柱和金柱 3 層柱子，樓上樓下均四側有門，上下有迴廊，上層前後裝修為菱花格槅扇門窗，下層為朱紅磚牆，明間及兩側山面各有實踏大門一座，樓兩端沿城牆內側設斜坡馬道以通上下。通面寬 41 公尺，通進深 21 公尺，樓身寬 36.7 公尺，深 16.5 公尺，高 27.3 公尺。

正陽門箭樓，建成於正統 4 年(1439)，現樓為一磚砌堡壘式建築，踞於磚砌城台之上，城台高約 12 公尺，亦有顯著收分。門洞為拱券式，開在城台正

[30] 傅熹年：〈唐長安明德門原狀的探討〉，《考古》，1977 年 6 期；辛德勇：〈大興城明德門別稱太陽門〉，《隋唐兩京叢考》，西安，三秦出版社，1991 年。
[31] 北京市文物工作隊編：《北京名勝古蹟》，頁 104-105；北京旅遊出版社，1988 年。

北宋‧張擇端繪：《清明上河圖》中的開封城門。北京，故宮博物院藏。

中、五栿五券。箭樓為灰筒瓦綠琉璃剪邊，重檐歇山頂，上下四層，南面開箭窗 52 個、兩側（包括抱廈）各開 21 個，三面共 94 個，作對外射擊之用；前樓後廈，南側箭樓面闊 75 間，寬 62 公尺，進深 20 公尺，北側廡座面闊五間，寬 42 公尺，進深 12 公尺，通進深為 32 公尺，樓高為 24 公尺。門洞南側寬 10 公尺，北側寬 12.4 公尺。門為吊落閘門。牆壁有收分，基厚約 2.5 公尺。整座箭樓通高為 38 公尺，為北京所有箭樓中之最高者。

三、比較

(一)唐、宋城門為"過樑式"木構城門，長安明德門即是過樑式，發展到明、清成為"磚券城門"。火藥用於戰爭以後，南宋後期城門道改用磚砌券洞。所謂"過樑式"木構門洞的建築形式是：門洞兩壁排立木柱，木柱上再搭架樑、枋、椽、板，門洞上部作扁梯形。敦煌石窟的唐代壁畫和宋畫《清明上河圖》中都畫有"過樑式"木構城門洞的式樣。北京市昌平縣元代建築居庸關過街塔石門洞，就是摹仿"過樑式"木構門洞的形式。

據〈元大都的勘查和發掘〉一文："（和義門）城門的殘存高度約 22 公尺，門洞長 9.92 公尺，寬 4.62 公尺，內券高 6.68 公尺，外券高 4.56 公尺。木質板門和門額，立頰（門框）等部份，在明代廢遺填塞時均被拆去，僅留下兩側的門砧石。"

磚券只用 4 層券而不用栿（券為豎磚，栿為平磚），4 層券中僅一個半券的券腳落在磚墩台上，說明當時的起券技術尚未完全成熟。城樓做成地堡式，兩側的兩間小耳室是進入城樓的梯道。城樓面闊 3 間，進深 3 間。除當心間 4 柱為明柱外，其他各柱均為暗柱，暗柱有很大的側腳（上部向內傾斜），柱下安地栿，柱間用斜撐。四周的牆壁有顯著的收分[32]，這座城門的建築，是從唐宋以來"過樑式"木構式門發展到明清磚券城門的過渡形式。

(二)根據考古報告，長安明德門並無甕城。北宋‧張擇端所繪的《清明上河圖》，北宋開封亦無甕城。而明清北京大城 16 個城門均有甕城。唐代邊城已有甕城之設，而國都設甕城在元末才開始出現，1969 年拆除北京西直門箭樓時，曾發現元大都和義門箭樓，可知大都甕城之設應始於元順帝之時。《元史》卷 45，〈順帝本紀〉：記大都增築甕城吊橋在至正 19 年(1359)10 月。據和義門洞內青灰皮上刻劃的"至正 18 年(1358)4 月 27 日記"題記，則和義門

[32]〈元大都的勘察和發掘〉，《考古》，1972 年第 1 期；侯仁之：〈元大都城與明清北京城〉，《故宮博物院院刊》，1979 年 3 期。

甕城於此時已建成，證明《元史》所記有誤，疑為至正 19 年 10 月或是大都 11 門甕城吊橋全部完工的年月。

㈢兩門東西長度相近，南北寬度與高度差距則大——正陽門外觀更高大，但明德門門道有 5，對交通而言，較便利些。

㈣建築屋面，明德門採用單簷廡殿頂，正陽門則為重簷歇山頂，因北京內城城牆較厚，城樓注重南北寬，東西長、南北寬則有穩健的形態使其高大，所以採用重簷。長安城牆因不比北京內城厚，所以在"結構力學"的原理下無法高大，而採用單簷。單簷又要使其莊重，因此採用最高等級的廡殿頂。而正陽門（42 公尺）比太和殿（35.5 公尺）高大，如正陽門再用重簷廡殿頂與太和殿一樣，那不是比太和殿等級更高。太和殿畢竟是明、清正衙，因此正陽門只能用歇山頂。

項目	長安明德門	北京正陽門城樓
1.結構	過樑式	磚券式
2.面積	866.25 平方公尺	861 平方公尺
3.東西長	52.5 公尺（城樓通面寬 49.83 公尺）	49 公尺
4.南北寬	16.5 公尺（城樓通進深 13.22 公尺）	24 公尺
5.通高	20.87 公尺（71 唐尺）	42 公尺
6.門道數	5 個	1 個
7.門樓型式	單簷廡殿頂。黑灰瓦石綠屋脊（與大明宮一樣）	重簷歇山頂。灰筒瓦綠琉璃剪邊
8.門樓大小	面寬 11 間，49.83 公尺（169.5 唐尺）；進深 3 間，15.23 公尺（45 唐尺）	面寬 7 間，36.7 公尺。進深 3 間，16.5 公尺，高 27.3 公尺（連迴廊）面闊 41 公尺，進深 21 公尺
9.門外防衛設施（建築）	濠溝	箭樓、甕城、護城河
10.門墩（城台）	城門墩東西長 55.5 公尺、南北寬 17.5 公尺；門道寬 5 公尺、進深 18.5 公尺（加包磚）隔牆 2.9 尺，墩頂南北 14.99 公尺。	城門墩寬 95 公尺，厚 31.45 公尺，高 14.7 公尺。門道寬：內券 7.08 公尺，外券 6 公尺。

註：1 公尺等於 3.4015653 唐尺，或 1 唐尺等於 0.294 公尺。

第五節　城制改變的原因

唐代城防設施開始制度化，在杜佑：《通典‧守拒法》和李筌：《太白陰經》中都有關於築城制度的記載，這時出現了羊馬牆、轉關橋、弩台等新的城防設施，在邊城中還有甕城。

宋代加強城防建設，把唐代邊城所用的甕城等應用於都城。宋代編成的

《武經總要》、《修城法式條約》等官書，詳載城垣、城門、甕城、敵樓、團樓、戰棚、弩台、釣橋、閘板、暗門等防禦設施。南宋通過對金戰爭，豐富了築城經驗。陳規在《守城機要》中根據積極防禦思想提出改進城防設施的意見。南宋中期創造出"萬人敵"，為箭樓的前身。南宋末年對蒙古作戰，由於火藥的使用，為加強防禦，城牆多用磚石包砌，城門也改為磚石券洞。

　　明初大事建造地方城邑，大部分城都用磚石包砌，沿用數千年之久的夯土城至此已大部為磚城代替，並在甕城外創建箭樓和閘樓[33]。

　　明清時代的城池之所以較隋唐時代加高、砌磚、縮小範圍與火藥的發明有絕對的關係。

　　宋代由於火藥的發明，當時經由火藥製成的武器可分為㈠爆炸性火器，如毒藥煙毬、蒺藜火毬，㈡管形火器，如大炮。這些火器對城壁破壞力很大，結果迫使以往的"低平要塞型"的城郭都市變貌[34]。以往北方遊牧民族在騎馬

明清北京內城城牆，由崇文門迤東到內城東南角樓的１段，修建成明城牆遺址公園，保存城牆長１公里，高約11.36公尺，雉堞高約1.8公尺，通過約13.2公尺多，底寬約19.84公尺，頂寬約16公尺。

[33]程敬琪：〈城〉，《中國大百科全書》，《建築‧園林‧城市規劃》冊，頁41頁，北京‧上海，中國百科全書出版社，1985年。

[34]愛宕　元：《中國の城郭都市》，頁171-175，東京，中央公論社，1991年。

戰術下，以弓箭為主要武器，城是對付騎兵最有效的防禦設施（攻城大多用步兵），然而火藥使城郭結構發生根本改變，這些改變如下[35]：

1.縮小城的範圍，避免防衛線過長。

2.加高城牆。宋開封的城牆高為 12.3 公尺。

3.甕城之設。甕城是圍在城門外的小城，或圓或方，方的又稱 "方城"。甕城高與大城同，城頂建戰棚，甕城門開在側面，以便在大城、甕城上從兩個方向抵禦攻打甕城門之敵，正面的戰棚在南宋時改為堅固的建築，佈置弓弩手，稱為 "萬人敵"，到明代發展為多層的箭樓。甕城門到明代又增設閘門，稱為閘樓。國都開始應用於元順帝時的大都城。

4.城牆砌磚。南宋以後為防禦炮火，牆身用磚石包砌的漸多，個別城牆還用糯米灰漿砌築。

5.城頂外側砌垛口，內側砌女牆。

6.牆身每隔一定距離築突出的馬面。

7.馬面頂上建敵樓。

8.城頂每隔 10 步建戰棚。敵樓、戰棚和城樓供守禦和瞭望之用，統稱 "樓櫓"。

9.護城河加寬，唐長安的護城河約深 4 公尺，寬 9 公尺；北京則約為深 3.1 公尺，寬 55.8 公尺。

10.城門洞減少，唐長安城門洞，明德門為 5，其餘城門為 3；北京的大城城牆城門洞都只有 1 個。

[35] 參考北宋·曾公亮：《武經總要》，卷 12，《四庫全書版》；另有一些後代的發展，為本書作者所歸納。

第五章
大唐長安三大皇宮巡禮

　　自秦始皇統一中國後，首都宮城內的宮殿，一如《明史》所言"名號繁多，不能盡列，所謂千門萬戶也。"而以唐長安宮殿而言，文字資料很多，加上1949年以來考古勘察亦取得豐碩的成果。

　　唐長安城內有3座主要宮殿，即太極宮（西內）、大明宮（東內）與興慶宮（南內），合稱"三大內"。

第一節　宮城

　　宮城位於郭城北部正中，含太極宮、東宮、掖庭宮，平面為長方形，東西長2,820公尺，南北寬1,492公尺，周長8.6公里，城四周有圍牆。太極宮原是隋代的大興宮，始建於文帝楊堅開皇2年(582)6月，至開皇3年(583)3月竣工。是隋朝和唐初的皇帝朝會與居住的地方，東西1,285公尺，南北1,492公尺，面積1.92平方公里，宮內由前朝、後寢與苑囿組成。其南為皇城，北為禁苑，東為東宮，是太子的居所、西為掖庭宮，是後宮人員的住所①。

　　根據文獻記載：宮城以承天門與玄武門連成一線為南北中軸線——由南向北依次是承天門、嘉德門、太極門、太極殿，朱明門、兩儀門、兩儀殿、甘露門、甘露殿、重玄門、玄武門②。但經考古發掘，玄武門並未在中軸線上，它位於宮城北牆的中部略偏西，不與承天門相對。此門址由於近代建築所壓，只探得部分門道殘蹟。此中軸線又與皇城中軸線——承天門街，外郭城中軸線——朱雀門街連結，形成連貫8.6公里長的整座長安大城的中軸線，其佈局建置即按此中軸線左右對稱排列。

太極宮圖石刻。北宋・呂大防：《唐長安城圖碑》殘片。現藏西安，碑林博物館。

　　太極宮裝飾較為簡樸，主要宮殿都分佈在南北中軸線上，而其東、西兩旁則殿閣林立，依規制分外朝、內廷。

①清・徐松：《唐兩京城坊考》，卷1。
②同上書。

一、太極宮

㈠外朝

　　外朝包括承天門（隋代稱為廣陽門）、正殿太極殿及其兩翼之行政衙署等建築。

　　承天門：門外有東西朝堂，是朝臣等候上朝之處。東有肺石、西有登聞鼓，門上有門樓。承天門猶古之外朝，為國家舉行大典的地方，若元正、冬至大陳設，宴會，赦過宥罪，除舊布新，當萬國朝貢使者，四夷賓客來朝，皇帝則御承天門以聽政③。因承天門外有 6 公頃的“橫街”作為宮廷廣場，在盛典時可容納眾多大臣、使節等。又奉送山陵亦御此門④。

　　據文獻記載，宮城的南面有五個門，中間是承天門，東側是長樂門，次

③《唐六典》，卷 7。
④清·徐松：《唐兩京城坊考》，卷 1。

《步輦圖》，唐·閻立本繪，宋代摹本，現藏北京，故宮博物院。唐太宗的貞觀之治，即為在太極宮施政時的政績，為中國有名的盛世。此圖描繪貞觀 15 年 (641) 吐蕃王松贊干布，派使者祿東贊到長安通聘，祿東贊覲見唐太宗的情形，唐太宗並以文成公主與松贊干布成婚。

東永春門。承天門之西為廣運門，次西永安門。北面有二門，正北是玄武門，玄武門東側有安禮門。只有南面的承天門和北邊的玄武門門址勘探出來，其他門址因破壞和被建築物所壓，均未探得。

　　承天門址　該門址位於太極宮南牆的中部，在今西安市蓮湖公園內蓮湖池南岸（偏西）的南側[5]。

　　其門址東西殘長 41.7 公尺，進深 19 公尺，有 3 個門道，門基鋪有石條或石板，這是其它城門未見的設置[6]。門道上有燒土塊、木炭之灰燼、磚瓦堆積[7]可推測此城門可能為火燒毀。

　　關於宮城內各宮殿遺址，大都被近代建築佔壓和破壞，對於它們的位置和佈局形式，現仍不得而知。

⑤中國科學院考古研究所西安唐城發掘隊：〈唐代長安城考古紀略〉，《考古》，1963年，11 期。

⑥宿白：〈隋唐長安城與洛陽城〉，《考古》，1978 年，6 期。

⑦佐藤武敏：《長安》，頁 122。

隋文帝、煬帝、唐高祖、太宗聽政的殿宇——大興殿（唐太極殿）CG 復元，引自大橋一章、谷口雅一：《隱された聖德太子の世界～復元・幻の天寿国》，日本放送出版協會（NHK 出版），2002 年。

太極殿：是每月朔、望視朝之所，也是日常接見群臣，處理軍政大事的地方，為太極宮正殿，猶古之中朝[8]。其正門為嘉德門，殿門為太極門（隋稱大興門），殿東隅有鐘樓，西隅有鼓樓。門之兩廡為東西上閣門，閣門可轉北入兩儀殿，太宗時以此為入閣。

高宗以後多居東內大明宮，則大喪多殯此殿。

外朝衙署有史館、門下省、宏文館、中書省等，大多分佈在東西上閣門之左右，即左、右延明門之東西兩側。史館（負責編纂國史）位左延明門之東，史館之南有門下省、宏文館（聚書、藏書之所）。右延明門之西有中書省、舍人院、北御史台等，此地為中樞宰相以及起草詔書的官吏辦公之地。

廣運門之北有安仁門，長樂門之北為恭禮門，其間有東、西左藏庫[9]。

(二)內廷

內廷包括皇帝平常聽政的內朝——兩儀殿，以及帝后嬪妃居住之後宮。

[8]《唐六典》，卷7。
[9]清・徐松：《唐兩京城坊考》，卷1及〈西京宮城圖〉。

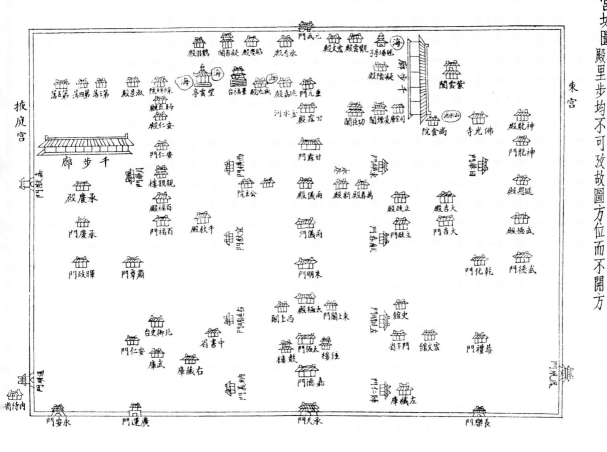

唐宮城圖　圖據六典及長安志與李氏舊圖互異宮殿里步均不可玫故圖方位而不開方

其分界以"朱明門以內為內朝，故虔化、肅章以內為宮內"⑩。

朱明門：亦有東、西上閣，其左為乾化（一作虔化）門，再左為武德門（門後有武德殿）。朱明門之右為肅章門，再右為暉政門（門北有承慶門、承慶殿）。

兩儀殿：在朱明門之北，殿門稱兩儀門。隋時稱此為中華殿，貞觀5年(631)改稱兩儀殿，為皇帝與少數宰輔大臣計議國家政務的地方，為內朝之正殿。唐中葉以後，帝后喪亦多殯此殿。高宗時常召宰臣及宏文館學士於此⑪。

兩儀殿前有獻春門、宜秋門。獻春門之東有立政門、立政殿，再東有大吉門、大吉殿。宜秋門之西有百福門、百福殿，再西有承慶門、承慶殿⑫。

甘露殿：在兩儀殿之北，玄宗自蜀還，常居此殿。殿門為甘露門，門外為長街，即東西橫街，巷東有東橫門、日華門，巷西有西橫門、月華門。

甘露殿之東為神龍殿，殿北有功臣閣、凌煙閣。貞觀18年(644)唐太宗令名畫家閻立本將24位功臣元勳的像畫在凌煙閣上⑬。閣北有海池、凝雲閣⑭，

⑩《唐六典》，卷7。

⑪《舊唐書‧令狐德棻傳》。

⑫清‧徐松：《唐兩京城坊考》，卷1。

⑬《舊唐書‧太宗紀》。

⑭宋肅懿：《唐代長安之研究》，頁108；又參考清‧徐松：《唐兩京城坊考》，卷1，《長安志》作"凝陰殿"為誤。《通鑑‧注》引《閻本‧太極宮圖》，《永樂大典》所載、《閻本圖》、《陝西通志》，皆作"凝雲閣"。

再北有毬場亭子。

甘露殿之西有安仁門、安仁殿，殿北為歸真觀、綵絲院。院西為淑景殿，又西為衛士之居「三落、四落、五落」，月華門北廊有東西向的千步廊[15]。

重玄門：位甘露殿之北，門西有延嘉殿，殿前為金水河──流入苑內。再西有咸池殿、海池、望雲亭、景福台等。延嘉殿之西有鶴羽殿、凝香閣、昭慶殿等[16]。

宮城西北隅有山池院，南有薰風殿、就日殿，東有海池。東北隅有紫雲閣、山水池（龍首渠注於此），閣西有南北向的千步廊[17]。

除殿、閣之外，還有孔子廟，在月華門之西。佛光寺，在神龍殿之西。尚食院，在南北千步廊的東南處。公主院在千秋殿之西[18]。武庫，在武德東門之東。司寶庫在凌煙閣之東。甲庫，在西左藏庫之西[19]。內倉廩，在虔化門內。

其它還有不少殿閣、門樓不知正確位置，如臨湖殿[20]、觀德殿[21]三清殿、長樂殿、翔鳳門……等。

關於太極宮的佈局，由於各宮殿遺蹟，尚未能發掘，因此只能以文獻、圖刻等史料來探究其情形，綜合專家意見[22]有下列特色：

（一）主要建築分佈在中軸線上

據文獻、宮城圖，太極宮與東宮內建築佈局均分中、東、西3路，即中軸建置以主要宮殿、門，再以其他建築作左、右對稱來佈置。

據《唐兩京城坊考》之圖，太極宮之南北中軸線一由南向北依次是承天門、嘉德門、太極門、太極殿、朱明門、兩儀門、兩儀殿、甘露門、甘露殿、延嘉殿、重玄門、玄武門。但玄武門已發掘並未在宮城北牆正中，亦未直對承天門，因此中軸線應止於何殿或門尚待探討。《雍錄》之圖，則中軸線止於甘露殿。顯然《唐兩京城坊考》有誤。

⁕⁕⁕⁕⁕⁕⁕⁕⁕⁕⁕⁕⁕⁕

[15] 唐宮城內之千步廊為東西向，與後來金、元、明、清位於宮城外的南北千步廊，名稱雖相同，但功能不同，唐宮城內之千步廊應為連接皇宮內的一些重要建築；金、元、明、清千步廊的功能請參看謝敏聰：《明清北京的城垣與宮闕之研究》，頁118～119，其功能為宮城前的前導，為御道的一段。

[16] 宋蕭艾：《唐代長安之研究》，頁108言「以上殿、亭的位置《長安縣志》與《唐兩京城坊考》記載分歧。」

[17] 清·徐松：《唐兩京城坊考》，〈西京宮城圖〉。

[18] 宋·宋敏求：《長安志》，卷3。

[19] 清·徐松：《唐兩京城坊考》，卷1。

[20] 《資治通鑑》，卷191，「建成、元吉至臨湖殿，覺變」。

[21] 《資治通鑑》，卷195，胡三省《注》：「觀德殿，射殿也，閣本太極宮圖，射殿在宜春門北」。

[22] 見張永祿：《唐都長安》，頁72及73。此3點亦為歷來研究中國都城發展史的學者們的共識性的意見。由考古得知，殿墟即發現中軸線的設置；另賀業鉅：《考工記營國制度研究》P.77，（1985年），討論前朝後寢制度；謝敏聰：《明清北京的城垣與宮闕之研究》，P.125，（1980年），討論有三朝制度；宋蕭艾：《唐代長安之研究》，P.166（1983年）亦討論有三朝制度。

（二）根據中國古代宮室建築"前朝後寢"的原則，太極殿後的朱明門、肅章門、虔化門等宮院牆門為界，把宮內劃分為前朝和內廷前後兩個部分。朱明門、虔化門以外，屬於"前朝"或稱"外朝"，朱明門等牆以內為"內廷"區域。

（三）根據《周禮》的"三朝制度"佈局。《周禮・秋官・朝士》鄭玄注："周天子諸侯皆有三朝：外朝一、內朝二。"外朝在庫門（《禮・明堂位："庫門天子皋門"，按即天子的外宮門）外，是舉行大典，詢察眾庶之處；《書・召誥》疏："內朝二者，其一在路門外，王每日所視，謂之治朝；其一在路門內，路寢之朝，王每日視訖，退適路寢，謂之燕朝"。即內朝一名治朝（中朝），是處理政事之地；另一稱燕朝（內朝），是帝王私人燕居之所。太極宮在佈局上即按照此制度，以宮門承天門為外朝，以太極殿為中朝，以內廷地區的兩儀殿為內朝，其他殿閣，則從屬於此，分別置於左右。

二、東宮與掖庭宮

東宮在太極之東，南北與太極宮齊長，為皇太子所居。南面門為嘉福門，北面門為玄德門（一稱至德門仍隋時舊名），但各文獻對東宮宮門有不同記錄[23]。

東宮範圍在考古挖掘上有新發現。由於其遺址的挖掘勘測，以及文獻資料的印證研究，證實了這一官署建築群，顯然是按中軸左右對稱佈置的，中軸即東宮官署區中街的中線——距皇城及宮城東牆 416 公尺左右，可知東宮寬度應為 832.8 公尺，即折合唐制為 1 里 206 步，可見《唐兩京城坊考》所稱"不足一里"是不正確的。但據掖庭宮遺址測量東西長為 702.5 公尺，則其所稱"東宮較（掖庭宮）廣"是準確的。

東宮之宮殿名稱、位置，文獻中說記載紛歧，有數種說法[24]，但仍是有中軸線為中心，東西對稱之佈局，其主要建築可分中路、東、西路說明如下[25]：

中路為東宮中軸線，其南面門為嘉福門，北面門為玄德門。正殿曰嘉德殿。正門曰重明門，殿門曰嘉德門。殿北為崇教殿、麗正殿、光天殿、承恩殿。

東路：嘉德門外左之兩廊為左永福門、左嘉善門；嘉德殿之左有奉化門，門內有左春坊；麗正殿之左有崇仁殿；承恩殿之左為宜春宮，宮北為北苑，宮南為典膳廚、命婦院。

西路：嘉德門外右兩廊為右永福門、右嘉善門；嘉德殿之右為奉義門，門內有右春坊；麗正殿之右有崇文殿；承恩殿之右為宜秋宮，宮南有內坊。

東宮主體建築明德殿（即嘉德殿）。按唐制：此殿基座東西廣當不少於

㉓宋肅懿：《唐代長安之研究》，頁 78～79，及頁 108。

㉔馬德志、楊鴻勛：〈關於唐長安東宮範圍問題的研討〉，《考古》，1978 年第 1 期。

㉕宋肅懿：《唐代長安之研究》，頁 110，說："以下東宮宮殿以《唐兩京城坊考》所載為主，蓋此書較他書考證多而翔實。"

太子大朝儀仗圖（局部）。唐神龍 2 年(706)。351×712 公分。陝西省乾縣懿德太子李重潤墓道壁畫，1972 年發掘，藏陝西省博物館。描寫儀仗隊準備出城場面。

　　50 公尺，配殿之間的距離至少當在 80 公尺以上，連同配殿廊廡，總寬度約 100 公尺左右。

　　掖庭宮在太極宮之西，北與宮城齊長，南至通明門。其東西長據實測遺址為 702.5 公尺[26]。其與太極宮之牆基仍保存完好，厚達 11.5 公尺[27]。

　　掖庭宮有東西門，無南北門，東門通大內（太極宮），即嘉猷門。西門在未築夾城時，通修德坊，宮人於此出宮[28]。

[26]馬德志、楊鴻勛：〈關於唐長安東宮範圍問題的研討〉，《考古》，1978 年第 1 期。

[27]佐藤武敏：《長安》，頁 120。

[28]清・徐松：《唐兩京城坊考》，卷 1。

　　宮內有眾藝台，可能是宮人教藝之所，位於東北垣一方台。另有內侍省，在宮西南。

　　掖庭宮內之建築，因文獻所記載不多，故詳情未明。

第二節　大明宮

　　大明宮位於太極宮東北，因此又稱“東內”，是唐京都長安最大的 1 座宮城，其建築規模宏大壯觀，佔地面積 3.2 平方公里，為 200 餘年間，政令的中樞，唐代 16 位皇帝在此聽政，始建於唐太宗貞觀 8 年(634)，中和 3 年(883)、光啟元年(885)、與乾寧 3 年(896)連遭兵火遂成廢墟。1957 年至 2006 年，中國社會科學院考古研究所發掘大明宮部分遺址，探明遺址比較完好，為中古時期中國尚不多見的文化遺存。

　　大明宮遺址在今西安火車站北約 1 公里處的龍首原上。宮略呈長方形，東西寬 1.5 公里，南北長 2.5 公里，現已探得殿、台、亭、閣遺址約 50 處，有些已進行發掘。

　　大明宮是貞觀八年(634)唐太宗為其父李淵“清暑”而建，初名“永安宮”，次年改為“大明宮”，取《詩經》：“明明在下，赫赫在上”之意。唐朝第 3 代皇帝高宗李治因患風痹症，嫌太極宮內淋濕，遂遷大明宮聽政。當時遷宮的更重要的原因是：這時被高宗“委以政事，權與人主侔（相等）”的武則天皇后臨朝，她注重防範朝內的反對派。而太極宮地勢低窪，不利防變。宋·宋敏求：《長安志》說大明宮“北據高崗，南望爽塏（即地勢高而乾燥），終南如指掌，坊市俯而可窺。”顯然這裡既有利於防衛宮廷內變，又便於掌握京城全局。

　　丹鳳門　大明宮南牆的正門是丹鳳門，上建高大的丹鳳樓，其作用與太極宮的承天門相似。

西安唐大明宮丹鳳門遺址全面揭露

　　2006 年 2 月 17 日《中國文物報》，安家瑤、冀國強、李春林、何歲利報導：2005 年 9～12 月，中國社會科學院考古研究所西安唐城考古隊對唐大明宮丹鳳門遺址進行了考古鑽探和發掘工作。

　　丹鳳門遺址位於今西安市火車站之北，自強東路東段和二馬路之間。1957

唐大明宮遺址碑

創建大明宮的唐太宗李世民，
故宮南薰殿舊藏。

年，考古工作者曾在這裡進行過鑽探，受居民住宅所限，當時只探出了3個門道，明確了丹鳳門遺址的位置。

丹鳳門沿用歷史長達240餘年，是唐大明宮的正南門，北面正對含元殿，兩者之間為長600餘公尺的御道。丹鳳門始建於唐高宗龍朔2年(662)，是大規模營築大明宮時，於大明宮南牆也即長安城北郭牆東段開闢修建的。肅宗至德2年(757)，曾改為"明鳳門"，不久復名"丹鳳門"。自建成之日起，丹鳳門就成為唐朝皇帝出入宮城的主要通道，在大明宮諸門中規格最高。丹鳳門上有高大的門樓，是唐朝皇帝舉行登基、宣佈大赦和改元等外朝大典的重要場所。

發掘過程中，在門道地面、隔牆壁面發現有因火焚而形成的燒土面和灼痕。特別是在門道內的堆積中還出土了許多被燒流變形的磚塊瓦片、被燒炸裂的石構件殘片和木炭碎塊，這些跡象和遺物表明，丹鳳門當毀於唐代晚期的一場大火。聯繫唐末紛亂的歷史，推測丹鳳門的最後毀棄年代，與大明宮的最後廢棄時間一致，即天佑元年(904)。正是這年朱全忠脅迫昭宗遷都洛陽，毀長安宮室百司，自此大明宮丹鳳門遂成為廢墟。

　　這次考古發掘大致上搞清了丹鳳門的佈局形制，修正了 1957 年的初步鑽探結果，而與歷史文獻記載的五門道相符合。丹鳳門遺址墩台規模之大，門道之寬，馬道之長，均為目前所見隋唐城門考古之最。丹鳳門遺址的考古發掘不僅為該遺址的復原保護工程提供了詳實、準確的依據，而且將有力地促進唐大明宮遺址的整體保護和利用工作，也為中國古代都城考古、中國古代建築史的研究提供了第 1 手的科學資料。

　　大明宮的中軸線上，丹鳳門往北為含元殿、宣政殿和紫宸殿。

　　含元殿為大明宮正殿，元旦、冬至於此聽朝，是舉行重大朝會與頒佈詔令的地方，在丹鳳門正北 610 公尺的龍首原的南沿上，殿基高出地面約 15.6 公尺，據現存遺址得知，殿基東西寬 75.9 公尺，南北長 41.3 公尺，殿面闊 11 間，進深 4 間，間各寬 5.3 公尺，殿外四周有副階，殿台的左右有對稱向南伸出的兩大夯土高台，2 台基高出地面約 15 公尺，周圍包砌 60 公分的磚壁，其上原有 2 閣，東為翔鸞閣，西為棲鳳閣，2 閣相距 150 公尺。閣前東有鐘樓，西有鼓樓。殿前有 3 條平行 3 層疊起長 70 餘公尺的龍尾道，階道坡度緩和。中為御道，官員行走兩旁。含元殿為大明宮“外朝”，是舉行重大朝會和頒佈詔令的地方，有時與丹鳳樓配合使用[29]。

　　龍尾道自平地上至東（翔鸞閣下）、西（棲鳳閣下）朝堂。朝堂為百官等候上朝之所。朝會時，監察御史 2 人立於東西朝堂磚道、雞人報點，監者押百官由通乾、觀象門入宣政門[30]。通常武官排於文官之後，至宣政門，文官由東門入，武官由西門入[31]。東朝堂經發掘，其基礎呈長方形，東西 73、南北 12.45 公尺，面闊 15 間，進深 2 間。

　　朝堂之南有金吾左仗院、右仗院，這是掌管京城警衛的衙署。文宗時甘露之變，由宰相李訓等詐稱金吾左仗院降有甘露而起，但失敗。

　　宮廷中部，即為“中朝”，主要有宣政殿、政事堂與門下省等衙署。

　　宣政殿：在含元殿之北 300 公尺處，為天子常朝之所，猶古之“中朝”，是舉行朔、望冊拜宣制等大典之殿。殿門為宣政門，門外為齊德門（東）、興禮門（西）。宣政門有 3 門並列，中為御道。

　　宣政門內兩廊有許多中樞機要辦公衙署，其廊東有日華門，門外有門下省、宏文館、待詔院史館，館北有少陽院。廊西有月華門，門外有中書省（省有政事堂，為宰臣議事之所），宰相罷朝，由月華門出而入中書省，省北為殿中外院、殿中內院，院西為命婦院──後改為集賢殿書院[32]。

[29]吳永江：〈唐大明宮遺址〉，《文物》，1981 年第 7 期。

[30]清・徐松：《唐兩京城坊考》，卷 1。

[31]《唐會要》，卷 25。

[32]清・徐松：《唐兩京城坊考》，卷 1。

含元殿復原圖，傅熹年教授復原。

含元殿的石柱礎

萬國衣冠拜冕旒

唐·王維詩：〈和賈至舍人早朝大明宮之作〉，《全唐詩》，卷128。

歷時 10 年大明宮含元殿遺址保護工程全面竣工

　　根據《中國文物報》特約記者龐博報導：2005 年 9 月 14 日聯合國教科文組織、中國、日本共同保護大明宮含元殿遺址工程竣工儀式在西安含元殿遺址廣場舉行。

　　含元殿是唐大明宮前朝的第 1 座正殿，是唐長安城的標誌建築和重要的國際交流場所。含元殿毀廢後遺址經千餘年的風雨剝蝕，成為一處聞名遐邇卻殘破不堪的歷史文化遺產。為有效保護含元殿遺址，聯合國教科文組織、中國、日本 3 方於 1995 年簽署協議，決定利用聯合國教科文組織保護世界文化遺產日本信託基金會提供的 235 萬美元及西安市政府配套 760 萬元人民幣的資金，採用工程技術方法實施含元殿遺址保護工程。1995～1996 年中國社會科學院考古研究所對含元殿遺址進行大規模的考古發掘，取得的成果為保護工程提供了考古學依據。通過 3 方的密切合作，在中日專家的精心指導，各相關機構和人員的共同努力下，含元殿遺址保護工程歷時 10 年全面竣工。

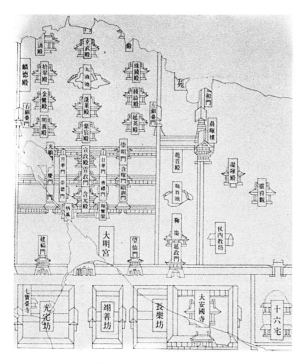

北宋呂大防：《唐長安城圖碑》石刻殘片。

少陽院之東有南北街，街北出崇明門，街南出含耀門、昭訓門（其東可通太和門）。集賢殿書院後改為麗正書院，院西亦有南北街，街北為光順門——外命婦朝皇后、百官上書皆於此門；街南出昭慶門、光範門（可由此入中書省）。

考古發掘宣政殿遺址，殿址東西長70公尺，南北寬40餘公尺，其兩側有東西向之宮牆，牆東為崇明門，西方光順門。向北即進入宮城後部，為皇帝和后妃居住的地方。殿南130公尺處有一小土台，為宣政門遺址。

宮廷後部，亦即"內廷"，主要建築有紫宸殿、麟德殿與太液池周圍之殿閣。

紫宸殿：天子便殿，亦稱"內朝"，位於宣政殿之北95公尺處，紫宸門距紫宸殿60公尺，殿今遺址已破壞許多[33]。

宣政殿東、西都有上閣門，當皇帝御紫宸殿，大臣由此入殿稱為入閣[34]，常朝時開東閣門，忌辰時開西閣門[35]。

唐・李肇：《唐國史補》稱：大朝會則監察押班，常參則殿中知班；入閣則侍御史監奏。蓋含元殿最遠，用八品；宣政殿其次，用七品；紫宸殿最近，用六品。亦即主持朝會的官員品級和3殿中距皇帝居處遠近成比例。

紫宸殿以北宮殿多環太液池而建，太液池遺址在龍首原北坡下，今西安孫家灣村西南，有一片凹地即是，其中有一土山，石塊堆積其上，即太液池中蓬萊山遺跡[36]，其上原有太液亭。此島唐穆宗常於此召侍講學士韋處厚講《毛傳》、《尚書》。文宗、宣宗等在處理政務之餘常喜歡來到此島與文臣近士進行宴飲、賦詩等活動。蓬萊島根據考古發掘證明是太液池中1座園林式的島嶼。[37]

環池宮殿主要有：

蓬萊殿，在池南，紫宸殿北，唐代宗曾在此問段秀實安邊之策，秀實畫

[33] 佐藤武敏：《長安》，頁150、151。

[34] 《唐會要》，卷25。

[35] 清・徐松：《唐兩京城坊考》，卷1。

[36] 吳永江：〈唐大明宮遺址〉，《文物》，1981年，第7期。

[37] 中國社會科學院考古研究所、日本獨立行政法人文化財研究所奈良文化財研究所聯合考古隊，安家瑤、龔國強、李春林、何歲利、汪勃：〈唐長安城大明宮太液池遺址考古新收穫〉，《考古》，2003年，第11期。

地以對，其西有清暉閣；金鑾殿在池西南，唐玄宗曾在此和李白論當世事；在龍首原支隴之金鑾坡附近宮殿羅列，如長安殿（在金鑾殿南偏西）、仙居殿（在金鑾殿西）、承香殿（在太液池西）、紫蘭殿（在太液池西北方）、含涼殿。玄武殿，在太液池北，玄武門之南。

在紫宸殿之東，有綾綺殿、浴堂殿、宣徽殿、溫室殿，左銀台門之北有太和殿、清思殿、望仙台，望仙台北則有珠鏡殿、大角觀（在珠鏡殿東北，疑為玄元皇帝廟），觀北近銀漢門。

紫宸殿以西，有延英殿為皇帝在內廷引對朝臣，議論政事的主要殿所，殿前有延英門，門內之左有含象殿，殿南有思政殿相對，天子於此見群臣。思政殿側有待制院（為舊藥院地，大曆4年[769]立為廨備清望官待制）、內侍別省。

右銀台門之北有明義殿、承歡殿、還周殿、左藏庫與麟德殿。麟德殿西重廊之後有翰林院；院北，凌霄門內有三清殿（在左）、大福殿（在右）[38]。

從1957年以來大明宮遺址的考古發掘，發現約50處內廷宮殿遺跡，如大明宮城西北角有一大夯土台，可能是大福殿遺址；三清殿遺址，其夯土台基高聳；另清思殿、朝堂及翰林院遺址也進行了發掘；在太液池周圍的寬5公尺餘的夯土台基和台基附近，還發現大量磚瓦，由磚瓦可測其為元和12年(817)所建"蓬萊池周廊400間"的遺跡[39]，而2002～2004年在太液池西岸清理出來的廊道遺存，及在大明宮遺址中軸線上的龍首原北緣的1組廊院建築遺存，證明廊廡是唐大明宮園林中的主要建築形式，這也是中國都城考古史上首次發現的宮內大型廊院實物資料[40]。

麟德殿因建於高宗麟德年間(664～665)故名，是皇帝舉行大宴或接見各國使節的地方，如武后曾於此宴見日本執節大使朝臣真人粟田，授司膳卿[41]。又王建宮詞"直到銀台排仗合，聖人三殿對西蕃"即描繪即麟德殿歡宴盛況。因殿分為3部分，即南有閣，東、西有樓，故稱三殿或三院。

麟德殿遺址位於太液池西，隆起之高地上，夯土台基南北長130.41公尺，東西寬77.55公尺，面積9,100平方公尺，比含元殿更宏大，分上、下兩層，共高5.7公尺[42]。基礎深2.6公尺，第1層高1.4公尺（晚期地面升高0.6公

[38] 清·徐松：《唐兩京城坊考》，卷1。

[39] 吳永江：〈唐大明宮遺址〉，《文物》，1981年第7期。

[40] 中國社會科學院考古研究所聯合考古隊，龔國強、何歲利執筆：日本獨立行政法人文化財研究所奈良文化財研究所〈西安唐大明宮太液池南岸遺址發現大型廊院建築遺存〉，《考古》，2004年第9期。中國社會科學院考古研究所聯合考古隊，安家瑤、龔國強、何日本獨立行政法人文化財研究所奈良文化財研究所歲利、李春林執筆：〈西安市唐長安城大明宮太液池遺址〉，《考古》，2005年第7期。

[41] 《舊唐書·日本傳》。

[42] 《唐長安大明宮》，頁33～40，北京，科學出版社，1959年。

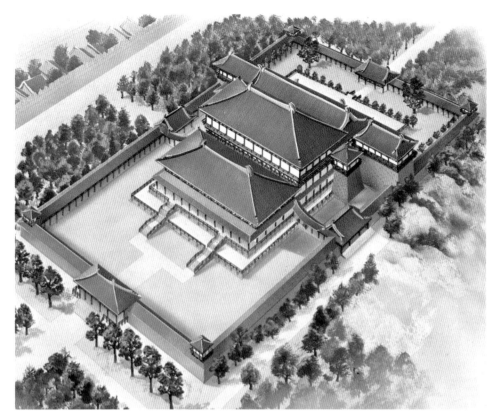

麟德殿復原圖。此圖據劉致平、傅熹年:〈麟德殿復原的初步研究〉,《考古》,
1963 年第 7 期。(M. Dixon Photo Resources)。

賓客圖。唐章懷太子李賢墓出土壁畫。縱 187、橫 342 公分,陝西省博物館藏。唐代長安是個國際
性的大都市,當時外國使臣、賓客紛至沓來,中外文化經濟交往頻繁。此圖描繪了,左邊 3 人為
唐鴻臚寺官員,正侃侃而談,友好接待賓客。最右邊的 1 人似為高麗或日本使節,其他兩人可能
是東羅馬使節或中國東北少數民族來賓。

尺），第 2 層高 1.1 公尺，東西寬 65.15 公尺，南北長不明[43]。台基周圍砌磚壁，其下繞敷散水磚。台基上 3 座殿址前後毗連，共分前、中、後 3 殿，中殿為主殿。

前殿面闊約 58 公尺，11 間，進深 4 間，正中減 6 柱，前附副階 1 間。前殿為 1 寬 6.2 公尺的過道，其北接中殿，中殿面闊 47.7 公尺，東西廣 9 間，進深 5 間，約 19.7 公尺[44]。內以牆隔為中、左、右 3 室。前、中兩殿與其間過道地面，原鋪對縫嚴密的磨光矩形石塊。後殿則面闊同中殿，進深 3 間，後殿與其所附建築地面原鋪方磚。全部建築長約 85 公尺。

中殿左右有東、西亭方形台基，後殿左右有矩形樓閣台基，此即東側的鬱儀樓、東亭，西側的結璘樓、西亭。[45]。2 樓之基址有 5 公尺高，大約為南北 10 公尺，東西 26.3 公尺。2 亭基址亦有 5 公尺，南北 10.15 公尺，東西 11.15 公尺[46]。左右樓閣台基各有向南延伸的廊址，範圍寬廣。可見"玄宗嘗三殿打毬"實廊寬闊之故。

麟德殿遺址的石柱礎

麟德殿遺址碑

大曆 3 年(768)宴劍南、陳、鄭神策軍將士 3,500 人於三殿[47]——這種空間在麟德殿遺址中可證實，因三殿與其前、後庭院、迴廊面積十分廣闊，其整

[43]佐藤武敏：《長安》，頁 157。
[44]吳永江：〈唐大明宮遺址〉，《文物》，1981 年，第 7 期。
[45]宿白：〈隋唐長安城與洛陽城〉，《考古》，1978 年，第 6 期。
[46]佐藤武敏：《長安》，頁 157。
[47]《冊府元龜》，卷 110。

三清殿遺址，由麟德殿遺址向北看。

麟德殿澡池

個規模之大，與其建築結構之特殊，可反映當時建築技術之發展。

此外，宮垣之外，兩邊有挾門，門內有凝霜殿、碧羽殿、紫簫殿、鬱儀閣、承雲閣、修文閣等，九仙門外有鬥雞樓、走馬樓。

綜合專家們共識性的意見，認為大明宮的佈局，除了如太極宮講究中軸線與東、西對稱的佈置，另有 3 大特色，一、善於利用地勢，居高臨下，高踞龍首原，有利防衛，二、建築佈局，因地制宜，利用地形變化，蓋含元殿依山勢而高，愈加壯觀雄偉，置太液池，以廊廡連接為後宮的勝景，不同於舊傳統殿堂佈局。三、宮城綠化，甚為美觀。⑱

【大公網訊】由中日聯合考古隊開展的唐大明宮太液池遺址大規模田野發掘工作已結束，歷時 4 年的遺址發掘填補了中國古代園林建築史和考古學上的一段空白。

據新華社西安 2005 年 6 月 4 日電，參與此次發掘工作的中國社會科學院考古研究所助理研究員何歲利介紹，2001 年秋至今，中、日（日本奈良國立文化財研究所）聯合考古隊先後在唐大明宮太液池遺址的西岸、北岸、池中島嶼和南岸等地進行了 3 次較大規模的發掘，發掘面積近 2 萬平方公尺，獲得了一系列重要的考古發現。

首先弄清了唐大明宮太液池各岸的結構是不盡相同的，有夯打池中淤泥

⑱宋肅懿：《唐代長安之研究》，頁 90-92。

而成的夯土岸，也有未經夯打的生土岸。其次，經過發掘，清理出較多水榭、廊廡、杆欄式建築以及人造園林景觀遺跡，大大豐富了對太液池遺址的認識。出土的唐代遺物也是豐富而精美的，其中包括：大量磚瓦建築材料、石質建築構件、石雕像、陶瓷三彩器和銅鐵器飾等，有些遺物非常珍貴，為了解唐代建築、工藝提供了實證性的材料。

　　據專家介紹，唐太液池皇家園林在中國古代園林建築史上佔有不可或缺、承上啟下的重要地位，也對同時代朝鮮半島和日本奈良時期的皇家園林有著一定的影響，為古代中外園林比較研究和古代中外文化交流史研究提供了關鍵的原材料。

　　唐太液池，又名蓬萊池，位於唐長安城大明宮後宮中部，是唐代最重要的皇家池苑，集中體見了唐代園林建築技藝的最高水平。

西安將恢復唐朝"太液池"遺址舊貌

　　新華網陝西頻道2005年8月3日電（記者　馮國　儲國強）太液池建於唐太宗貞觀8年（公元634年），為帝王后妃遊憩賞玩處所，是大唐王朝最重要的皇家園林。史書記載，太液池環池有遊廊400間，從池北至玄武門，有多處殿堂樓閣。

　　此次西安市對太液池的整治規劃嚴格依據《文物保護法》，並且得到了國家文物局的批准。環境整治面積大約為12萬平方公尺，全部處於現已徵地範圍內，太液池遺址內將拆除所有違章建築和臨時構築物，清理掉遺址上的垃圾，平整池沿道路使其恢復原貌。為了供遊人參觀和保護太液池，有關部門將沿著已探明的幾處太液池遺址修建1條人行道路，以與車行道路區分開。在遺址範圍內將按文物保護的方法來植佈綠地、栽種樹木，同時保留原有的農田和桃園。整治保護完成後，世人將能親臨太液池遺址現場領略千年前皇家園林水域的廣闊秀美。

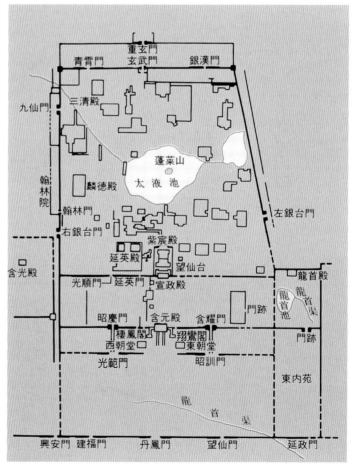

唐長安大明宮平面圖

唐后行從圖。唐・張萱
繪，近人摹本，此圖描繪
了武則天宮廷生活的一個
片段。北京，中國國家博
物館藏。

簪花仕女圖。唐（傳）周昉繪，卷，絹本，設色，46公分×180公分，描寫唐代宮廷貴婦生活情形。遼寧省博物館
藏。

永泰公主李仙蕙墓壁畫（部分），1972年發掘，現藏陝西省博物館。此圖描繪宮女行列。

第三節　興慶宮

興慶宮遺址在今西安的咸寧路北側。其在皇城之東，春明門內側，外郭之興慶坊，開元初以為離宮，至 14 年(726)又併入永嘉、勝業坊之半用以置朝堂，自大明宮東夾羅城複道，經通化門蹬道潛通。16 年(728)正月始移仗於興慶宮聽政[49]，又稱"南內"。興慶宮佔地 2,016 畝，比北京故宮面積大 1 倍。

興慶宮正門西向，稱興慶門，其內正殿為興慶殿，沒有外、中、內朝的區分，殿後有龍池，興慶宮內宮殿多樓式建築，以龍池為中心，建樓台亭閣於其四周。

興慶宮之遺址勘測顯示該宮城傍郭城東壁，東西寬 1,080 公尺，南北長 1,250 公尺，周長 4,660 公尺，平面呈長方形。城牆 5 至 6 公尺，南牆 20 公尺之外還築有寬 3.5 公尺的複牆，即南牆二重，北側部分現存高有 1 公尺。

宮城四牆皆設門，共有 7 門。興慶門在西牆北部，宮城以內，東西隔牆分為南北兩部分，北為宮殿區，南為園林區[50]。

南牆有 2 門，靠東為明義門，門內有長慶殿，殿北有睿武門。靠西為通陽門，門內有明光門，門北有龍堂、五龍壇。

北牆有 3 門，中為躍龍門，門內有瀛洲門，門後有南薰殿（在龍池北）。北牆東門為芳苑門，門內有新射殿、仙雲門、北牆西門為麗苑門。

東牆無門，但與外郭東垣有夾城複道。

西牆 2 門，北為興慶門；其南有金明門，門內有翰林院。

興慶宮內主要宮殿除正殿興慶殿（即正衙殿）外，還有龍池之西的交泰殿、殿西北的沈香亭，為玄宗與楊貴妃遊賞牡丹之處，此亭又因李白作詩《清平調》而著名。宮內西南隅有花萼相輝樓、勤政務本樓與樓北的大同殿。大同殿為供奉皇帝的祖先們的殿宇，殿左右有鐘樓、鼓樓，殿內壁上有李思訓與吳道元之畫。中華人民共和國成立後，陝西省文物管理委員會對大同殿遺址進行考古勘測，資料表明大同殿位於龍池北岸 120 公尺處，西距宮西牆 94 公尺，東西為 74 公尺，南北 60 公尺，面積為 4,440 公尺。[51]

西南隅的勤政務本樓創建於開元 8 年(720)，為召見大臣論議時政、賜宴群臣之處，樓名蘊含"勤政務、體民情、重孝悌"之意。

勤政務本樓的西北邊花萼相輝樓，亦創建於開元 8 年，樓名出自《詩經·常棣》："常棣之華、鄂（萼）不韡韡（光明貌），凡今之人，莫如兄弟。"取兄弟和睦相親之義。樓與附近坊中諸王（玄宗的兄弟們）宅相望，玄宗常召諸兄弟至此樓宴樂。

沈香亭位於宮的東部偏南，亭用沈香木建造的，此亭為專供唐明皇與楊貴妃欣賞牡丹用的，為高台基，大屋頂式的碧瓦丹楹之華麗建築。

[49]《唐會要》，卷 30。

[50]宿白：〈隋唐長安城與洛陽城〉，《考古》，1978 年，第 6 期。

[51]馬德志：〈唐長安興慶宮發掘記〉，《考古》，1959 年，第 10 期。

興慶宮公園內復原的彩雲間。興慶宮以華麗的樓式建築著稱。

　　興慶宮遺址所發現有龍池及其西南共 17 處建築遺址，但只有編號 1 號與 6 號遺址較清楚、完整。

　　龍池位南區中央，根據陝西省文物管理委員會的考古勘測，其東西約 915 公尺，南北約 214 公尺，面積 182,000 平方公尺，東偏北 9 度呈橢圓形。東距宮東壁 80 公尺，西距西宮壁 80 公尺，南距宮南壁 216 公尺，北距瀛洲門 124 公尺，距今凹地表面 1.2 公尺，中部較深，四邊逐漸隆起，成釜底形，其邊緣距地表面為 0.2 公尺。

　　1 號遺址疑為勤政務本樓遺址，位於宮城南部西段，西距西牆 125 公尺處。其樓址呈長方形，面闊 5 間，即 26.5 公尺，進深 3 間，即 19 公尺，面積 500 餘平方公尺。進深正中的 5 間，除當中 1 間為門道外，兩側各建 1 寬 8 公尺，長 10 餘公尺的夯土厚牆，原為荷負上層建築物的台基，今僅殘存 0.4 至 0.6 公尺。遺址四周還鋪有寬 85 公分的散水磚。

　　樓址有柱礎，東西 6 列，南北 4 列，中間兩列柱礎直徑不明，南、北側則為 0.9 公尺。正中之門道寬幅 4.9 公尺，有兩個石門檻，間隔 3 公尺。門檻呈長方形，寬幅 0.3 公尺，高於地面 0.15 公尺。門檻有車轍之溝痕，其距為 1.38 公尺，與大明宮玄武門之車轍寬同。

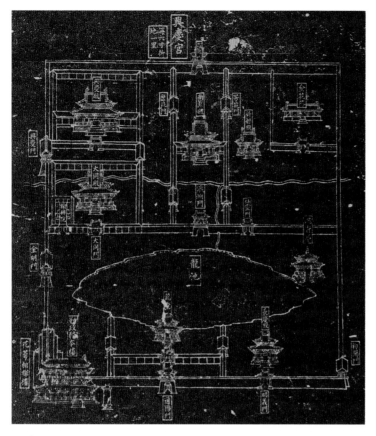

興慶宮圖石刻。北宋學者呂大防於元豐 3 年(1080)所製的《唐長安城圖碑》之一部分，碑失蹤了數百年，長安城圖碑殘片及興慶宮圖碑於 1935 年在西安省政府的地下出土，此為拓本，原碑現藏西安，碑林博物館。

6 號遺址位於 1 號遺址西北，周繞東西寬 63 公尺，南北長 92 公尺的迴廊址，廊內北部為一東西寬 30 公尺，南北長 20 餘公尺的建築遺址。此建築台基前設有東、西階，兩側各有短廊址與迴廊相接，迴廊南部為一長寬各 20 餘公尺的庭院[52]。

迴廊周圍還發現有 5 處 "井戶"，可能是一般用水或防火設施，其附近並有亭閣之遺址，外呈正方形，每邊長約 14 公尺。

17 號遺址則很可能是花萼相輝樓之遺址。

其基址之東側有南北走向平行之大柱礎 8 個，南北長共 29 公尺，柱礎間之間隔為 4 公尺。

以上遺址並出土許多磚、瓦、瓦當等，其中有 100 多塊有年號等字，如 "春明開廿九五月宮〔瓦〕"，另有 73 種不同類的蓮花瓦當；宮城東南隅還發現了黃綠兩色的琉璃滴水[53]。由這些建築飾件的多彩、多型，可推測興慶宮之建築很可能比大明宮更華麗。

興慶宮中還有咸寧殿、義安殿、積慶殿、會寧殿、飛仙殿、同光殿、榮光殿、宜天門、玉華門、承雲門、飛軒門等，但不知正確位置所在。

開元 24 年(736)所建立的興慶宮集賢院，位於和風門外橫街之南，規模不大。集賢院的建立是從蒐書、寫書、校書、編目開始，興慶宮集賢院，其主要目的，是為了貯藏從東都洛陽運來的書籍。

翰林院規模不大，但花木飄香，環境幽雅，是讀書養性的好地方，其遺址，據考古勘測，位於大同門西 46 公尺處，南距金明門 56 公尺[54]。

此外，興慶宮北通大明宮之複道，與南通芙蓉園之夾城已勘測出。複壁東與郭城東壁距離為 23 公尺，與郭東壁南北平行，但近城門外處則向東斜，二者間距縮小至 10 公尺左右，春明門南側夾城址，還存有登城樓出入口的建

[52]馬德志：〈唐長安興慶宮發掘記〉，《考古》，1959 年第 10 期。
[53]宿白：〈隋唐長安城與洛陽城〉，《考古》，1978 年第 6 期。
[54]董長君、劉志堂：《興慶宮史話》，頁 59、38，西安，陝西旅遊出版社，1986 年。

復原的興慶宮沈香亭。據《太真外傳》記載，唐開元中，玄宗與楊貴妃在興慶宮沈香亭賞牡丹，詔梨園弟子奏樂，並宣翰林學士李白寫歌詞，李白寫了《清平調》3首，這裡選第3首："名花傾國兩相歡，長得君王帶笑看，解釋春風無限恨，沈香亭北倚欄杆"。

興慶宮勤政務本樓遺址。勤政務本樓在宮城的西南隅，是皇帝召見大臣、賜宴群僚或舉行御前考試的地方。

築物遺址，此東複壁全長 7,970 公尺，版築堅實，夯土硬度比郭壁還高[55]。

　　夾城與複道之目的是為人主往來"外人不之知"，最主要是為便利皇室前往芙蓉園遊樂。

唐長安興慶宮改造竣工將現盛唐美景

　　新華網 2004-03-05 電　投資 9,000 萬元、建園 45 年以來首次大規模綜合治理及景觀改造工程已經竣工。與此同時，一個以唐文化為主題"興慶宮歷史旅遊文化策劃方案"已經初步論證。

　　興慶宮是唐時長安 3 大宮殿之一，以豪華綺麗著稱。1958 年興慶宮公園建成。此次整修以唐文化為主題，以恢復歷史本來面目為準則。根據歷史文獻記載，在南薰閣、沉香亭恢復修建了漢白玉護欄，在興慶湖邊廣植柳樹和桃園，公園南門內外廣場以及東門、北門、花萼相輝樓廣場都鋪設了青石板，園內步行道全部用青石或片石鋪裝。13 座木結構仿古建築全部進行屋面維修和油漆彩繪，從富平、鄠邑（周至）等地運來景點佈石，整個公園的唐文化韻味更加濃厚。據悉，市文物園林局已經制定"興慶宮歷史旅遊文化策劃方案"，並經專家初步論證，主旨是恢復盛唐園林風貌，把公園建成國內一流的集園林和歷史文化內涵為一體的高標準、高檔次的休閒遊覽文化場所。

興慶湖（龍池）。興慶宮景緻如詩如畫，唐玄宗處理政務，接見外國使者多在這裡。（宋肅懿攝）

[55]同註[53]。

第 六 章

北京故宮攬勝

第一節　北京紫禁城的沿革

一、澆水成冰運載巨石建宮

　　紫禁城於明永樂 4 年(1406)開始籌備建造，動用了 20 萬名工匠，100 萬名民伕。木料從遙遠的西南各省（四川、廣東、雲南、貴州）[1]及湖廣（湖南、湖北）、江西、山西等地的森林砍伐而來。城磚和牆磚是在山東臨清燒

太和門。為太和殿的正門，建於白石崇基之上，9 間 4 間，重簷廡殿頂，為宮廷最高大的門座，造型頗為壯麗。明清兩代皇帝有御宮門聽政之制，即古代的常朝。明代御奉天門（清代的太和門），順治時御太和門，康熙以後改御乾清門。

---

[1]姜舜源：〈明清朝廷四川採木研究〉，《故宮博物院院刊》，2001 年 4 月。

午門，為紫禁城的南門，也是正門，重檐廡殿黃琉璃瓦頂，為每年頒朔及戰爭凱旋舉行獻俘禮的地方。

的，宮殿內的方磚稱為"金磚"，燒於蘇州，用運糧船運到北京。石塊則採於北京西南的房山縣，沿途掘井，以利冬天在路上澆水結冰，然後利用平底船運載巨石在冰上滑行，根據賀仲軾《冬官記事》一書的記載："（明世宗）嘉靖時，3 殿（指今太和、中和、保和等殿）中道階級大石長 3 丈、闊 1 丈、厚 4 尺，派順天府等 8 府，民夫 2 萬，造旱船拽達……計 28 日到京，官民之費，總計 11 萬兩銀有奇。"現在保和殿後御道上的一塊大石雕，重達 250 多噸，可能是這類大石之一。

永樂 15 年(1417)正月起，由平江伯陳瑄督漕，運大木到北京，2 月，由泰寧侯陳珪督工建造，陳珪的經劃有條理，但實際管工的為成祖的親信太監阮安和工部尚書吳中。

北京新宮闕的規制與南京宮城是一樣的，但更為壯觀。此後，明朝的帝王們對於北京宮殿多有增建，因此，明代的宮苑大內規制宏麗，崇樓疊閣，摩天連雲，殿樓亭閣等多達 786 座。宮殿有的高達 9 層，基址牆垣都用上述的臨清磚，木料俱用楠木，史載宮女 9 千人，太監 10 萬人（此段的史料數字太誇大了，根據當時的狀況，推測為宮女 3 千人，太監 2 萬人）[2]。

②謝敏聰：《明清北京的城垣與宮闕之研究》p.28，台灣學生書局，1980 年。

二、火災兵災連連屢燬屢建

明代紫禁城大小宮殿在火災之下，屢建屢燬，統計 3 殿 2 宮各 4 次被災，最後一次是李自成離開北京時，此時大半宮室均已燬壞。

清順治元年(1644)5 月，多爾袞率大軍進入北京城，前明文武官員出迎這位攝政王，多爾袞於是乘輦入紫禁城武英殿升座。同年 9 月，順治帝車駕入宮，御皇極門（今之太和門）頒詔書，大赦天下。

從順治元年(1644)起，開始整理破敗不堪的紫禁城，先修乾清宮，繼建太和殿、中和殿、位育宮……等。爾後康熙、雍正、乾隆三朝也都極力地經營，耗資無數，使這九重禁地的千百樓台、金殿輦路、鳳閣龍樓更為輝煌華麗，舉世無雙[3]。但自嘉慶以後，因內憂外患，國家多事，甚少增建。

宣統 3 年(1911)清帝退位，民國政府與清室訂〈優待條例〉，其中有"大清皇帝辭位之後，暫居宮禁，日後移居頤和園"，從此溥儀就在紫禁城的北半部（內廷）一直居住到民國 13 年(1924)，才被馮玉祥驅逐出去。

紫禁城的南半部（外朝）則於民國 3 年(1914)開放，改為古物陳列所，清室御物及熱河（今承德市，仍有清帝的避暑山莊）、瀋陽（仍有清朝入關以前的皇宮）等行宮運來的歷代珍藏古董等物，均公開展覽。太和殿一度曾為袁世凱"登基"稱"帝"之場所。

民國 14 年(1925)10 月 10 日，紫禁城的北半部成立了故宮博物院，開放內禁，揭開了明清 500 年來皇帝宮苑的神秘面貌，使一般民眾都能一睹宮廷的真面目。

民國 20 年(1931)，918 事變後，中日華北戰事吃緊，故宮珍藏文物乃分批南遷到南京與中央博物院古物會合，再西遷後方。抗戰勝利後古物遷返南京，旋因國共戰爭，國軍失利，國府乃選精品，先移存台中霧峰北溝，闢展覽室，後來古物又北遷台北士林外雙溪，即今之台北故宮博物院。

第二節　宮闕規制

一、外朝──皇帝正式的辦公區

從漢代以來，中國皇宮即可分為前、後兩部分，前部稱"省"，即外朝，是皇帝與大臣決事之所，後部稱"禁中"，即內廷，是皇帝后妃燕居的地方。即"前朝後寢"的布局。

走進紫禁城午門，也就是進入了外朝，首先看到了由一大片紅牆及黃琉璃瓦組成的宮殿群。午門是紫禁城的正門，由 1 座大樓和兩旁 4 座略小的崇樓所構成，平面呈"冂"的形制，向上仰望樓頂，金色堂皇，至為壯觀，門前可容納 20,000 多人，門樓正中設有寶座，當國家有大慶典，以及征討或凱旋獻俘的場合時，皇帝便親自到此地接受朝禮。

---

③易叔寒：〈多少蓬萊舊事〉，載國民黨《中央月刊》，1974 年 8 月。

太和門及其前的金水河。唐‧駱賓王詩：“山河千里國，城闕九重門，不睹皇居壯，安知天子尊”。（駱賓王：〈帝京篇〉，《全唐詩》，卷77。）。

由午門樓階看太和門（前）、太和殿（後）。

太和殿。為故宮最大,也是最重要的殿宇,氣象莊嚴雄偉,壯麗絕倫,為明清宮廷正殿。有唐·
王維詩:"九天閶闔開宮殿,萬國衣冠拜冕旒"的氣氛。

太和殿殿額　　　　　　　　　　　　　　太和殿柱及門扇

太和殿　為故宮等級最高，規模最大的單體建築，在三層丹墀之上，殿前東設日晷，西置嘉量，
也置有銅龜、銅鶴與兩旁放有金缸。左右排列18座寶鼎，明清兩代每歲元旦、冬至、萬壽及國家
有大慶典之際，皇帝御此受百官朝賀。

太和殿內寶座。太和殿正中放置金漆雕龍寶座，寶座正位於北京城中軸線的中點，雕刻纖麗，龍身昂曲。寶座旁有6大根蟠龍金柱，寶座後精美圍屏，殿內的金龍藻井倒垂著圓球軒轅鏡，天花板繪龍戲珠圖。

外朝主要建築有太和門、太和殿、中和殿、保和殿與東西兩翼的文華殿及武英殿④。

二、太和門、太和殿建構偉觀

太和門是太和殿的正門，也是紫禁城內宮廷最大的門座，建於漢白玉石崇基之上，架構宏偉，門左、右羅列銅獅，更顯現出天子正朝儀門的尊嚴。門前的金水河曲折多姿，形似玉帶，象徵天上銀河，河上跨5座雕刻精美的漢白玉石單拱石橋，與太和門配置在一起，蔚成一幅漂亮的圖案。

進太和門後往北，依序為太和、中和、保和殿等3大殿。3大殿建於1個工字形3層漢白玉的丹墀（台基）上，四周廊廡環繞，氣勢磅礡，為皇宮大內最壯觀的建築群。

太和殿是中國現存最大的單一木構建築，也是紫禁城內規模最大的宮殿，氣象莊嚴，為外朝的正殿，往昔統治華夏400餘州的天子正朝，落成於明永樂18年(1420)，今殿竣工於清康熙37年(1698)。殿基高7公尺，殿高35.05公尺，東西長63公尺，南北寬約33公尺，正面有12根圓紅柱，殿內有瀝粉金漆木柱和精緻的蟠龍藻井樑枋及天花飾以精美的彩畫⑤，而金漆雕龍寶座是統治權的象徵。這裡是明清皇帝登基的地方，而每年元旦、冬至、皇帝生日及大慶典，皇帝必至此殿接受朝賀。

中和殿是皇帝到太和殿大朝的休息處。保和殿是殿試試場。文華殿則是皇帝講解儒家經典的講堂，其旁傳心殿內供奉皇師、帝師、王師、先聖、先師。武英殿用途歷代不同，清代時內廷校勘書籍之地，現今流傳坊間著名的古版本——殿本，就是來自武英殿。武英殿西邊，有浴德堂，傳係乾隆專為香妃營造的一座土耳其浴室⑥。

三、內廷——皇帝及其家人居住

乾清門以北為內廷，此處離午門約600公尺。內廷殿宇眾多，千門萬戶，目迷五色。

太和殿前有18座寶鼎，照片右上方有日晷。

三大殿三台丹墀

④鄭連章：〈紫禁城宮殿總體佈局〉，《故宮博物院院刊》，1996年3期。
⑤鄭連章：〈紫禁城建築上的彩畫〉，《故宮博物院院刊》，1993年3期。
⑥于善浦：〈關於香妃傳說的辨偽〉，《故宮博物院院刊》，1980年2期。

萬國來朝圖。北京，
故宮博物院藏。

　　清代紫禁城以內，到了黃昏的時候，除了值班乾清宮的侍衛以外，上自
王公，下至伕役（即蘇拉）全走得乾乾淨淨，除了皇帝自家人之外，再沒有
1個真正的男性。

　　故宮博物院開放以後，將內廷區分為五路：即中、東、西、外東、外西
路。中路明代稱中宮，除了乾清、交泰、坤寧3宮是歸皇帝、皇后居住外，
御花園（瓊苑）也在中路。東路原為皇子們所住，所謂"東宮太子"。西路
的宮室都較寬大，為皇太后、皇后及妃嬪等居住，即所謂的"西宮"。外西
路多為先皇帝的老妃嬪居住之所，外東路統稱寧壽宮，乾隆帝、西太后均曾
住過。

太和殿屋簷（右）、中和殿（中）與保和殿（左）

由保和殿後丹墀看乾清門

武英殿。明朝皇帝在此齋居和召見大臣；清初凡內廷校刊書籍於此，稱為聚珍版（通稱殿版）。

　武英門

四、中路（中軸線上）

中路的配置[7]與外朝 3 大殿相似，不過規模略小。

乾清門　清代自康熙朝(1662〜1722)直到道光朝(1821〜1850)，皇帝皆御門聽政於此，凡奏事、題本、除授、引見皆在此舉行，乾清門左右有上書房及南書房。上書房為清代皇子、皇孫讀書之所，其階下為習射之所。

乾清宮　內廷正殿，也是明朝及清初皇帝的寢宮與日常辦公的地方，節日時在此大宴群臣。此外，皇帝崩殂停靈柩於此。明代時是皇帝的寢宮，明末的移宮案，就是以爭奪居住乾清宮而爆發皇位繼承的政爭。清雍正以後作為皇帝辦理日常政務、召見百官之所，清末也在這裡接見外國使節。此宮東西45.5公尺，南北20.5公尺，正面 10 柱。宮中設寶座，上懸順治帝題 “正大光明” 的匾額，雍正帝以後，匾額後藏著清代嗣儲君的名字，稱為 “儲位密建法” [8]。

交泰殿　平面方形，每邊 16 公尺，在乾清宮與坤寧宮之間，象徵天地交泰。明代曾為皇后寢宮、皇后生日在此受賀。殿制與中和殿同，內圓頂滲金雕刻花紋極精緻。殿內儲寶璽凡 25 顆，承以朱架，裹以黃綾，依次排列，殿之東側有乾隆年製之中國古代計時器——銅壺滴漏。

武英殿西邊有浴德堂，傳係乾隆專為香妃營造的一座土耳其浴室。

乾清宮寶座。

⑦王子林：〈紫禁城中軸的設置思想〉，《中國紫禁城學會論文集》，第 3 輯，北京，紫禁城出版社，2004 年。

⑧陳捷先老師：《儲位密建法》，載《雲五社會科學大辭典·歷史學》台灣商務印書館，1970 年。

乾清宮前的銅鶴。劉峻：〈辨命論〉"龜鶴千歲"。

坤寧宮 交泰殿後為坤寧宮，原為明代皇后寢宮，皇帝大婚時在這裡舉行 3 天儀典，3 天以後，皇帝、皇后各回自己所住宮室。明代宮後有鞦韆，清明節宮眷遊戲於此。按滿洲習俗：祭祀於正寢。故中 3 間改為祭天跳神之所，此乃依照盛京（瀋陽）清寧宮舊制。內有煮肉祭神之大鍋、吃肉木炕及法器等。宮前右側的神竿，俗稱"祖宗杆子"，便是祭天時懸肉骨之用，並於竿下跳神[9]。

宮內的東暖閣有 3 間，為皇帝大婚合巹之所（新婚之房），臨窗南面為大炕，名龍鳳喜床。

御花園 建於永樂年間(1403～1424)，面積約為 12,000 平方公尺，是"宮廷式"花園，佈置章法按照宮殿主次相輔、左右對稱的格局來安排，山石樹木做為陪襯建築和庭院景物，佈局緊湊，建築以富麗取勝。

園景大致分 3 路，天一門是御花園的入門，門內面闊 5 間重檐盝頂式的欽安殿是最主要建築，內供奉玄天上帝。其餘 20 餘座建築結構精巧多樣。摛藻堂，乾隆時為書庫，內原藏《四庫全書薈要》12,000 冊，現藏台北故宮博物院。

五、內東路

此路南為齋宮及奉先殿，北為東六宮

齋宮 雍正 9 年(1731)建，因雍正得位是與弟、兄鬥爭而來，即位後仍持續數年，因此行動起居警蹕特甚。根據以前制度，舉行祭天大典，皇帝要在天壇齋宿，到雍正始移於此。後沿此例，皇帝到天壇及地壇祭天地時，先於此齋宮吃 1 天齋。

奉先殿 建於永樂 15 年(1417)，仿金陵之制，明朝以太廟時享未足展孝思之誠，復於宮內建奉先殿，如廟寢制。國家有太廟以象外朝，有奉先殿以象內朝。

東 6 宮 是眾妃的寢宮，順治皇后佟佳氏於景仁宮生下康熙皇帝，光緒的珍妃亦曾居景仁宮；延禧宮清末改建為水晶宮；永和宮為雍正的生母孝恭仁壽太后、同治的慧妃、光緒的瑾妃住過；鍾粹宮明代為光宗朱常洛為太子時所居[10]，清咸豐帝奕詝為皇子時也曾居此宮；慈安太后因居鍾粹宮而被稱為東太后。

景陽宮，乾隆年間是貯存圖書的地方，後殿康熙、乾隆登基前都曾在此

[9]閻崇年：〈論北京宮苑的民族特徵〉，收入《禁城營繕紀》，頁 233～235，北京，紫禁城出版社，1992 年。

[10]鄭連章：〈紫禁城鍾粹宮建造年代考實〉，《故宮博物院院刊》，1984 年 4 期。

讀書，其匾曰："御書房"。

承乾宮，明代為東宮娘娘居所，清代這裡長久無人居住。

六、內西路

南為養心殿，北為西6宮。

養心殿 除太和殿外，養心殿可謂清宮中最重要的地方，置於何時已不可考；惟明·劉若愚：《酌中志》已載有養心殿。殿名取自《孟子》："養心莫善於寡欲"之意。

清康熙以前皆以乾清宮為寢宮，從雍正以後，清帝年紀稍長都要住到這裡來，也就是以此為宵旰寢興之所。並於此批閱重要奏摺，發佈諭旨，接見近臣。咸豐5年(1855)，咸豐與僧格林沁在此舉行最隆重的"君臣抱兒"大禮；同治7年(1868)，曾國藩由南京來，於此被召見3次；慈禧於此垂簾聽政；隆裕太后的遜位詔書也於此頒佈。"復辟"後的溥儀也在此召見張勳，當面給他封賜。

養心殿為工字形建築，前、後殿相連，前殿辦事、後殿就寢。前殿7間，上懸清世宗雍正帝御筆匾額："中正仁和"。

西6宮為：

長春宮，乾隆寵愛的孝賢皇后、慈禧太后曾住過。

永壽宮，嘉慶的如妃之居所。

太極殿，同治帝的瑜妃的住處。

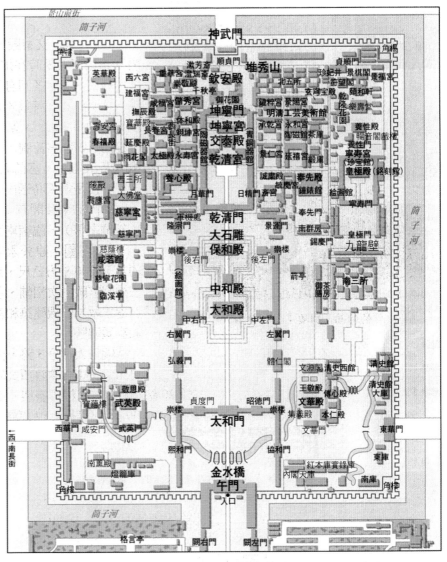

故宮遊覽地圖引自《ワールドガイドアジア⑸》中國'01～'02，東京，JTB

御花園的鎏金銅麒麟

147

御花園 1 景

御花園的堆秀山與御景亭，明萬曆 11 年(1583)建，
山由多種形狀的太湖石疊成，高與紫禁城垣齊，此
亭為皇帝在秋高氣爽的重陽時節登高吟詩之地。

延禧宮。明代為妃嬪寢宮，清末改建為水晶宮。

咸福、翊坤、儲秀宮，慈禧都住過。特別是慈禧太后為慶祝她 50 壽
辰，大肆修宮殿，連同賞賜、飲宴、唱戲等共耗銀 125 萬兩，現在儲秀、翊
坤宮、體和殿等處彩畫、雕花隔扇、門窗及殿外銅龍、銅鶴等都是當年製作
的。

　　東西 12 宮，都有前殿、後殿、周圍廊子、配殿、宮門等等，大小諸殿門
群立，蔚為豪壯華麗，飾以宮燈、聯對、繡榻、龍床、屏風等，在各座殿堂
周圍還有 4 公尺高、2 公尺寬的小宮牆，自成一個體系[11]。

[11]尚國華、芮謙：〈影響紫禁城宮殿與家俱陳設的因素芻議〉，載《中國紫禁城學會論
　　文集》，第 3 輯，2004 年。
　　胡德生：《中國古代的家俱》，商務印書館國際有限公司，1997 年；《北京旅遊手
　　冊》，北京旅遊出版社，1986 年。

養心門。清代自雍正以迄宣統，養心殿為皇帝寢殿。

琉璃門 1 景

同道堂外景

同道堂門額。咸福宮與後殿的同道堂，均曾是慈
安與慈禧兩太后垂簾聽政休憩之所。

麗景軒為儲秀宮後殿，這裡是同治皇帝出生的地方。

外東路

寧壽全宮在紫禁城東北部，為俗稱的外東路。乾隆 36 年(1771)，乾隆帝為自己準備登基 60 年退位後，當太上皇而擴建寧壽宮。但乾隆帝退位後很少到此地來。

宮分南北兩部分，南半部為皇極殿、寧壽宮；北半部有養性殿、樂壽堂、頤和軒、乾隆花園等建築⑫。

皇極殿　是寧壽全宮的正殿，制如乾清宮而略小，殿前的陳設與太和殿、乾清宮大略相似。

光緒 20 年(1894)，慈禧 60 歲生日，在皇極殿接受祝賀。10 年後(1904)，慈禧 70 壽誕時，在這裡接見過美國、德國、比利時、英國、日本與法國等的使節。

景祺閣

⑫鄭連章：〈北京故宮乾隆花園的建築藝術〉，載《中國紫禁城學會論文集》第 3 輯，
　2004 年。
　鄭連章：〈寧壽宮花園的掇山與置石藝術〉，《故宮博物院 80 華誕暨中國明清宮廷建
　築國際學術研討會》，2005 年。

乾隆花園古華軒，三楹南向，為一敞廳。軒前有一株古楸是建軒前的故物，當初營造時有意保存，作為軒前的借景。

暢音閣為大戲樓，為內廷演劇之所。
崇台3層，建於乾隆37年(1772)。

皇極殿是寧壽全宮的正殿

寧壽宮　寧壽全宮內特有一室，亦名寧壽宮，制如坤寧宮，其西楹，是太上皇敬奉薩蠻教（Shamanism）神位的地方。乾隆 60 年(1795)乾隆歸政後，定此宮為太上皇寢宮，一直到光緒親政，慈禧太后也曾住到這裡來。

八、外西路

一如其他各路，豪華宮殿眾多，如慈寧宮、雨花閣、建福宮花園（原建築燬於 1924 年，現已重建復原）多是皇太后、太妃的居處。另佛堂也多，花園有兩處，它的建築特點是適應年邁老婦人修身養性的需要。

禊賞亭，清帝在三月上巳之辰於此亭仿古人舉行曲水流觴修禊的故事。

寧壽全宮內特有一室，亦名寧壽宮，為太上皇的寢宮。

由景山南望紫禁城宮殿大觀。九重禁地的千百樓台，金殿輦路，鳳閣龍樓，輝煌華麗，舉世無雙。

第七章
長安皇宮與北京紫禁城的比較

第一節　建築工期及使用時間

一、建築工期

　　長安的三內，太極宮為隋的舊宮，大明宮、興慶宮為唐朝新建。

　　唐之三內，規建之時間，遠比紫禁城短。隋唐長安城自開皇 2 年(582)6 月開始興建，至 3 年(583)3 月，隋文帝常服入新都①，計 9 個月。在這麼短的時間內，完成這樣大的城市，令人有點不可思議，但追究原因，不外乎：

　　㈠很多建築材料都從長安舊城（由西漢斷續沿用到北周）拆來。連唐太廟的建築材料也是，《新唐書·姚崇傳》也說："臣聞隋取苻堅故殿以營建，而唐因之。"當然也有更多的大木料採自遠方。

　　㈡君民分工。在移都時係將坊內土地分給人民，各自建築房屋②。

　　大明宮在唐初是斷續修建，不像唐太極宮、明清紫禁城 1 次完成。從貞觀 8 年(634)到龍朔 3 年(663)基本完成，前後施工近 20 年。

　　興慶宮亦是從開元 2 年(712)到開元 14 年，基本完成，歷 12 年，工程也是陸續增建。

　　紫禁城是從永樂 4 年(1406)成祖下詔營建北京宮殿，5 年(1407)開始籌備，永樂 15 年(1417)迄 18 年(1420)為施工期。

　　太極宮與紫禁城的規建都是有計劃，在短時期的施工期 1 次完成。

二、使用時間

　　太極宮自隋文帝開皇 3 年(583)建成後，僅使用 23 年，煬帝時遷都洛陽，到了唐代，高祖、太宗及高宗初期於太極宮聽政，計 41 年（高宗有時到洛陽），後中宗 4 年、睿宗 2 年、玄宗 2 年、僖宗 1 個月、昭宗 16 年在太極宮聽政③。大部分時間，太極殿都只做為歷代唐帝登基（如德宗、順宗、憲宗、敬宗等即帝位）、或喪禮（如代宗、德宗等葬儀）之用。太極殿在光啟 3 年(887)仍然存在。

---

① 《隋書·文帝紀》。
② 武伯綸：《古城集》〈古城拾零〉，頁 270。
③ 張永祿：《唐都長安》，頁 77-78，西安，西北大學出版社，1987 年。

北京故宮寧壽宮養性殿門銅獅

大明宮是自高宗龍朔 3 年(663)以後，迄僖宗文德元年(888)的 225 年間（除了上述幾位皇帝短時期在太極宮聽政，或玄宗在興慶宮聽政），為唐室大政之所出，很多唐帝的即位、改元、大赦、受賀，例在含元殿舉行儀式。

興慶宮是唐代中期營建起來的一處宮殿區，始建於開元 2 年(714)，到開元 24 年(736)完全落成。在興慶宮聽政的，實際僅有玄宗（另有順宗使用半年）。玄宗從開元 16 年(728)到天寶 14 載(755)，在南內聽政，使用凡 42 年。

北京紫禁城做為中國大政之所出凡 491 年，從明永樂 19 年(1421)迄清宣統 3 年(1911)，較之隋唐太極宮斷續使用 88 年，大明宮小有斷續沿用 225 年，興慶宮 1 次使用 42 年，相較之下紫禁城沿用時間最久，為明清帝國皇權的象徵，自明成祖以迄清宣統計有 24 位皇帝在此住過，有 23 位皇帝的登基大典在此舉行。今太極宮、大明宮、興慶宮，均已廢毀，獨紫禁城巍然存在，成為故宮博物院。

第二節　城垣規模與性質及宮殿佈局

一、城垣規模

在規模方面，唐之三內，任何一內的面積皆遠比紫禁城大。

太極宮城城牆是東西略長，而南北略短的橫長方形平面形制，為夯土版築，東西 2,820.3 公尺，南北 1,492.1 公尺，牆高約 10.3 公尺，牆基一般在 18 公尺左右，只是東城牆部分的寬度是 14 公尺多。

考古實測，大明宮西牆長 2,256 公尺，北牆 1,135 公尺，南牆為郭城北牆東部的一段，長 1,674 公尺；東牆的北部偏西 12 度多，由東牆東北角起向南（偏東）1,260 公尺，轉折向正東，再折向正南 2,614 公尺。總周長 7,628 公尺，面積為 3.3 平方公里，平面形制是一南寬北窄的楔形。

大明宮環築有宮城牆。城基的寬度，據考古探測，除南面是沿用郭城北牆寬約 9 公尺左右外，其他三側牆基均寬 13.5 公尺，深 1.1 公尺。城牆轉角處，可能有角樓之類的建築。

另外，在宮城北部之外，東、西、北 3 邊都構築有平行於宮城牆的夾城。夾城亦為版築土牆。北面夾城距宮城牆寬 160 公尺，東西兩邊夾城距宮城牆寬 55 公尺。禁軍多住於夾城內，左、右三軍屯防於東牆左銀台門外、西牆九仙門外。

興慶宮是平面形制是一南北略長的縱長方形。宮城為夯築土牆。據考古探測，西、北兩面城牆基寬約 5 公尺左右；東牆基寬約 6 公尺，南牆有兩重 5 公尺，與外重牆相距 20 公尺，牆基寬約 3.5 公尺左右。宮城的範圍，東西寬 1,080 公尺，南北長 1,250 公尺，周長 4,660 公尺，面積 1.35 平方公里。

此外，興慶宮北通大明宮之複道，與南通芙蓉園之夾城已勘測出。全長 7,970 公尺，版築堅實，夯土硬度比郭壁還高。夾城與複道之目的是為人主往來“外人不之知”，最主要是為便利皇帝前往芙蓉園遊樂。

唐朝三內的宮城城牆，均為夯土版築，僅在城門附近及轉角處的內外砌磚。

紫禁城牆長方形為夯土版築，外全部砌臨清磚，高 9.90 公尺，牆厚底為 8.62 公尺，頂為 6.66 公尺。南北長 960 公尺，東西寬 760 公尺，外有 52 公尺寬，深 4.1 公尺的護城河。

長安三內，除太極宮北牆為郭城城牆有護城河之外，均無護城河，北京紫禁城則有 52 公尺寬的護城河。

以面積而論，太極宮城面積第 1（面積 4.1 平方公里，如果只有太極宮面積是 1.9 平方公里），大明宮第 2（3.3 平方公里），興慶宮第 3（1.35 平方公里），紫禁城第 4（0.7 平方公里）。

以城牆規整而言：太極宮城、紫禁城為最，興慶宮次之，大明宮最後。

以建築物莊嚴雄偉而言：大明宮為最、太極宮與紫禁城次之，興慶宮最後。

以華麗而言：興慶宮與紫禁城為最，大明宮次之，太極宮為後。

二、宮殿性質

太極宮、紫禁城皆為正式宮殿，太極宮唐人稱為京大內，而《清朝宮史》稱太和殿為“皇朝之正殿”。

正式宮殿是宮城為長方形或正方形，左宗右社、前朝後寢，左右對稱，主次分明，主要宮殿貫穿於全城中軸，宮城前京堂衙署佈署，所有建置主要建築一律坐北朝南。

大明宮，起初僅為避暑離宮，施工前後約延續 30 年，在建築佈局上，僅前朝（南半部）部分有完整的嚴密規劃，後寢（北半部）則較無；整座城為北窄南寬的楔形，宮內有些建築的排列，也不十分規整，殿閣的建築座向，也不都是座北朝南，而利用地勢，重視綠化是大明宮的特點。大明宮有點類似避暑山莊，圓明園、頤和園等大型離宮，與這些離宮相似之處：有上朝的正殿，內有苑囿。建築物排列不一定按禮制，如重要殿宇麟德殿位於西側。

興慶宮，也是起初僅為離宮，而且是以宅為宮，因而缺乏皇宮的傳統佈局考慮，重要建築不一定南向，無中軸線、無左右對稱，宮殿建築少，以園林為主，重要宮殿皆為樓式建築，甚為華麗。

三、宮殿佈局

㈠前朝與後寢

太極宮以朱明門、肅章門、虔化門等宮院牆門為界，把宮內劃分成前朝和內廷兩部分。

大明宮的基本佈局，也採取"前朝後寢"的傳統殿堂建築原則。宮內的建築，以紫宸門為界，劃分為前朝和後廷，前後兩大部分。

興慶宮沒有外朝、內廷的佈局。

北京紫禁城以乾清門為界，以南為外朝，是皇帝與大臣決事之所；以北為內廷，是皇帝私人燕居的地方。

㈡三朝、三殿、五門制

隋代營大興城，於宮城前創建皇城，集中官署於內。宮內前朝一反漢至南北朝與東西堂並列，即大朝與常朝橫列的佈置，追紹《周禮》古意，比附三朝五門南北縱列的佈置方式，在中軸線上，於宮南正門內建太極、兩儀兩組宮殿。唐承隋制，僅改殿、門的名稱。唐長安大內以宮城正門承天門為外朝，元旦、冬至設宴會，頒布政令，大赦，外國使者來朝等，均在此舉行。

乾清門，前朝後寢的分界。

門內中軸線上建太極、兩儀兩組宮殿，前者
為定期視事的日朝，後者為日常視事的常
朝。五門依次是：承天門、嘉德門、太極
門、朱明門、兩儀門。這種門殿縱列的制度
為以後的宋、明、清各朝所因襲。

　　大明宮的含元殿、宣政殿、紫宸殿三殿
前後一列，比附三朝，但宮正門——丹鳳門
內即含元殿，因此大明宮並無五門之制。

　　興慶宮無三朝、三殿或五門之制。

　　北宋汴京宮殿是在原汴州府治的基礎上
改建而成。宮城面積僅及唐大明宮的 10 分之
1 左右，官府衙署大部分在宮城外同居民住宅
雜處，苑囿也散佈城外。宮廷前朝部分仍有
三朝，但受面積限制，不能如唐大明宮那樣
前後建三殿。其宮城正門為宣德門，門內為
主殿大慶殿，供朝會大典使用，相當於大
朝。其後稍偏西為紫宸殿，是日朝。大慶殿
之西有文德殿，稱“正衙”。其後有垂拱
殿，是常朝。三朝不在一條軸線上。宮城正
門宣德樓，下部磚石甃砌，開有五門，金釘
朱漆，雕刻龍鳳飛雲，上列門樓，左右有朵
樓和闕，都覆以琉璃瓦，可見北宋宮殿氣局
雖小，但絢麗華美超過唐代。為了彌補宮前
場面局促的缺陷，宣德樓前向南開闢寬闊的

重華門，北京故宮北部的琉璃宮門。

大街，街兩側設御廊，街中以權子（柵欄）和水渠將路面隔成 3 股道，中間
為皇帝御道，兩側可通行人。渠旁植花木，形成宏麗的宮城前導部分，也是
金、元、明、清宮前千步廊的濫觴。

　　明代南京及北京宮內中軸線上前後建兩組宮殿，前為奉天、華蓋、謹身
三殿，是外朝主殿，後為乾清、坤寧兩宮，是內廷主殿，左右有東西六宮。
這種在中軸線上前後建兩組宮殿的佈置與金中都、元大都宮殿相同。但它又
以外朝三殿比附三朝，以洪武門（相當於北京的大明門）至奉天殿前的五座
門比附五門。明代三朝與唐、宋時期每朝各為一所獨立宮院不同，只是在一
所宮院中前後相重建 3 座殿而已④。北京紫禁城的五門應為承天門、端門、午
門、太和門、乾清門。或大明門、承天門、端門、午門、太和門。或謂明清
天安門以外當為外朝，午門內為治朝，太和門內為燕朝，而清代燕朝退至乾
清門內。

④潘谷西：〈宮殿〉，《中國大百科全書》《建築・園林・城市規劃》冊，頁 170-171。
　北京故宮博物院網站。

北京故宮太和門

北京故宮太和殿

長安與北京宮殿建置比較表

項目	太極宮	大明宮	興慶宮	紫禁城
地點	坡原	坡原	坡原	平原
建築梯次	一次完成	陸續完成	陸續完成	一次完成
使用時間	約 88 年（累計）	約 200 年（累計）	約 42 年（累計）	491 年（累計）
面積	4.2 平方公里	3.3 平方公里	1.35 平方公里	0.7 平方公里
性質	正式宮殿	原為離宮，後為正式宮殿	原為離宮，後一度為正式宮殿	正式宮殿
牆高	10.3 公尺	7.15 公尺	不詳	9.90 公尺
護城河	北面有	無	無	有
夾城（複牆）	無	東、西、北均有	東、南有	無
角樓	不詳	可能有	不詳	有
城門數	10 門	11 門（《唐六典》）8 門（《長安志》）	7 門	4 門
正門門道	推測為 5 門道	3 門道		5 門道（天安門）
正門長寬	進深 19 公尺	長 51、寬 16 公尺	不詳	
正門門道寬	8.5、6.4、6.2 公尺	各 9 公尺	不詳	5.25、4.43、3.83 公尺（天安門）
宮廷廣場	長方形橫街 2,820 × 441 公尺	凸形廣場 740 × 615 公尺	無	凸形廣場（天安門）11 公頃
闕	東、西上閣門	翔鸞、棲鳳兩閣為兩闕	無	午門為雙闕
前朝後寢之分界牆	有	有	隔牆為宮殿區與園林區之分	有
外朝三殿的形式	承天門、太極殿、兩儀殿均在中軸	含元、宣政、紫宸一殿比一殿高（越北越高）	無三殿之制	太和、中和、保和三殿建在同一台基上
佈局設中軸線	有	有	無	有
次要宮殿左右對稱於中軸兩旁	中軸線上採左右廂、閣，長廊對稱式建築。中軸線外的庭院建築則非對稱排列	外朝宮殿嚴格採行，內廷有多組重要宮殿群並不左右對稱排列	自由排列	嚴格採行左右對稱之排列
主要建築物座向	多座北朝南	前朝部分多座北朝南，內廷部分不一定	不一定	幾乎所有主要宮殿均座北朝南
園林位置	在北部	在北部，東南隅還有東內苑	在南部	在北部有 4 座
湖泊	有 4 個海池	太夜池（分東、西池）	龍池	無
北門為重門	有	有	無	無
現在狀況	基址為西安市區覆壓	遺址	興慶宮公園	故宮博物院

備註：明代紫禁城的正門為天安門；清代紫禁城的正門為午門。

第三節　含元殿與太和殿

一、長安大明宮含元殿

含元殿：為大明宮正殿，元正、冬至於此聽朝。是舉行重大朝會與大、閱兵、受俘、上尊號等一系列重要儀式的場所及頒佈詔令的地方，有時且與丹鳳樓配合使用。

含元殿是唐代最重要的殿宇之 1，性質近以於清宮中的太和殿，從唐高宗時代一直沿用至唐末，歷時 220 餘年，中間既未被毀，也未重新改建過。

含元殿是一組包括正殿與三出闕的建築。夾殿兩閣，左曰翔鸞閣，右曰棲鳳閣。與殿飛廊相接。夾殿東有通乾門，西有觀象門，閣下即朝堂、肺石、登聞鼓，如承天之制。

根據考古學者勘測遺址，可以推定含元殿的平面為：殿身面闊 11 間，進深 4 間八椽；內槽兩排共 20 柱。外槽前檐 12 柱，北東西三側為厚 2.35 公尺的承重牆；殿四周一圈副階廊子，構成重檐的下檐；平面近似於《營造法式》中的“雙槽副階周匝”。殿身中間九間，每間面闊 5.29 公尺，合 18 唐尺。兩梢間面闊及副階進深均為 4.85 公尺，含 16.5 唐尺，內槽深 9.8 公尺，近於 34 唐尺。包括副階在內，東西 13 間共長 67.33 公尺，合 228 唐尺，南北 6 間共深 29.2 公尺，近於 100 唐尺。面積為 1,966.04 平方公尺[5]。

按《唐營繕令》規定：“宮殿皆四阿，施鴟尾”，所以含元殿應是廡殿型屋頂。遺址出土黑色陶瓦，大者徑 23 公分，應用於殿，小者徑 15 公分，應用於廊及副階。黑瓦即《營造法式》所說的“青掍瓦”。遺址又出極少量綠琉璃瓦片。證明它是黑瓦頂綠琉璃脊和檐口的“剪邊”做法。和敦煌壁畫中大量表現的黑灰屋頂、石綠屋脊的形象一致。鴟尾應與自渤海國上京宮殿遺址中發掘出的綠釉琉璃鴟尾近似。

有關含元殿內外之裝修，據《李賦》說以紅、白二色為主，間以金飾。參考懿德太子墓壁畫闕的色彩，柱、額、門窗、欄杆應為紅色，牆壁白色加紅色線腳，栱身內用紅，栱側棱和斗用赭黃，門釘、肘葉、欄杆飾件用鎏金，廊下掛竹簾、朱緣、金鉤。

含元殿的形制及其對以後宮殿的影響據《六典》所載，東內含元殿相當於西內承天門，是“外朝”。宣政殿、紫宸殿相當於太極殿、兩儀殿，是“中朝”和“內朝”。以含元殿和承天門比，二者都有兩闕、朝堂、肺石、登聞鼓；都是元旦、冬至大朝會的場所；都在中軸線上，左右有宮牆；……。所不同者只是一為殿，一為門。這是大明宮的地形造成的。含元殿建在龍首崗南椽，把崗鏟削為門墩兩闕的形式，高出廣場約 15.6 公尺。殿後的宣政、紫宸等殿也在崗上，比它更高，入宮的道路只得用坡道通到崗上，而不可能在墩下挖門洞。所以儘管從功能、性質、形制、位置各方面看，這裡都應建門，

⑤傅熹年：〈唐長安大明宮含元殿原狀的探討〉，《文物》，1963 年，第 10 期。

闕樓圖。唐‧懿德太子墓壁畫。懿德太子墓號墓為陵，墓道壁畫中的闕樓為三出闕，和大明宮正殿含元殿前闕樓的規格一致，是天子一級的制度。

卻建為殿。

明確了含元殿是門演變來的，它的一些特殊現象就容易解釋了。因為由門改成殿，所以門側二闕改稱二閣。把上城門用的坡道——龍尾道用於殿前。由龍尾道可直接上殿入宮，少了一道城門。所以在殿內用較古老的承重厚牆，二側通乾、觀象門做成重門，做為防衛上的補救措施。

由含元殿開始的外朝三殿相重的佈置方式對以後宮殿制度也有一定影響。明清北京故宮外朝的"三大殿"就是綜合了宋、元以來的工字殿和唐代三殿的特點而形成的⑥。

二、北京紫禁城太和殿

太和殿　為明清北京紫禁城內最大的建築，氣象莊嚴雄偉。這座明清宮廷的正殿，於康熙34年(1695)改原9開間為11間，康熙36、7年(1697、1698)落成，即現在之太和殿。

正面有 12 根圓紅柱，總計盈公尺大紅柱 86 根，東西 63 公尺，南北 33 公尺（即橫寬 11 間，縱深 5 間，共 55 間），殿基高 6 公尺餘，殿高 35.5 公尺。佔地面積 2,370 多平方公尺。殿前面圍著三層龍墀丹陛，頂有兩層飛簷，四角朝上，飾以獸形黃琉璃瓦，前後有 40 扇金色木門和 16 扇金鎖窗。正中

⑥同前註。

166

含元殿復原圖，由東南向西北看。引自《古代絲路》，北京，中國畫報出版公司，1987年。

含元殿遺址，由東南向西北看，1995年8月景況。1995年～2005年，由中國、聯合國教科文組織、日本簽署協議，由日本信託基金會提供235萬美元實施含元殿遺址保護工程。本書作者所拍攝的為唐末含元殿毀廢以來自然形成的遺址，像這種照片仍有很高的學術價值。此夯土台基，高3公尺多，東西長75.9公尺，南北寬42.3公尺。

放著金漆雕龍寶座，寶座正位於全城中軸線上的中點，高 6、7 公尺，雕刻纖麗，龍身昂曲，靠背上畫有斧鉞。寶座旁有 6 大根瀝粉金漆蟠龍柱，寶座後是精美圍屏，寶座頂正中的蟠龍藻井倒垂著圓球軒轅鏡，天花板繪龍戲珠圖。

　　每年元旦、冬至、萬壽三大節，及國家有大慶典，皇帝御此受賀，凡大朝會燕饗、命將出征，臨軒策士及百僚除授謝恩均在此舉行[7]。遇加上皇太后徽號，則於殿內視冊寶、冊立皇后亦如之。而頒發重要詔書及發佈新進士黃榜亦於此舉行。

三、比較

　　含元殿為唐宮第一大殿，太和殿則為清宮第一大殿，兩殿相比較饒富意義。含元殿在大唐盛世為"萬國衣冠拜冕旒"的所在；太和殿則在清代為"統華夏四百餘州，天子之正朝"，也是"萬國來朝"之地。含元殿今僅存遺址，太和殿仍存於北京紫禁城，實物保存完整。

　　2 殿之比較表：

比較項目	含元殿	太和殿
落成年代	公元 663 年	公元 1698 年
座落地形	台地尾端（小斜坡）	平地
殿基高	15.6 公尺	三台距地平面 7.12 公尺 台心高 8.13 公尺
面闊（含副階）	67.33 公尺（13 間）	60.01 公尺（11 間）
進深	29.2 公尺（4 間 8 椽）	33.33 公尺（5 間）
柱數	86	72（東西 12、南北 6）
柱高	內外槽柱均高 9.4 公尺	12.7 公尺
柱直徑	推定內槽柱徑 80 公分，外槽南面 12 柱徑 75 公分，副階柱 50 公分	1.06 公尺
大殿面積	約 1,966.04 平方公尺	2,000 平方公尺
殿前廣場面積	36 萬 9 千平方公尺	3 萬 1,339 平方公尺（177 公尺 × 177 公尺）
殿陛殿階情況	磚石壁、（青）石欄杆、出螭首	漢白玉石丹墀、出螭首
屋頂顏色	黑瓦頂，綠琉璃脊和檐口剪邊	黃琉璃屋脊及頂
柱顏色	紅色	紅色
牆壁	內外塗白繪紅色線腳	暗紅
屋頂形狀	重簷廡殿頂	重簷廡殿頂
出簷	較長	較短
斗栱形狀	巨大	較小
門釘	鎏金	鎏金
門窗顏色	紅色	紅、金色
斗栱顏色	栱身內用紅，栱側棱和斗用赭黃	栱身內用綠、栱側棱用黃
雀替	無	有
窗櫺形狀	直條狀	菱花狀

---

[7] 清・鄂爾泰等編纂：《國朝宮史》，卷 11，頁 189，北京古籍出版社，1987 年。

由太和門看太和殿

由弘義閣看太和殿（右）與中右門（左）

唐長安大明宮含元殿遺址的龍尾道（1995 年 8 月景況），由南向北看。

清紫禁城太和殿三台丹墀御道，由南向北看。

含元殿以龍首原南沿殘段做殿基，高出地面約 15.6 公尺，故在殿前培土為坡，修了 3 條平行斜坡磚石階道，共長 70 多公尺。

太和殿則是建於在平地築起的漢白玉白的"三台"上，三台台基為 7 公尺多，分 3 層 39 個台階而上（第 1 層 21 級，第 2 層及第 3 層各 9 級）。由含元殿南去丹鳳門約 600 公尺，由太和殿到午門約 400 公尺，兩座殿宇大小約略相等，但由於含元殿基係建在龍首原南沿，而丹鳳門係用郭城北牆打開的缺口，含元殿地勢高，由 600 公尺外仰觀，因縱深足，使視覺效果甚為雄偉。北京太和殿因建築在平地上，三台係人工台基，無含元殿有龍首原為天然條件，三台為人工製成，高度不足，台基坡道短，因此由午門與太和殿間，加一道太和門，將太和殿圈在 31,329 平方公尺

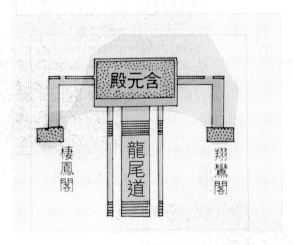

引自張其昀監修，程光裕、徐聖謨主編：《中國歷史地圖》。

的四合院內。含元殿應是雄偉、太和殿則是精巧，這是古代的匠師利用自然條件創造出來的韻律。

今天安門廣場，因拆去長安左、右門及中華門，廣場中央再建起巨大的人民英雄紀念碑，不建此碑則廣場十分空曠。

北京宮殿要望層層宮闕則需在平地騰出空間，因此有如唐太極宮於宮前設一廣場（橫街），以便保留一段開闊的空間，越過這段空間，遙望層層宮闕，就更加給人以"九天閶闔"的神秘感覺，藉以顯示皇帝"至高無上"[8]。

第四節　宮殿建築式樣

一、中國古代木構建築之特色

中國古代建築物因使用木材作為主要建築材料，在結構方面極盡木材應用之能事，創造出獨特的木結構形式，以此為骨架，既達到實際功能要求，同時又創造出優美的建築形體，以及相應的建築風格。其特點如下：

1.大木作制度　以立柱和縱橫樑枋組合成各種形式的樑架，使建築物上部荷載均經由樑架、立柱傳遞至基礎。牆壁只起圍護、分隔的作用，不承受荷載，所以門窗等的配置，不受牆壁承重能力的限制，有"牆倒屋不塌"之

[8]侯仁之：〈北京舊城平面設計的改造〉，《文物》1973 年第 5 期。
　侯仁之、吳良鏞：〈天安門廣場禮讚—從宮廷廣場到人民廣場的演變〉，《文物》，1977 年第 9 期。

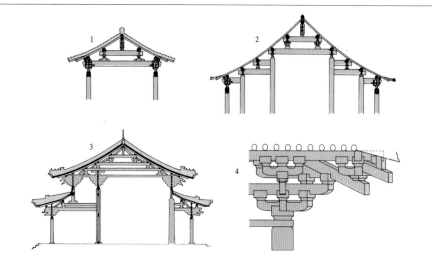

斗栱結構形式，引自 Edited by Mitchell Beazley Int'l Ltd., Foreword by john Julius Norwich, *The World Atlas of Architecture*, Publish by Chancellor Press an imprint of Reed Consumer Books Limited, 1998.

北京故宮寧壽門

妙。

2. 斗栱結構形式　用縱橫相疊的短木和斗形方木相疊而成的向外挑懸的斗栱，本是立柱和橫樑間的過渡構件，逐漸發展成為上下層柱網之間或柱網和屋頂樑架之間的整體結構層，這是中國古代木結構巧妙形式。自唐代以後，斗栱的尺寸日漸減小，但它的構件的組合方式和比例基本沒有改變。因此，建築學界常用它作為判斷建築物年代的一項標誌。

3. 單體建築標準化　中國古代的宮殿、寺廟、住宅等，往往是由若干單體建築結合配置成組群。無論單體建築規模大小，其外觀輪廓均由階基、屋身、屋面三部份組成：下面是由磚石砌築的階基，承托著整座房屋；立在階基上的是屋身，由木製柱額作骨架，其間安裝門窗槅扇；上面是用木結構屋架造成的屋頂，屋面做成柔和雅緻的曲線，四周均伸展出屋身以外，上面覆蓋著青灰瓦或琉璃瓦。西方人稱譽中國建築的屋頂是中國建築的冠冕。

4. 色彩裝飾　木結構建築的樑柱框架，需要在木材表面施加油漆等防腐措施，由此發展成中國特有的建築油飾、彩畫。至遲在西周已開始應用彩色來裝飾建築物，後世發展用青、綠、朱等礦物顏料繪成色彩絢麗的圖案，增加建築物的美感。以木材構成的裝修構件，加上一點著色的浮雕裝飾的平貼花和用木條拼鑲成各種菱花格子，便是實用兼裝飾的傑作。北魏開始使用琉璃瓦，至明清時期琉璃製品的產量、品種大增，出現了更多五彩繽紛的琉璃屋頂、牌坊、照壁等，使中國建築燦爛多彩。晶瑩輝煌⑨。

北京故宮太和門彩畫

二、中古與近世殿堂之差異

中國歷代殿堂，大特點都差不多，但細部仍有差異。

(一)唐宮建築的特點

除大木作、屋面、斗栱外，再更細看唐宮：

1.唐朝殿堂面闊有二式：(1)大明宮遺址可見，各間（即二柱間）間距相同，約5公尺。(2)唐末佛光寺與雕刻、壁畫所見為明間較大，左右間較小。

2.柱高等於明間面闊，即5公尺左右，柱與斗栱有時比例為2：1（如佛光寺，斗栱4跳），各柱頭上直接放置碩大的斗栱（約2.5公尺）出簷近4公尺（相當簷口至台基面高度的1/2，可見屋簷口至台基面為8公尺），這種比

⑨陳明達：〈中國古代建築的特點〉，《中國大百科全書》〈建築・園林・城市規劃〉冊，頁558-559。中國建築特點，陳明達先生所言為古建築學者的共識，另請參看《梁思成先生文集》，及宋肅懿等譯，Andrew Boyd 原著：《中國古建築與都市》，二、〈建築原理的發展及風格〉，頁47-48，台北，南天書局有限公司，1987年。

北京故宮中和殿寶座。中和殿為祭祀視祝版，耕耤視五穀農器於此，也為皇帝早期休息處。

北京故宮保和殿寶座。明萬曆41年(1613)改建，此殿全部木結構和內檐彩畫等大都是明代萬曆年間的原物，由於採用減柱的藝術，殿內較為寬敞。皇帝於每歲除夕筵宴外藩於此，從乾隆54年(1789)科舉制度的殿試，由太和殿移至保和殿，一直相沿到清末。

例顯現出唐代建築的穩建，雄偉的風格。

　　3.牆面、構架用色以赤、白二色為主，唐代作風明朗，很少繁縟、細琢的裝飾。

　　4.唐代盛行直櫺窗。槅扇門上部裝直櫺，便於採光。

　　5.長安大明宮出土的琉璃瓦以綠色居多，藍色次之，並有綠琉璃磚；表面刻蓮花。渤海上京宮殿用綠琉璃構件鑲砌於柱礎上。石製望柱和螭首已見於大明宮含元殿遺址[⑩]。

　　6.唐朝建築風格的特點是：(1)規模宏大、氣勢雄渾；(2)格調豪邁、華美而不纖巧。

(二)以線繪圖說明唐宮殿與明清宮殿的外觀風格

　　明清二代統治階級的官式建築由於斗栱的比例大大地縮小了，出檐的深度減少了，柱的比例細長了（唐宋柱徑與柱高的比例為 1：8-9，清為 1：10），柱的生起、側腳和捲殺不再採用了，樑、枋的比例沉重了，屋頂柔和的線條輪廓消失了，因而呈現著比較沈重、拘束但穩重、嚴謹的風格，與唐

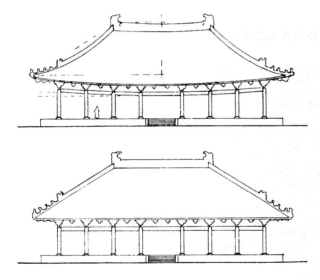

中國的屋頂曲線——(上)典型的宋代殿堂(下)除屋頂線為直線外，其餘類同上圖。圖引自宋肅懿等譯、Andrew Boyd 原著：《中國古建築與都市》，P.39，台北，南天書局，1987 年。

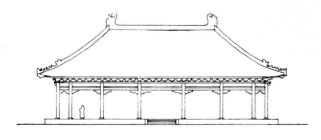

典型的明清時代的殿堂（可與上面 2 圖作比較）。圖來源同上。

[⑩]劉敦楨：《中國古代建築史》，頁 129。

宋建築發生很大的差別。

　　比較線圖的宋朝殿堂與的明清殿堂，即可看到個別建築物風格的改變。比較它們的線條和比例，可以發現，明清的屋頂比較高，而且陡峭，橫樑和屋簷的線條比較直，而且機械化，因此，圓柱的高度也趨向一致，同時，圓柱也失去不很明顯的收分曲線和尖細感，出簷部分也相對地減少，斗栱系統也一改過去很明顯地從圓柱上的屋簷突出，其在柱頭與出檐之間，較少或幾乎沒有斗栱，以符合二者支撐點的調和一致，（即利用樑頭向外挑出的作用來承托屋檐重量，柱頭上的斗栱不再起重要的結構作用）越過柱和桁，斗栱轉變為一列大小相同，精細的規模。而由於柱與額枋下面相交處加有雀替，使整棟建築更強調水平的效果。

　　不論有無證據，結構厚重的斗栱的消失，可以再度解釋為出於美學的選擇，此點與賴世和的觀點不同（如下段說明）。重心輕易地轉移到屋頂，而屋頂現在像是浮跨在整個結構上，而不是整個結構帶著一個屋頂[11]。

　　美國前駐日本大使賴世和(Edwin O. Reischauer)曾說：“唐、宋時代的屋頂有重量感，是向下壓到柱子，是通過一個複雜的樑木支架系列。以日本奈良的唐招提寺為例，屋頂由少數的支架撐住，藉著功用和裝璜，表現出木構建築的優美和規則；到了明、清兩代支架的木材越來越小，而數目越來越多，飛檐與支架依存的功用性減低了。簡而言之，大建築物為裝飾所退化，即飛檐和樑柱的富麗色彩取代了建築物的雄偉[12]”。

---

[11] 宋肅鷺等譯、Andrew Boyd 原著：《中國古建築與都市》，二、〈建築原理的發展及風格〉，頁 47-48，台北，南天書局，1987 年。

[12] Edwin O. Reischauer: *East Asia- The Great Tradition,* p. 389.

第八章
優雅的街坊與繁榮的市集

第一節　隋唐長安城的街道、里坊與兩市

一、組成比例

長安城是 1 個有嚴整計劃的政治都市，其城市佈局由 3 大部分組成，即宮城、皇城、外郭城。宮城是皇室大內，天子所居，為整個城市的最主要重心。皇城為百僚廨署，是朝廷行政機構所在。外郭城為一般民居、貴族府邸、市場與寺院等。3 部分所佔比例為：宮城佔全城百分之 5 強，皇城佔全城百分之 6 強，坊 108 個與街道面積佔百分之 86，東西兩市各佔百分之 1 強[1]。全城面積達 84.1 平方公里。

西安鐘樓。明洪武 17 年(1384)建，位於西安市中心，東、西、南、北四條大街的交會處。總高 36 公尺，是西安標誌性建築，它是中國古代遺留下來形制最大的鐘樓。今天的西安城由唐末皇城修改而來。

唐長安城比漢長安城的規模更大，佈局更有計畫，不但皇宮殿宇集中 1 區，行政官署與民居也分隔清楚，公私有辨，而且擴大了民宅區的比例，相對的，宮城、皇城佔全城的比例就縮小了，而漢長安城的宮殿分散、官署與官邸約佔全城的 3 分之 2 以上。

二、御道中軸線

長安城在佈局上，採取了嚴格的左右整齊的佈局方式。全城以朱雀大街為中軸線，街東屬萬年縣，街西屬長安縣，均在京兆府轄下。街東與街西地區面積大致相等。街東地區有 55 坊（曲江佔去 2 坊，實為 53 坊）及 1 市，街西地區亦有 55 坊及 1 市。朱雀大街東西兩側坊市的數目，位置的排列及其

[1]文物編輯委員會編：《文物考古工作 30 年》，頁 132，北京，文物出版社，1979 年。

西安鼓樓位於西安市西大街北院門的南端，建於明洪武 13 年(1380)。鼓樓內有梯可登，憑欄遠眺，全城景物及南山秀色歷歷在目。

面積的大小，形制的規劃，都左右對稱，大致相似。

朱雀門街又與皇城的承天門街相連，並正對著承天門、太極殿、兩儀殿等太極宮的中軸線，這條大街也就是長達 8.6 公里，貫穿唐長安城的南北中軸線，又稱"御道"。

三、街道與里坊

(一)街道

長安城街與坊里的排列，極為整齊。外郭城中有東西向 14 條大街，南北向 11 條大街，筆直寬敞。此 25 條大街

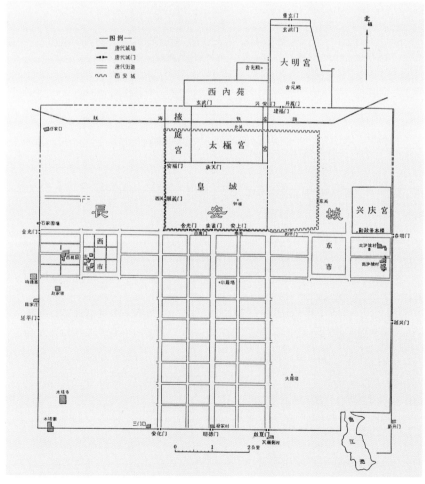

唐長安城實測圖。唐長安城與今西安城比較，唐城約為今城的 7 倍。引自中國科學院考古研究所西安唐城發掘隊：〈唐代長安城考古紀略〉，《考古》，1963 年，第 11 期。

相互交錯，又將外郭城地區劃分為棋盤式格局，每格即為 1 個坊里。皇城中亦有南北向 5 條大街，東西向 7 條，這 12 條大街相互交錯，也將皇城地區劃分為棋盤式的地段[②]。

通南面 3 門和東西 6 門的 6 條街，是全城的主要幹道。

南北向街道，據文獻上記載均寬 100 步（約合今 147 公尺），東西向街道寬有 60 步（約為 88 公尺）、100 步、47 步（約合 69 公尺）3 種[③]，而實際考古測量結果歧異頗大，如下表[④]。

東西向的街道

	實測	文獻
北　起第 1 街	／	60 步（88.2公尺）
第 2 街	／	60 步（88.2公尺）
第 3 街	／	100 步（147公尺）
第 4 街	75 公尺	60 步（88.2公尺）
第 5 街	120 公尺	47 步（69公尺）
第 6 街	44 公尺	47 步
第 7 街	40 公尺	47 步
第 8 街	45 公尺	47 步
第 9 街	55 公尺	47 步
第 10 街	55 公尺	47 步
第 11 街	45 公尺	47 步
第 12 街	59 公尺	47 步
第 13 街	39 公尺	47 步
第 14 街	25 公尺	47 步

南北向的街道

	實測
西　起第 1 街	20 公尺
第 2 街	殘存寬 42 公尺
第 3 街	63 公尺
第 4 街	殘存寬 108 公尺
第 5 街	63 公尺
第 6 街	150～155 公尺
第 7 街	67 公尺
第 8 街	134 公尺
第 9 街	68 公尺
第 10 街	68 公尺
第 11 街	25 公尺

註：南北向的街道文獻均為 100 步，約合今 147 公尺。

從二表格可看出南北向街以西起第 6 街（朱雀門街）最寬，為 150 公尺至 155 公尺。西起第 2、4 街若原寬類似第 8、10 街，則南北向街道之寬度也以朱雀門街為中軸，呈左右對稱排列，但萬年縣的南北向街較寬一點。東西向街道則以第 5 街 120 公尺最寬，第 14 街 25 公尺最窄，其餘則在 40 至 75 公尺之間。主要大街——"六街"（即東西向第 3、5、9 條街，南北向第 4、

②張永祿：《唐都長安》，頁 23。
③文獻詳見，元‧李好文撰：《長安志圖》，卷上。
④據〈唐代長安城考古紀略〉，《考古》，1963 年，第 11 期，之考古報告數字與佐藤武敏：《長安》所列長安城中街道寬作此表，東西向北起第 1、2、3 街為現代建築所佔壓。

6、8 條街），除了最南面（通延平、延興門）的東西大街為 55 公尺外，其餘 5 條均在寬 100 公尺以上。不通城門的大街寬度在 35 至 65 公尺之間；順城街寬 20 至 25 公尺⑤。

通往各城門之街都較其他街寬，說明了交通的重要性與各街的形制規劃是有區別的。如朱雀街是貫通京城南北的中軸主幹大街，也是城內最重要的中心大道，因此特別寬大。

街面大部分在今西安地表下 1 公尺位置，路土厚達 4、50 公分。街道路面中高側低，橫斷面略呈弧形，兩側並有水溝，約寬 2.5 公尺。朱雀街的排水溝寬幅約 3 公尺，溝壁修製的很光整，深 1.7 至 2.1 公尺，溝壁加木板或磚砌。溝上應有橋，以便通過⑥。

(二)里坊

1.坊之排列

街坊面積之大小以朱雀門街為主軸，依次有大小對稱於街東、街西，非常整齊美觀。皇城以南每坊的南北長度相近，約在 500 至 544 公尺之間，僅最南 1 排 590 公尺。東西寬相差則大。各坊面積不一，但均呈長方形，並依序有大小對稱之排列。即愈靠近朱雀門街左、右之坊，面積愈小，而愈近東、西城牆之坊，則面積愈大。

據實測各坊長度⑦與文獻記錄⑧比較作表如下：

每坊東西寬實測 （朱雀街以東起）		文獻記錄朱雀街以東、 以西每坊寬皆同	每坊東西寬實測 （朱雀街以西起）	
第 1 縱列	562 公尺	350 步（合 514.5 公尺）	第 1 縱列	558 公尺
第 2 縱列	700 公尺	450 步（合 661.5 公尺）	第 2 縱列	683 公尺
第 3 縱列	1,020 公尺	650 步（合 955.5 公尺）	第 3 縱列	1,020 公尺
第 4 縱列	1,032 公尺	（同上）	第 4 縱列	1,033 公尺
第 5 縱列	1,125 公尺	（同上）	第 5 縱列	1,155 公尺

⑤宿白：〈隋唐長安城和洛陽城〉，《考古》，1978 年，第 6 期。

⑥中國科學院考古研究所西安唐城發掘隊：〈唐代長安城考古紀略〉，《考古》，1963 年，第 11 期。

⑦數字來源同註⑥，此報告中說明："由於各坊的坊牆多已無存，所測的尺度並不是坊牆的範圍，而是以各街與街之間的範圍計算的。"

⑧徐松：《唐兩京城坊考》，卷 2；《長安志圖》，卷上。

南北長 （皇城以南起）	（實測） 每坊長
第 1 橫排	500 公尺
第 2 橫排	544 公尺
第 3 橫排	540 公尺
第 4 橫排	515 公尺
第 5 橫排	525 公尺
第 6 橫排	530 公尺
第 7 橫排	520 公尺
第 8 橫排	530 公尺
第 9 橫排	590 公尺
文獻記錄各 350 步（含 514.5 公尺）	

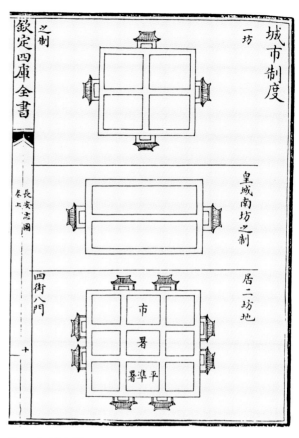

坊、市制度圖
- 皇城左右六列坊，為一坊之制，有十字街，開四個坊門。
- 皇城以南四列坊，只有東西街，開二個坊門。
- 兩市有井字街（或稱雙十字街），開八個坊門。

（圖取自元・李好文：《長安志圖》）

　　而皇城左右 4 坊，《長安志》等書的記載是：“以南第 1、第 2 坊，南北各 550 步（合 808.5 公尺），第 3、4 坊南北各 400 步（合 588 公尺）。”

　　實測皇城右側金光門內北邊之居德坊，南北長為 838 公尺；東西寬與南側之群賢坊同，即 1,115 公尺。皇城兩側其它坊被現在建築所壓，未能實測。

　　由此表可看出各坊面積之大小約可分為 3 種：

　　一、靠朱雀街兩側的 4 縱列坊面積最小，每坊南北長 500 至 590 公尺，東西寬 550 公尺至 700 公尺。

　　二、皇城兩側的 6 列坊最大，南北長 660 至 838 公尺，東西寬 1,020 至 1,125 公尺。

　　三、除 1、2 項之外，其餘坊面積居 2 者之間，其南北長與第 1 項同，東西寬則與第 2 項同[9]。

　　文獻上稱朱雀街以東之坊與以西之坊大小相對稱則不完全準確，因只有朱雀街東第 3、4 兩列坊與朱雀街西之第 3、第 4 兩列坊是對稱的，實測尺度基本上相同。而朱雀街東側 2 列坊，較朱雀街西側 2 列坊的寬度略大，不全是對稱的，這當是由於朱雀門與朱雀街不在皇城正中，而是偏西的緣故所致[10]。如將外郭東西寬 9,721 公尺減去朱雀街以東之坊與街總寬，得出朱雀街以

---

[9]宋肅懿：《唐代長安之研究》，第 6 章，頁 65。
[10]〈唐代長安城考古紀略〉，《考古》，1963 年，第 11 期。

東較街以西多 31 公尺寬。

　　2.坊內大小十字街

　　各坊四周築夯土牆，牆基寬約 2.5 至 3 公尺。坊的圍牆都臨近各街的溝邊，大都距離溝邊 2 公尺多。

　　在坊的中央有東西向的和南北向的街道各一條，兩街交叉成十字形。二街的寬度都是 15 公尺左右（亦有 20 公尺寬的），二街兩端開坊門，十字街按其位置稱東街、西街、南街、北街。

　　皇城南側的"長興坊"僅有東西向的街道，而未發現南北的街道，這與文獻所記是一致的。所有坊內各街的兩側，均未探得水溝。

　　此因"在宮城直南，不欲開北街，泄氣以沖城闕"，因此每坊只開東、西 2 門，只設東西向橫街，而不像其它各坊都開十字街。

　　從勘測的懷德坊與長興坊來看，與《長安志》所記相符。皇城左右的 3 排（南北各 13 坊）四面開有坊門的各坊內，十字街將坊劃分成東西南北 4 格，每格正中又有小十字街，這些大小街將 1 個坊劃分為 16 個方塊。據發掘到的安定坊小十字街的東西向街街寬 6 公尺，全長近 500 公尺，路面上有車轍遺跡多條，軌距為 1.32 公尺左右。

　　小十字街的南北向街街寬 5 公尺，向南直與坊內大十字街的東西街相接，估計其北端當與北面坊牆內之街相接，全長約 300 公尺[11]。

　　3.居民分佈與坊門管理

　　各坊的居民分佈大致是：朱雀街以東為官吏之街，以西為商人之街，西市及其附近里坊則多居胡人。盛唐長安的人口在開元(713-741)、天寶(742-756)最盛時達到 100 多萬[12]，至 200 萬人。

　　坊中最大特色是幾乎每坊都設有廟、寺或觀等，長安共約有 110 所寺廟、38 所道觀，這也顯示當時居民的生活很重視佛、道等精神寄託[13]。其它宗教寺院如清真寺、大秦寺、祆祠、波斯寺也有多所。而城門、坊門都規定了開閉時間，通常是"昏而閉、5 更而啟"，但後來至憲宗、文宗時，開閉時間常未遵守此法令。

四、兩市

　　長安城的東、西兩市，即隋之"都會市"（東市）與"利人市"（西市）。二市對稱於朱雀街之東西側，各佔兩坊之地，即位於皇城之東南和西南。長安城的商業大都集中在東市與西市之內。據記載，兩市各有 220 行之多，不僅為當時長安城最繁榮的商業區域，也是長安城的經濟活動之中心。

⑪中國科學院考古研究所西安唐城工作隊：〈唐長安城安定坊發掘記〉，《考古》，1989年，第 4 期。

⑫日比野丈夫：〈長安〉，收入《アジア歷史事典》，東京，平凡社，1962 年。

⑬同註⑨，頁 126、126："寺觀祠院等供給長安市民平常精神上信仰、祭祀、禮拜之所，也提供休閒、男女社交之活動場所，如牡丹時節、上元燈節、盂蘭盆會、天長節等，各寺有熱鬧之慶典活動。"

西安清真大寺。據傳為盛唐時所建，現存主要建築為明初所建，院中有高9公尺木結構大牌樓，建於17世紀初，精鏤細雕，飛檐翹角，琉璃瓦頂，頗為壯觀。（宋肅懿攝）

大雁塔。在慈恩寺內，公元652年，玄奘在慈恩寺內譯經，並將從印度帶回來的梵文經卷和佛像藏於塔中。

小雁塔。在薦福寺內，唐代另一位高僧義淨曾於公元671年從海路前往印度，到695年返國，並曾在薦福寺翻譯佛經。

張永祿教授認為兩市在長安城內的佈局有以下特色：

一、是兩市的位置一反中國古代都城"面朝背市"的傳統原則，將市場區不設在宮城之北而設在其南。

二、兩市左右對稱，佔地面積大致相等，體現了城市平面規劃中的完整佈局思想，使都城在外觀上格外規整。

三、是東西兩市，靠近皇城、宮城與都城的北部。這種安排在一定程度上是考慮到都城北部人口比較密集和為皇室貴族官僚生活服務的實際需要。將工商業市場集中在固定的地區，雖較便於管理，但對百萬人口大都城的居民經濟生活來說，終究不是很方便，也對商業貿易的更進一步擴展不利[14]。

據文獻記載，兩市外形呈正方形，方各 600 步（約 882 公尺），4 面各開 2 門。市周圍四面街各廣百步，北街當皇城南之大街，東出春明門；東、西及南面 3 街向內開，壯廣於舊[15]。然而考古實測兩市遺址為東市南北長 1,000 公尺，東西寬 924 公尺，牆基寬 6 至 8 公尺，順牆街寬 14 公尺，市內設有東西向與南北向街道各兩條（即井字街），寬 30 公尺，街兩側水溝寬 90 公分。西市南北長 1,031 公尺，東西長 927 公尺，牆基寬 4 公尺，井字街寬 16 公尺[16]。而東市的全面鑽探，否定了開元 14 年(726)擴建興慶宮時佔用了東市東北隅的傳說。兩市外的四面街寬度除西市西面大街的西邊多被破壞（未找到水溝），殘存寬為 94 公尺，東街寬 117 公尺，其餘均為 120～122 公尺寬。

西市井字街間的距離：南北向的 2 街相距 309 公尺，東西向 2 街相距 327 公尺。北街距市的北牆 336 公尺（包括沿牆的街道，下同），東街距東牆 293 公尺。街兩側並有水溝，晚期溝兩壁均砌磚，在西市南大街東端，發現有上中下 3 層路面。早期路面寬 16-18 公尺，車轍遺跡寬 1.3 公尺，車馬道寬 14 公尺，路兩側又各有 1 寬 30 公分的截面呈半圓形的明溝，用以排水。明溝外側又有 1 公尺寬的人行道。中、晚期路寬不明，晚期路面排水溝增築了磚壁、磚底。房屋遺址也分早、中、晚 3 層。

井字街將整個市內界劃成 9 個長方形，每方的四面都臨街，當時的店舖即可設在各方的周圍。店舖規模都不太大，約 1 間至 3 間寬（4-10 公尺），進深 3 公尺。臨街的部分，房址遺址均較稠密。在每方之內，尚有小的巷道，便於內部通行，有的在巷道的下面即是砌磚的暗排水道，通向大街兩側的溝內。就此來看，市的區劃和佈局以及排水問題等，均設計的非常完備而周密[17]。

東市"街市內貨財 220 行，四面立邸，四方珍奇，皆所積集。"當中有

[14]張永祿：《唐都長安》，頁 134-5。

[15]徐松：《唐兩京城坊考》，卷 3。

[16]中國科學院考古研究所西安唐城發掘隊：〈唐代長安城考古紀略〉，《考古》，1963 年，第 11 期。東市遺址約在今西安城外東南樂居場與交通大學之間，西市遺址在西安城外西南糜家橋與東桃園村之間。

[17]中國科學院考古研究所西安唐城發掘隊：〈唐長安城西市遺址發掘〉，《考古》，1961 年，第 5 期。

"東市局"、"東平準局"。西市有"西市局"、"市署"、"平準局"。又為平穩糧價,在永徽6年(655)在京師東西2市置常平倉、顯慶2年(657)"京常平倉置常平署官員[18]",兩市的常平倉對平抑物價有一定的作用,其次還置倉儲糧,備荒賑恤。

東市有筆行、賃驢人、賣胡琴者、貨錦繡綵帛者、鐵行、酒肆、畢羅肆、肉行、凶肆、旗亭……等。此外,從敦煌莫高窟藏經洞發現印有"上都東大刁家大印"、"京中李家於東市印"的《新集備急灸經》的咸通2年(861)傳抄本,可以說明在唐後期,雕版印刷行業也在東市發展起來了[19]。

西市的店舖已經分"行",而各文獻上所記的,在西市有"衣肆"、"絹行"、"秤行"、"麩行"、"鞦轡行"等,還有食店"張家樓",製造煎餅及糰子的"寶家店"、酒樓、卜者。賣飲子家……等,而長安胡店都在西市;胡店大多是胡姬酒肆、珠寶店等。

西市的繁榮在唐後期達到極盛,這可由部分西市街巷顯示"唐後期,西市大小街巷和排水設備,都進行了1次規模較大的重建"的遺跡得到證實。

據西市店舖遺跡、遺物的發掘報告,估計為飲食業鐵器舖、石刻店、珠寶店、陶器店等遺跡[20]。東、西兩市在唐代建倉鑿池置潭,以解決兩市的用水和商業運輸的需要。東市遺址即發掘1個池址,東西直徑180餘公尺,南北直徑160公尺。池的周岸都夯築過,岸寬約3公尺[21];西市的繁盛亦然,在鑽探永安渠時,發現在沿西市南大街北側向西伸延的支渠,長約140公尺、寬34公尺、深6公尺,橫貫市內[22]。

五、其他的"市"

除東市、西市之外,唐代長安城中的商業市場,還有過中市、南市與新市,都增設於唐代某1個時期,這是唐代長安城經濟進一步發展的反映。

中市　位於朱雀街東第2列安善坊及大業坊之北半部,面積約佔一坊半,設置於高宗至武則天時期。

中市為口馬牛驢之肆,位置約在大興善寺以南。這說明了長安城內各類物品的交易,有其固定劃分的市場地區;也反映了近城南的坊里對墾殖所需的牲口較有需求。

南市　據《唐會要·市》載:"天寶8載(749)10月5日,西京威遠營置南市。"南市,就在高宗武則天時期安善坊中市原先的位置。

新市　位置在城北芳林門南。據《唐兩京城坊考·禁苑》記載:"(憲宗)元和12年(817),置新市和芳林門南。"

---

[18]《唐會要·倉及常平倉》,卷88。
[19] 宿白:〈隋唐長安城和洛陽城〉,《考古》,1978年,第6期。
[20] 同上註。
[21] 池底淤土中出有唐代之磚瓦及陶、瓷殘片等,並有開元通寶錢多枚。
[22] 同註[19]

中市、南市與新市，或靠近城南，或在城北，位置都較偏遠，交易不大方便，因此立市時間都不長，就逐漸廢棄了[23]。

商店街出現

隨著長安城工商業的繁榮和城市人民生活的需要，使限制工商業集中在東西兩市的規定，很早就徒具空文了。大約自高宗以來，兩市四周各坊，各位於重要交通線上的城門附近，以及大明宮前各坊，逐漸出現大大小小的店舖。如平康坊有賣姜果的，宣陽坊有彩纈舖。長興坊有畢羅店，宣平坊有賣油的，昇平坊有賣胡餅的，延壽坊有賣金銀珠玉的[24]，賣白衫與賣白疊布（棉布）更是"鄰比廛間"。特別是崇仁坊北街，北當皇城東牆景風門，南出即是春明門大街，又與東市隔街相連，因此，這裡店舖毗立，"一街幅輳，遂傾兩市。"西城區的延壽坊，西臨西市，東近皇城，北當金光門大街，也被"推為繁華之最[25]"。中唐以後，工商業還逐漸突破了定時貿易的限制，甚至出現了夜市。如崇仁坊北街是"晝夜喧呼，燈火不絕，京中諸坊，莫與之比"。開成5年(840)敕京夜市宜令禁斷[26]——可見夜市已難斷絕，唐末，長安工商業突然了限制，足以說明工商業的發展蓬勃，而長安市民的生活也較突破了法令的限制。

宮市

唐德宗時期，常派出太監到市場上購買宮中所需之物，稱為"宮市"，宮市不僅在長安東西兩市進行掠奪，而且還遍佈於長安城內各處。

這種搜刮終於引起商民的反抗，以致有"罷市"之舉[27]。經過"罷市"、"撤肆塞門"等之抗爭，德宗於貞元21年(805)詔命"應緣宮市並出正文帖，依時價買賣，不得侵擾百姓"。

會昌六年(846)7月敕，如聞16宅置宮市以來，稍苦於百姓，成弊既久，須有改移，自令以後，所出市1物以上，並依三宮直市，不得令損刻百姓[28]，可知宮市之弊仍難禁絕。

第二節　明清北京城的街道、城坊與市集

一、組成比例

北京城是1座有嚴整計劃的政治都市，其城市佈局由4大部分組成，即紫禁城、皇城、內城、外城。紫禁城是皇室大內，皇帝所居，為整座城市的

---

[23] 張永祿：《唐都長安》，頁135-136及148-149。

[24]《太平廣記》，卷84、278、417、452。

[25]《杜陽雜編》，卷下。

[26]《唐會要·市》，卷86。

[27] 張永祿：前引書，頁152-154；《舊唐書·裴延齡傳》卷135，陸贄上書疏其失曰："搜求市廛，豪奪入獻；追捕夫匠，迫脅就功。以敕索為名，而不酬其直；以和雇為稱，而不償其傭。都城之中，列肆為之晝閉。……天子轂下，囂聲沸騰。"

[28]《唐會要·市》，卷86。

北京城的南中軸線

北京城的北中軸線

最重要重心。皇城為天子宗廟、社稷壇、園囿所在。內城為京堂衙署、貴族府邸、市場與寺院、一般居民。外城則為天壇、先農壇、一般民居、手工業區和商業區。

　　內外城與皇城、紫禁城所佔的比例為：宮城佔全城百分之 1.5，皇城（連宮城）佔百分之 11 強，另民居、寺廟、道路佔百分之 88 強。

二、御道中軸線與街道

　　明朝北京城的中軸線是南北向排列並向兩旁開展，南北取直，左右對稱。這條中軸線不僅貫穿在紫禁城內而且南達永定門，北到鐘樓[29]，貫穿了整個大城，總長為 7.8 公里。

(一)街道概況與管理

　　明清北京內城的街道坊巷基本上沿用了元大都的 1 套系統。南北、東西各 9 條，因為皇城立於城中央，再加上什剎海和西苑，妨礙了城市的東西向交通。所以城市的主幹道是與中軸線大街平行的左右兩條通崇文門和宣武門的大街，其它道路與這兩條大幹道相連接。而與幹道垂直的居住區的胡同，間距一般在 70 公尺左右，這就是元大都時遺留下來的尺度[30]。

　　外城，崇文門外一段大街及宣武門外一段大街及聯結此 2 街的橫街，也是主要幹道。

　　明代北京街巷的排列採取方正平直的形式，這是由整個城市的方正平直所決定的。大街多作南北向，而胡同則多作東西向。內外城共 16 門，每座城門都有條垂直大街。全城著名的大街 30 餘條，縱橫交馳，形成棋盤式的道路系統。街的大小都有定制，大街寬 24 步，小街寬 12 步[31]。最小的道路稱為巷或胡同。

　　大明門前橫亙 1 條棋盤街，是東西兩城交通孔道。其沿城牆邊有東交民巷及西交民巷。

　　內城街道從長安街以北，仍沿大都城之舊，長安街以南以及外城街道大都沿用舊路，或在已廢溝渠上改建新路。

　　清代北京的地方行政設施是由彼此獨立的 3 個部分組成，即以治理民政為主的順天府，以負責警民為主的九門提督，和以掌管治安為主的五城御史。

　　九門提督本職稱 "提督九門巡捕五營步軍統領"。衙署設在地安門外。九門是指內城九門。九門提督為正二品武職，專由滿族親信大臣兼任。其職

[29] 王燦熾：〈元大都鐘鼓樓考〉，《故宮博物院院刊》，1985 年 4 期，此文內言：元大都鼓樓舊址，即今鼓樓所在；鐘樓舊址即今鐘樓所在。

[30] 董鑒泓主編：《中國古代城市建設》，頁 58-59，北京，中國建築工業出版社，1988 年。

[31] 清·吳長元：《宸垣識略》，"內城" 一，"街制"。中軸線路的寬度要比大街寬，因其上有很多大建築，有關這些建築參看無園〈故宮導遊〉，《故宮博物院院刊》，1980 年 4 期。

掌是"守衛巡警","城門合閉","分訊巡緝[32]"。

九門提督及其屬員權力很大,對京城實行嚴密控制。北京城到處佈滿了堆撥房即巡察兵崗,在內外城以及城牆上共 1,100 個,連同城外的共有 1,461 個。城內街道胡同處處樹立柵欄,共有 1,746 處。每處柵欄都有出入之門,起更(入夜)後即行關閉,除"有奉旨差遣及緊要軍務,應及時啟門"外,"自王以下官民人等,概禁行走,步軍校等分定街道,輪班值宿[33]。步軍協尉仍行巡邏[34]",全城實行宵禁。

(二)街道與胡同

皇城周圍 18 里。明朝悉為禁地,民間不得出入。清代,東安、西安。地安 3 門以內紫禁城外,牽車列闠,集止齊民[35]。主要街道有東華門外南池子、東安門大街、西華門外南長街、西華門外北長街、西安門大街。

內城周 40 里,門九。定制分 5 城,而實轄於步軍統領。其街衢之大者,中曰棋盤街。南北曰崇文門街、宣武門街、大市街、王府街、地安門街、安定門街、德勝門街、南小街、北小街、錦什坊街。東南曰江米巷、長安街、丁字街、馬市街、朝陽門街、東直門街、阜成門街、西直門街。鼓樓東大街、鼓樓西斜街、鼓樓南大街。

棋盤街,正陽門至大明門御道旁,商販雲集,百貨陳列。

外城亦曰羅城。明嘉靖 31 年(1552)築,周 28 里有奇,門九。其街衢之大者,南北曰正陽門街、永定門街、崇文門街、宣武門街、東便門街、西便門街,東西曰南大街(自廣渠門直達廣寧門,長 10 餘里,隨地異名)、南橫街、打磨廠、西河沿。

北京有多少胡同?老北京人說:"大胡同 360,小的如牛毛"意思是說多得數不清。

明朝嘉靖 37 年(1558),張爵在《京師五城坊巷衚衕集》中指出:"庶五城胡同,浩繁幾千條之間"。當時的"五城"之域,大體相當於今天東城區、西城區、宣武區、崇文區的範圍。據該書統計,當時的胡同有 1,236 條,其中內城有 900 多條,外城有 300 多條。到了清朝,隨著北京城市人口的增加、住宅的興建,胡同的數目就更多了。據不完全統計,當時城內大小胡同有 1,860 多條,其中內城有 1,300 餘條,外城有 530 多條。辛亥革命以後,南方人大批遷入北京,加上不間斷的內戰,北京人口急劇增多,特別是巷、里、條之類增加最為明顯。直到中華人民共和國成立初期,全市大約有胡同 6,000 多條,僅城區內就有 4,550 多條[36]。

[32]北京大學歷史系編:《北京史》,頁 249-251,北京出版社,1985 年。
[33]清・周家楣、繆荃孫等編纂:《光緒順天府志》,卷 8,北京古籍出版社,1987 年。
[34]《大清會典事例》(光緒),卷 1611。
[35]清・朱一新:《京師坊巷志稿》,卷上,北京古籍出版社,1982 年。
[36]崔永福:〈北京有多少胡同〉,收入李鳳祥編:《北京風物遊覽典故》,北京旅遊出版社,1989 年。

宣武門教堂（南堂），為北京最古的天主教堂，明萬曆 33 年(1605)，由利瑪竇（Matteo Ricci，公元 1551-1610 年）創建。

宣武門教堂星期日做禮拜的情形

天主教東堂，位於王府井大街74號，座東朝西，為北京4大天主教堂之1，也是北京城內天主教的第2座聖堂，建於清順治12年(1655)。

在北京城內，由於長期傾倒垃圾，致使一些胡同高於住宅區。過去，污水和糞便往往隨地傾倒[37]。

明清時代的北京，內外城各街巷均係土路，故有"無風三尺土，有雨一街泥"之諺。宣武門大街、崇文門大街及地安門大街各處道路，高逾 3 尺，車行其上，時有翻越之虞。當時，街道的兩旁為溝渠，用以排泄污水或雨水，因為淤塞，所以每年 2 月要淘溝。

[37]王偉傑：〈北京城近郊地下水中硝酸鹽的來源〉，收入北京史研究會編：《燕京春秋》，北京出版社，1982年。

三、北京的城坊

㈠明代的城坊

明代北京的坊分內城和外城。內城分中城、東城、西城、北城，城下分坊，坊下分牌，牌下分舖。內城共29坊，56牌，424舖。外城只隸南城[38]分8坊，49牌，247舖。

北京內城的坊名大多數沿襲明初北京的坊名，而北京的坊名又多沿襲元大都城的坊名。

1988年的北京王府井大街。此大街始建於元朝至元4年(1338)，又稱十王府街、王府大街，自建街以來一直十分繁華。

萬寧橋，俗稱地安門橋或後門橋，2001年清理出來，建於元代，元朝在修建大都城時，在此確定了自北而南縱貫全城中軸線的位置。然後在後門橋的正北方，建立起作為全城平面佈局的中心標誌，叫做中心台，即今鼓樓所在。1950年在後門橋下挖出1根石柱，柱頭雕刻著鼠頭，據說在1950年代初期在正陽門外的護城河裡也挖出1匹石馬，此即明代改建北京時，所定的子午線標誌。

[38] 清・吳長元：《宸垣識略》，卷1，〈建置〉。

外城的 8 坊是正東坊、崇北坊、崇南坊、正西坊、正南坊、宣北坊、宣南坊、白紙坊。

每舖取 1,000 人，內城 424 舖，共 42 萬 4 千人，外城 247 舖，共 24 萬 7 千人。

明代北京城全盛時期有人口 67 萬人。明末估計有人口 20 餘萬人[39]。

(二)清的城坊

清朝沿用明代北京，總體佈局無大改變，街道系統大體如舊，只局部建置和市政管理上有所不同。例如在皇城前中央官署集中地區，廢除明代五軍都督府，府址內皆析為民居；又遷三法司（刑部、都察院、大理寺）於皇城之右，即明代後軍都督府與錦衣衛等所在處，從而改變了皇城中央官署左右對稱的佈局。明代若干倉、廠，如安民廠、廣平庫、天師庵草場、新太倉、台基廠、盔甲廠等，或廢為民居，或改建王府。

崇文門外大街

[39]王偉傑等：《北京環境史話》，頁 32-33，北京，地質出版社，1989 年。

牛街清真寺，為北京規模最大、歷史最悠久的清真寺，遼統和 14 年(996)建，明正統、清康熙時曾重修。

　　在市政管理上，清初廢除內城坊制，並一度規定內城由滿族旗人居住，屬八旗管轄。如正黃旗管前明日中坊、發祥坊和日忠坊之地；鑲黃旗管前明金臺坊、靈椿坊、昭回靖恭坊、崇教坊、教忠坊和北居賢坊之地……等。外城主要由漢族人民居住，原來內城漢官商民亦皆徙居外城。外城仍然設坊管理，僅將前明八坊合併為東、西、南、北、中 5 城。清初對北京內外城住戶按民族進行區分，是 1 種民族歧視的措施，其後逐漸廢除[40]。

　　據《京師坊巷志稿》載：清代北京城內分中城、東城、西城、南城、北城等 5 "城"。"城"下分坊，共分 10 坊。中城包括中東坊和中西坊，東城包括朝陽坊和崇南坊，西城包括關外坊和宣南坊（以上坊均在內城有一部分，外城也有一部分），南城包括東南坊（在外城）和正東坊（內城的一部分和外城的一部分），北城包括靈中坊（在內城北部）和日南坊（在外城北部）。嚴格地說，清代的八坊已不具有地理方位的概念，完全是行政區劃。因多數同一坊既包括內城的一部分，也包括外城的一部分。

　　每城設御史巡視，所轄有兵馬使指揮、副指揮、吏目。北宋時代曾以四廂都指揮巡警京城，民間謂之都廂，元設巡警院，分領城市民事，即清代的

[40]侯仁之主編：《北京歷史地圖集》，頁 42-1，北京出版社，1988 年。

巡城察院[41]。

　　乾隆年間，北京城內人口共 62 萬（外城 17 萬，內城 45 萬），宣統 3 年 (1911)是 78 萬。

　　北京內城在明清兩代，除宮殿、衙署之外，主要是居民區，商店街、湖泊、倉庫、湖泊、教堂、寺廟、……，內城的湖泊，除了皇城內的 3 海，還有什剎海、積水潭等。

　　根據《宸垣識略》和《京師坊巷志稿》的記載，明清北京外城除居民點外，主要是寺廟、池沼、河道、葦塘、園亭、蔬圃、義園（墳地）和荒冢、糞廠等。

四、明清北京的市

㈠商店街

北京琉璃廠文化街

⁓⁓⁓⁓⁓⁓⁓⁓⁓⁓⁓⁓⁓⁓

[41]同註[38]。

明清時北京內城的主要市場，都集中在東四牌樓到東單牌樓、西四牌樓到西單牌樓及其兩側，從東四到王府井大街北口叫馬市大街或東馬市街，有馬市、豬市、羊市、百鳥市等。西四東大街，在元、明、清 3 代都叫馬市大街或西馬市街。從西四到白塔寺大街的南口，明清時叫羊市大街。西四南大街的南段原叫缸瓦市大街。除了這些交通幹衢為市場外，還有鼓樓大街和大明門（清代改為大清門）前，特別是大明門前，百貨雲集，喧囂終日。

廣濟寺

北京外城，前門大街兩側和廣安門到廣渠門一線上，都是較大的市場集中之處。前門大街的西側有珠寶市街、錢市胡同、糧食店街、煤市街；前門大街的東側有肉市街、鮮魚口街、布巷子、果子市。宣武門外大街的南端叫菜市口，也是明清時刑場所在地。崇文門大街的南端叫蒜市口，它的東邊是瓷器口。從菜市口到現在的南新華街之間叫騾馬市街。在現在的廣渠門內大街上，原來有東草市街；在崇文門外，有以賣人造花而出名的花市大街等等[42]。

北京的市肆共 132 行，相對集中在皇城的四周，形成 4 個中心，城北在鼓樓一帶，城東、城西各以東四和西四牌樓為中心；城南在正陽門外。各行業有"行"，通常集中在以該行業為主的坊巷裡，如羊市、馬市、果子市、婦帽胡同、罐子胡同、金魚胡同等等。現在商業繁華的王府井大街，在當時，商業並不發達，只有 10 個王府以及水質較好、小有名氣的井，這也就是王府井名字的由來[43]。

天主教西什庫教堂（北堂）。原建於康熙 32 年(1693)建，光緒 13 年(1887)遷到今址。

(二)市集──內市與外市

明代北京以玄武門外為內市，於此往往可以購到奇珍異寶，如宣德年製

[42]王偉傑等：《北京環境史話》，頁 15-16，北京，地質出版社，1989 年。
[43]同註[30]。

由什刹海看鼓樓（前）、鐘樓（後）

銀錠橋。位於什刹海的前海和後海的交會處，橋約建於元代，元、明、清三代這裡很繁華，"銀錠觀山"為燕京小八景之1。

銅器、成化年製瓷器、永樂年果園場製鬃器。其他還有"外市"，如燈市、廟市[44]。

燈市實際上是明清時正月舉行的集市貿易。明代燈市最初有五鳳樓（即紫禁城午門）前，後移今燈市口。每年正月初十起至十六日止，結燈者各持所有，貨於東安門外迤北大街，名曰燈市。是時四方商賈輻輳，技藝畢陳，珠石奇巧，羅綺畢具，一切夷夏古今異物畢至。觀者冠蓋相屬，男婦交錯。近市樓屋賃價一時騰踴，非有力者率不可得[45]。

燈市在東安門王府大街東，崇文街之西，橫二里許。南北兩廛，凡珠玉寶器，以逮日用微物，無不悉具。衢中列市，棋置數行，相對俱高樓。樓設氍毹簾幕，為燕飲地。夜則燃燈於上，望如星衢。市自正月初八日起，至十八日始罷。鼇燈在市西南，有冰燈，細剪百綵，澆水成之。

明代對燈市十分重視。永樂 7 年(1409)，元宵節百官放假 10 日。後來，燈市時，百官放假 5 日[46]。明代燈市集中於燈市口，其他地方不得設燈市，這主要是為防火。

清初燈市曾一度移至靈佑宮（在珠市口西南）後來，散至正陽門外、花兒市、琉璃廠、豬（珠）市、菜市諸處，而琉璃廠尤盛。

外城張燈，除琉璃廠外，自（正月）13 日至 16 日四永夕，金吾不禁，懸燈勝處，則正陽門之東月城下，打磨廠，西河沿，廊房巷，大柵欄為最[47]。

內城六街之燈，以東四牌樓及地安門為最盛，工部次之，兵部又次之，

[44] 清·孫承澤：《春明夢餘錄》，卷6，台北，大立出版社，1980 年。
[45] 明·沈榜：《宛署雜記》，第 17 卷，北京古籍出版社，1983 年。
[46] 明·劉侗：《帝京景物略》，卷 2，城東內外，燈市，北京古籍出版社，1982 年。
[47] 清·潘榮陛：《帝京歲時紀勝》，北京古籍出版社，1981 年。

什剎海，千頃碧波，綠水蕩漾，映日生輝，環湖古柳，垂落水面，在微風中搖曳飄拂，風景優美，為北京市民消夏避暑之勝地。

他處皆不及也。若東安門、新街口、西四牌樓亦稍有可觀[48]。

(三)廟市

　　中國的廟市始於北宋汴京相國寺，在北京復興門內北側有 1 條成方街，它的舊名叫城隍廟街。街上有 1 座建於元代都城隍廟（現僅存寢祠 5 間，建築面積約 420 平方公尺）。明代太常寺（掌管祭祀天地、宗廟、社稷、山川等的中央機構）每年於陰曆 5 月 11 日在城隍廟祭祀城隍。每逢這一天，城隍廟街格外熱鬧，做買賣的很多，後來就逐漸發

天寧寺，在廣安門外，現存殿宇為清代重修，遼代在寺廟後院添建 1 座磚砌實心，8 角 13 層密檐式塔，總高 57.8 公尺。

[48]清‧富察敦崇：《燕京歲時記》，北京古籍出版社，1981 年。

外城東南郊外的池沼

歲暮的北京風景。青木正兒編：《北京風俗圖譜》，日本，東北大學圖書館藏。

展為定期的集市貿易。這就是北京廟會的由來。

明代北京內城西南隅都城隍廟市，每月初一、十五、二十五開市（清代改為每年五月初一至初十），從城隍廟往東，"列肆三里"。在廟會上出口的貨物來自全國各地。珊瑚樹、祖母綠、貓兒眼、商彝周鼎，秦鏡漢匜，晉書唐畫，外國珍奇，內府秘藏，琳瑯滿目。少數民族和外國商人也來這裡進行交易，在全城廟會中最為繁華，明清以來北京定期的集市貿易都在寺廟附近舉行。著名的有"10大廟會"，其中東城的隆福寺（寺已無存，成為隆福商場）和西城的護國寺最突出，簡稱為"東廟"和"西廟"。

隆福寺（今東四人民市場）為明景帝時所建，是京師巨剎，朝廷的香火院。廟會在每月9、10兩日舉行。

護國寺（在今護國寺街）建於元代，原名崇國寺，明代改為今名。每月7、8兩日有廟會。

每月開市的廟會還有：土地廟，"月之逢3日（即初三、十三、二十三）聚於南城土地廟，凡人家器用等物，靡不畢具，而最多者雞毛掃子。"

每月初四、十四、二十四為花兒市（在今花市大街）廟會，出售的皆日用之物。每月初五、初六、十五、十六、二十五、二十六為白塔寺廟會，它的貨物主要是木碗和花草。每月初一、十五開市的還有東直門內路北的小藥王廟和舊鼓樓大街的北藥王廟，出售的主要是婦女零用之物。

每年開市一次的廟會很多。如城北的覺生寺（俗稱大鐘寺，因有永樂大鐘而得名），"每至正月，自1日起，開廟10日，10之內，遊人紛集，仕女如雲"，以出售風車為其特徵商品。正月開廟的還有白雲觀、火神廟、曹公觀、財神廟、黑寺等。（白雲觀在西便門外，火神廟在琉璃廠，曹公觀在西直門內路北，財神廟在廣安門外，黑寺在德勝門外。）

2月開廟的主要是太陽宮（在外城的東部），出售太陽糕。3日開廟的有江南城隍廟和蟠桃宮。江南城隍廟在先農壇西北，清康熙年間建，除了3月外，7月15日及清明、10月1日亦有廟會。4月開廟的有萬壽寺（在今紫竹院公園西），5月開廟的有臥佛寺（在崇文門外），6月開廟的有善國寺（在宣武門外），8月開廟的有皂君廟（在崇文門外）。在這些廟會上，多有秧歌、武術、高蹺、小車等表演。另外每年開廟的還有東嶽廟、中頂、西頂、南頂等。

上元觀燈。農曆正月15日為上元節，住宅與商店高掛燈籠，街道行人熙來攘往，相當熱鬧。青木正兒編：《北京風俗圖譜》，日本，東北大學圖書館藏。

　　在遠郊區規模較大的廟會是京西北妙峰山廟會，時間為四月初一到十五。這期間，京郊"300里間，奔走絡繹"。從德勝門以西的松林閘直到妙峰山，沿途130餘里，搭蓋茶棚和食肆，供遊人飲食。"夜間，燈籠火炬，照耀山谷"。廟會上還有各種戲劇演出。

　　明清時代的北京，因廟宇眾多，所以1年之中幾乎天天有廟會，並且各具特色。廟會是當時北京商業交易的主要場所之一。廟會的繁華程度，反映出經濟發展的水準。從民國到中華人民共和國成立初期廟會還一直延續下來，不過時斷時續[49]。

㈣工業作坊

　　附帶一提是官辦手工業大部分仍集中在皇城內。民營手工業店舖分散在城內各處。外城主要為工商業區，明代中期開始發展，及至末年，外城工商業的繁盛，已超過內城。

第三節　比較

一、街道

㈠御道中軸線

　　在都市的組成部分方面，長安與北京，宮城連皇城恰都佔全城百分之11

[49]郭子昇：《北京廟會舊俗》，北京，中國華僑出版公司，1989年。並見王偉傑等編著：《北京環境史話》，十二、經濟活動，㈤、北京的廟會，頁213-215。

《康熙六旬萬壽慶典圖卷》
北京，故宮博物院藏

　　《康熙六旬萬壽慶典圖卷》是為紀念康熙帝60大壽（康熙52年3月18日—公元1713年），由宮廷畫家冷枚、徐玫、金昆等10餘人共同創作的。原稿已佚，此係嘉慶年間重繪，分上、下兩卷：上卷長38.3公尺，下卷長37.2公尺，均縱0.45公尺。此圖卷描繪了萬壽節前一天，康熙帝從京城西郊暢春園回宮的情景，皇帝及諸妃乘步輦在龐大的儀仗隊護衛下，經由西直門回皇宮。長街通衢，張燈結彩；百戲列陳，千樂共奏；龍棚、經棚逶迤相銜；王公大臣、耆老庶民夾道跪迎。場面隆重宏大，蔚為壯觀。

　　80公尺之長卷通過描繪暢春園至皇宮15公里的情況，將京城社會各個階層的各種人物盡入畫中；為人們展現了都城生活諸多情態，使今人有幸觀得古都的繁華，先民的風采，從而使這一長卷具有很高的社會、歷史價值。（引自北京，故宮博物院發行之卡片）

新街口，三岔道，攤肆密集生意鬧；戲台前，人如潮，快馬飛齊皇帝到

龍輿過處，滿街齊跪

浩蕩的后妃車隊

列陳長街的仗馬、輅車、寶象

為祝聖壽，京城內外，戲台矗立，牌樓高聳，旌幢飛舞，氣象萬千

覺生寺山門。覺生寺曾是皇帝祈雨、信徒從事佛事的地方，俗以大鐘寺之名著稱於世，後院鐘樓所懸掛鐫刻大華嚴經大鐘之重量據說為 87,000 斤，乃明永樂年間鑄造經文，為學士沈度手筆。

白雲觀。為唐天長觀的舊址，元初元世祖忽必烈時的帝師長春真人邱處機曾於此參與國政機要，及其弟子尹子平時代，始改白雲觀之名。是明代以來道教全真派的第 1 叢林。清代以迄民國，每年陰曆正月元旦到 19 日止，開廟，正月初 8 日舉行順星祭典、18 日會神仙、19 日之燕九節，尤為熱鬧。

強，相對的其餘街道、寺廟、城坊、市場佔百分之 88 強。

長安與北京的城市佈局規劃都有中軸線（又稱御道）。

長安中軸線由明德門至延嘉殿，（經考古實測宮城北門—玄武門並不在中軸線上），約為 8.6 公里。北京中軸由永定門到鐘樓，有 7.8 公里。

長安城以朱雀門大街為中軸線，分成東西對稱的兩部分，在京兆府管轄下，東屬萬年縣，西屬長安縣。

北京京畿地方，設順天府以領之。城內以中軸線為界，東為大興縣，西為宛平縣。（順天府大堂在今東公街 45 號，大興縣署在教忠坊內，宛平縣署在地安門西大街東官房）。

(二)城內大街景觀

長安城中，共有 25 條大街縱橫交錯，將全城劃分為 108 個坊和 2 個市。長安城的這種方格網式的規劃，使整個城的平面如同棋盤。各條大街都成直線，長而寬廣，寬分九級。朱雀大街最寬，達 150 公尺。其餘大街的寬度，大體分為 130 公尺、120、110、70、60、50、40 公尺等。東邊和西邊的兩條順城街最窄，各寬僅 25 公尺。而通城門的“六街”有 5 條寬 100 公尺以上。每條大街的兩側，都設有整齊的水溝，寬 3 公尺，深 2 公尺多。

萬壽寺山門。長河（蘇州河）位於山門前面，是紫禁城通往頤和園的重要水道。

東嶽廟牌坊　在朝陽門外，乃祀東嶽大帝之所，建於元朝，係道教正一派之道場。正殿前之兩廡有所謂掌宇宙一切的七十二司，與廟東九天宮及十八地獄等。

城市道路的寬大，到唐長安城時達到頂峰，不過這樣大的寬度除了偶爾舉行的皇帝出巡、郊祭等人數龐大的儀仗隊通行的需要外，平時很空曠，超出了正常的交通需要，所以在後期經常發生侵街築屋及在街上挖地種菜的情形。比長安城稍晚的洛陽城，也是規劃長安的宇文愷所建，佈局與規劃思想也與長安類似，但是道路寬度普遍縮減，這是總結了長安城經驗教訓的結果。宋東京城產生了商業街，道路的寬度也明顯的縮小了，商業街兩邊的店舖建築互有吸引力，行人穿越道路的次數大大增加，過寬的路顯然對行人不利。城市道路逐漸成為城市人民生活的中心，因此路窄些可以增加市民交往的親切感，以及產生緊湊、熱鬧、繁華的氣氛。這種從大到小的演變規律，和今

西安北院門古大街

天在城市規劃中要求道路按功能進行分類、分級及步行街的規劃理論是完全符合的。

北京大街 24 步闊，約 25 公尺。小街 12 步闊，約為 12.5 公尺。胡同寬約 6～7 公尺，御道（正陽門外大街及棋盤街）寬 28 公尺，所以長安的街道比北京寬闊得多，相對長安面積亦較北京面積大多⑤⓪。

長安城坊"棊布櫛比、街道繩直，自古帝京未之有也"。北京城坊大致也棊布櫛比、街道亦多繩直，但比起長安卻略遜一籌，即有一些不太方正的城坊與斜街。北京南北向的道路貫穿全城；東西幹道則受到居中的皇城和湖泊阻隔，因而形成若干丁字街。

唐代兩京是"里坊制"，其大街兩旁，只能見到一堵堵的坊牆，這就是中國中世紀城市的景觀⑤①。街景整齊寬闊，但很單調。不過唐高宗以後，兩市四周之坊也出現不少店舖，唐末漸有夜市。北京則大街兩旁是商店、住宅，是"街巷制"的開放型城市，街景很是繁華。

長安為土路，唐長安城有關於大雨後，道路泥濘，發生交通阻塞的記載，北京亦然。北京只有御道從宮內經大明門到天壇，明代即為石板路，清代延長到永定門。據《燕都瑣記》載："由正陽門外天橋至永定門甬道，雍正 7 年(1729)春旨修墊，始一律用石鋪墁，可容 2 車。"清人對清代北京的街道概括而形象的描述："京師街道，除正陽門外，絕不砌石，故天晴則沙深埋足，塵細撲面，陰雨則污泥滿道，臭氣蒸天，如游沒府之塹，如行積穢之溝，偶一翻車，即三薰三沐，莫蠲其臭⑤②"。塵細撲面的情形，尤以天橋地區為甚。長安、北京既都是土路，狀況應當差不多。長安街道兩旁均有排水溝，北京亦然。

商業街形成後，靠近道路交叉口的地段，由於交通方便，人潮集中，有利於營業，商業店舖及其他服務設施如飯店，茶樓酒館也最為集中，形成城市的商業中心，大城市也是在主要道路交叉口處形成鬧市，如清代的北京就在東單、西單、東四牌樓、西四牌樓、鐘鼓樓、前門外、珠市口。

⑤⓪北京街道大街 24 步闊，小街 12 步闊，這種規則是元、明、清三代一致的，可參看《析津志》及《宸垣識略》。
⑤①徐苹芳：〈唐代兩京的政治、經濟和文化生活〉，《考古》，1982 年第 6 期。
⑤②清・闕名：《燕京雜記》，北京古籍出版社，1986 年。

　　商業街道也往往與交通性的道路分開，如北京的主要商業街王府井大街與東西長安街垂直，前門外的主要商業街廊坊頭條與前門大街垂直等等，當時城市的交通主要是行人、轎子、馬車，所以沿街佈置密集的商店與交通的矛盾也並不突出[53]。

二、城坊

㈠坊、巷形式與宵禁

　　唐長安的坊，初純為住宅區，或寺觀，到盛唐以後坊內

鼓樓前大街。元代此街即為繁華的商業中心。

才有一些店舖。長安的坊面積有一定大小，呈某規則性排列，大體以朱雀大街為中軸，左右約略對稱。這些坊內多有十字街，即十字街將坊劃分成東、西、南、北四格，每格正中，又有小十字街，即每坊有 16 個方格，其中居民出入可以四通八達，交通頗為方便，每坊有坊牆，坊門 4 個，夜間宵禁。

　　坊除了寺廟、道觀、住宅外，因唐代流行馬毬運動，因此不少坊區也設毬場。

　　長安城內的坊是民居，每坊約有 0.65 平方公里。清代北京每坊約有 6 平方公里。原因在清代坊是行政區。長安的坊有夯土坊牆，只有衙署或三品以上的官吏住宅及大寺院才能在面向城市道路的坊牆開門，北京的坊界則為馬路，且無坊門。

　　唐代長安上自貴族、百官起，下至一般庶民都生活在“坊”中。坊門與坊門之間的道路稱為巷，其間之小路又稱為曲。坊由“坊正”管理。街上重要處設有街鼓，各坊門依街鼓聲而朝開夕閉，夜間不得隨意出坊外。夜間除非是請醫生或向親戚報喪等重要事件，方得特別之許可外出；外郭城門的管理就更加嚴格了。

　　今天北京城裡的人仍把自己的鄰居稱呼為街坊，它的由來就是因古代城坊的劃分。

　　一如唐代長安，明、清兩代，北京入夜也實行“宵禁”，街頭巷尾處處設置柵欄。宵禁時，柵欄同時關閉，禁止行人通行，根據《大清會典事例》記載，柵欄在內城有 1,090 處，皇城內有 196 處，外城有 440 處。以柵欄命名的胡同有多條。

　　唐長安城內有近千左右的大、小十字街，明清北京亦有 1,200 到 1,900 條

[53] 董鑒泓主編，前引書，十八、古代城市的商肆，頁 109。

《大秦景教流行中國碑》，記載唐代時基督教的支派景教在中國的盛況。現藏西安碑林。

胡同，如加街道更為則可觀。

長安每坊之內的街道數量，大致是幾種型態，頗有規律，北京則不然，每坊面積不一，街道、胡同數目也不一。長安每坊有井，北京則大抵數條胡同共同一井。

長安的里坊為長方形，內又劃方格；但北京以胡同劃分為長條型的居住地段。

㈡居民之分佈

唐代長安東城為官吏之城，西城為商人之城。

唐長安城以朱雀門大街為界，分為長安、萬年2縣，由於最初只有1個太極宮城（隋名大興宮），位於長安、萬年兩縣的北部正中，對兩縣人的居住，無甚影響；後來唐高宗、唐玄宗先後修築了大明宮和興慶宮，都在萬年縣境內，一些官員為上朝便利，都爭取在萬年縣立宅，長安縣則成了商人、外國人聚集的處所。

長安的外國人多以西市為活動中心，經營寶石等珍奇商品買賣。外郭城西面的北門——開遠門，便是西方商人、商隊到長安的入口，朱雀街以西比起街以東來，異國情調更加濃厚。朱雀街以東最繁華的地方，是在春明門附近，因為由洛陽來的商旅、日本的遣唐使、留學生等都自春明門而入，瞻仰長安的偉容。門外市街也極繁榮。

從開遠門到西市之間，沿途各坊都可見外國人的居處，並建有他們的異教寺院。基督教之一派的景教、波斯人信仰的祆教，以及由回鶻人傳來的摩尼教，3者稱為三夷教，其寺院則總稱三夷寺，景教在元朝滅亡後，本已被中國人完全忘卻，直到明天啟5年(1625)《大秦景教流行中國碑》在西安市郊被發現，才知原來在唐朝時，基督教曾在中國盛行，1998年在西安市鄠邑（周至）縣東南20公里的終南山北麓，發現的大秦塔，為中國現存最早的1座景教教堂遺跡，這座教堂建於公元640年。

西域及外國帶來的西方風俗，一度風靡了長安城上下，尤其是開元、天寶之後更為顯著，西域式的男女服裝大為流行，女子們也開始普遍騎馬，這些全是前所未見的景象。一般的工藝品也喜採西式風格，此風甚至還傳到朝鮮、日本等地[54]。

北京舊有民謠："東城富，西城貴，南城貧，北城賤"。清代北京城，皇帝大部分時間住在西郊的圓明園、頤和園，王府及官僚的住宅也向西城集

[54]日比野丈夫等著：《大唐の繁榮》，東京，世界文化社，1968。

中，所以有"東城富，西城貴"之說。清王朝統治中國達 268 年，其中經歷
穩固政權、康乾盛世、以及晚清的政治、社會劇烈變遷，以王府建築的選址
與分佈，可以看出這些變動的情形，李孝聰教授、成一農教授指出：清代內
城主要為滿族居住地，分佈了很多的王府，這些王府清前期為承襲前明，清
中期由於統治穩定，建王府成為制度化，而清後期西方公使館在北京城內紛
紛設立，使東交民巷一帶的王府被迫遷出清政府所控制的官房房產日漸減少，
此時的王府以改建為主，導致王公府第的再次變遷[55]。

(三)墳地

長安城內很少墳地，北京的外城多有墳地。隋在建大興城之前即先清理
新址，遷葬原有墳墓。又為了超度這些亡靈，就在新都新昌坊南門之東建一
座寺廟，名靈感寺。這就是後來唐代有名的密宗寺院青龍寺[56]。

青龍寺惠果空海紀念堂　位於西安市城區東南的青龍寺，始建於隋。唐時高僧惠果主持該
寺，在得到不空傳授的基礎上，創立了與印度密宗有別、具有中國特點的唐密體系。惠果
在唐代宗、德宗、順宗 3 朝被尊為國師，他的弟子遍及海內外，其中日本弟子空海受教回
國後，成為日本東密（真言宗）的創始人。青龍寺在北宋至明中期被毀廢。中國科學院考
古研究所唐城工作隊於 1960 年代進行勘察，確定了青龍寺遺址的位置，於 1974 年 1979
年進行發掘，發現了大量文物。遺址區先後建立了惠果空海紀念堂、空海紀念碑。

---

[55]李孝聰、成一農：〈清代北京城王府建築的選址與分佈〉，《九州》，第 2 輯，北京，
　　商務印書館，1999 年。
[56]清‧徐松：《唐兩京城坊卷》，卷 3，〈西京‧外郭城‧新昌坊〉。

白塔寺

護國寺街。

長安城是 1 次設計、營建完成（當然後代有修繕）。街坊為棋盤式，規劃完整，坊為住宅與寺院。北京內城也經規劃，城闕宮殿。街道工整；外城則不然，居住點發展到相當，因國防安全的需要才再加築外城，先前留下來的眾多墳地仍延續使用。

清代北京外城，墳地眾多。"自左安門迤西至右安門，亙 10 餘里，其曠地皆下地。蔬圃外多荒冢"。"左安門大街，左右亙 4、5 里，皆曠地義園，外多蔬圃"。牛街，"其西南隙地，荒塚外多蔬圃，……有道士墳"。黑紙坊，"迤西曰萬人坑"。四平園在南橫街口內，"荒冢纍然"。而隆安寺（在廣渠門內路北），也"變為眾葬之所[57]"。

元、明、清 3 代的北京城坊，由於不建坊牆，坊界可根據實際情況改劃，而隋唐長安城的城坊則很難改劃（除了像改建成興慶宮之類的改劃）。

三、市場

長安市場很少，只有東、西市，但範圍很小，每市約佔 2 坊之地，根據考古發掘，市內商店密度很高，有很多的商店。但因長安城太大，每一筆交易如果都要到兩市來恐有不便。到唐代中後期，坊內也有一些商店。但是大部分商業行為仍在兩市，隋、唐長安始終是封閉型的城市。

北京則市場多，但每個市場面積遠遜長安的東、西 2 市。北京內外城在明清兩代有很多商業區，而且外城較內城發達。此因商業經濟發達，資本主義萌芽，城市成為開放型。

宋代以後，在社會上出現市民階級，在經濟上出現以商業為主的近代都市，汴京（今開封市）處處都是商店街，由商店街更進一步發展為商業中心。到了明清兩代由於長期的安定與繁榮，不但把宋代發展出來的近世文化特徵繼承下來，而且使之更趨完美、普遍。

長安市的行肆是長方形；但北京的商店街及大廟會是長條型。

長安市同業多集中一地，宋代以後的街巷制城市中，專業商店演變為按行業相對集中沿街建店的行業街。有的街還沒有集市。史載宋代開封城有果子行、馬行、牛行、竹竿市，臨安有藥市、珠子市、魚行。元大都有米市、麵市、牛市，明清北京有豬市、馬市、燈市等。商業街形成鬧市，對城市面

[57]崇彝：《道咸以來朝野雜記》，頁 26，北京古籍出版社，1983 年。

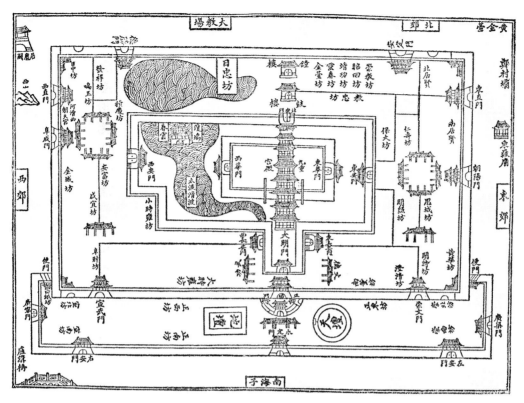

明代北京城坊圖，圖取自明·張爵：《京師五城坊巷衚衕集》，作於明嘉靖39年。

北京法源寺。為唐太宗為紀念東征陣亡將士下旨修建的寺院，原名憫忠寺，清順治初法源寺以傳播戒律佛學而聞名海內外佛教界，雍正帝賜名法源寺，乾隆帝更讚譽該寺為"法海真源"。乃北京首屈一指的名刹。

貌有重要作用。

北京在明清時貿易發達，四方之貨集於城內。各種市場及商店街幾分佈於全城，因此，形成了一些以市場命名的街道。如內城，東四以西有豬市大街，今美術館東街叫馬市大街。

除了固定的市場與商店街外，還有廟會、市集，與現代城市漸漸相近。北京之市肆有常集，例如東大市、西小市，也有期集，逢 3 之土地廟，逢 4、5 之白塔寺，逢 7、8 之護國寺，逢 9、10 之隆福寺，謂之 4 大廟市[58]。

唐長安的宮市，係宮廷派太監為採買，到市場上購買皇宮中所需用品，惟交易不公，太監常以敕索為名，而不酬其所值，因此很多店舖看到太監來採購，紛紛關門不做生意[59]。清朝宮廷中的宮市，俗稱買賣街，係為排解在宮廷生活單調的后妃、宮女、太監們而設，不同之處，賣貨人全由宮中太監充當，偶而也有民族首領、王公大臣經皇帝恩准，到買賣街逛市和購物。在清朝的宮苑中，北京圓明園以東的同樂園、頤和園的買賣街、避暑山莊的芳園居，都設置了買賣街，而且還具一定的規模[60]。

[58] 明・劉侗：《帝京景物略》，卷 4，〈西城內〉、〈城隍廟市〉。

[59] 《舊唐書・裴延齡傳》，卷 135。

[60] 杜紅雨：〈避暑山莊的買賣街—芳園居〉，《中國文物報》，2006 年 3 月 10 日。

第九章
如詩如畫的皇城、御苑與離宮

第一節　長安皇城與苑囿的建置

一、長安皇城的建置

　　皇城又稱子城，是長安大城內的第二重城，位於宮城之南面，與宮城僅隔一條東西橫街，其東西牆為宮城東西牆之延長。皇城內"左宗廟、右社稷，百僚廨署列於其間①"，為唐朝中央軍、政機構和宗廟、大社的所在地，也是全國公署的中樞。在地勢上皇城處於龍首原第 3 條坡崗，即宇文愷的"九三立百司，以應君子之數"，現在的西安城即由唐皇城直接發展來的②。今西安城牆玉祥門向南的一段城牆就是唐皇城中的西牆，而西安城西南城角向東至開通巷的一段城牆是唐皇城的南牆。西門也沿用唐皇城的順義門基址。

　　實測其遺址範圍則東西寬 2,820.3 公尺，與宮城同寬，南北長為 1,843.8 公尺，周長 9.2 公里。皇城平面呈南北略短的長方形，面積約 5.2 平方公里，佔長安城的百分之 6 強③。

　　皇城佈局整齊，規畫有序，全為公署衙衛所在地，不與居民百姓混雜，公私有序，是隋文帝新創之制。皇城城牆修築於隋初開皇 2 年(582)6 月至 3 年(583)3 月。牆為夯土版築，高 10.3 公尺，牆基厚達 18 公尺。

(一)城門

　　皇城東、西、南 3 牆，有 7 門。其中，南面 3 門，中為朱雀門，東為安上門，西為含光門：

現在西安的朱雀門，位於唐代遺址西側，是 1986 年開通的。朱雀門是唐長安皇城的正南門。朱雀門與明德門之間的縱街稱為朱雀門街，是長安城中軸線的大街，也是萬年縣與長安縣東西分治的分界線。

---

①《唐兩京城坊考》，卷 1，〈皇城〉。
②張永祿：《唐都長安》，頁 49 及 50。
③中國科學院考古研究所西安唐城發掘隊：
　〈唐代長安城考古紀略〉，《考古》，1963 年，第 11 期。

朱雀門是皇城的正南門，建於隋初。朱雀門位於皇城南牆中部稍偏西，東距皇城東南角1,480公尺，西距皇城西南角1,350.6公尺，門址已被現在城牆所壓。

朱雀門其北與宮城正門承天門相對，南與外郭之南門（即長安城正門）明德門遙遙相對，3門同在一直線上，而連貫成長安城之南北中軸線，隋唐長安城的中軸線總長8.6公里。朱雀門與明德門之間的縱街稱為朱雀門街，是縱貫長安城中央的南北向主要大街，也是萬年縣與長安縣東西分治的分界線。朱雀門橫街往東可達外

現在西安的含光門。1984年整修西安城牆時，發掘出含光門遺址，現在把新建券洞城門置於遺址東側，對遺址作框架結構保護。含光門為唐長安皇城南面3個城門之1，在朱雀門西，東西37.4、南北19.6公尺，中開3個門道（照片為2個門道），兩端為墩台，木構城門，門道2側各有柱礎石15個。門道路面，北高南低，便於城內向外排水。

郭之春明門，往西達金光門。

朱雀門是皇城的正門，有時與宮城承天門相配合，皇帝亦在此舉行外朝大典活動。開皇9年(589)隋平陳師還，結束270多年的南北分裂，中國復歸統一，隋文帝楊堅在朱雀門樓"勞凱旋師，因行慶賞，自門外夾道列布帛之積，達於南郭④。"

朱雀門門上建有高大宏偉的門樓，門洞遺址較寬，約40餘公尺，可能開有五門道。門址在今西安城南牆保吉巷新開口（名朱雀門，如前頁照片）東方約50公尺處⑤。

安上門　在皇城南牆偏東，西與朱雀門相距650多公尺。安上門與宮城長樂門正相對，安上門街以東為東宮官署。在門址北側為安上門大街，街寬94公尺，兩側有水溝。門址即今西安城的大南門（永寧門）。

含光門　與宮城廣運門相對。位於朱雀門西側660公尺處，距皇城西南角690公尺，其位置在今西安城南牆的西部，含光門遺址即被包在今城的南牆之內。

含光門遺址的平面形狀為長方形，東西長37.4公尺，南北寬19.6公尺，中開3個門道，兩端為墩台。門道為木構城門，門道的兩側各有柱礎石15個，礎石上原立有排義柱，可能上施承重枋、架過樑，其上再施小樑架即達門道頂部。從門道兩壁火燒的遺跡看來，門道高約7公尺以上，門板安有鐵

④《隋書‧食貨志》。
⑤張永祿：《唐都長安》，頁50。

泡釘。

門道的路面均北高南低，由內向外呈緩坡形。實測北端比南口高出 26 公分，約呈千分之 13 的坡度。兩側的柱礎也隨著這一坡度平置，這顯然是為便於城內向城外地面排水。但在過去發掘的門址中，尚無此例，這說明當時皇城內的地勢較城外要高。

唐末時含光門可能曾被火燒而廢毀，當時中、西 2 門道未再修復，只修復了東側 1 個門道繼續作為含光門直到宋末[6]。

皇城西面有 2 門，北曰"安福門"，南為"順義門"。

安福門　為皇城西牆北門，東與延喜門相對，其西直對外郭之開遠門。門址的北端距宮城的南牆 96 公尺。門址大都被壓在現在城牆之下，僅北部尚殘存 20 餘公尺。

安福門樓常作為皇帝宴見使節與群臣之處，也是皇帝御此觀看燈戲及臨送大臣的地方。

順義門　在今西安城西門稍北處，北距福安門 860 餘公尺。門址被今城門及馬路所壓。

今西安城西門。唐皇城順義門址在西門稍北處。順義門北距安福門 860 餘公尺，門址被今城門及馬路所壓，其形制未探清，與皇城西面的東西大街直對。（宋肅懿攝）

⁘⁘⁘⁘⁘⁘⁘⁘⁘⁘

[6]馬得志：〈唐長安城發現新收穫〉，《考古》，1987 年，第 4 期，頁 334："東門道現保存有五代及宋代的路土堆積層，高出唐代門道 0.8 公尺。在宋代路土中出有"天聖元寶"和"崇寧通寶"錢數枚及宋代瓷片等。宋以後，東門道也被填築夯土封閉，含光門也隨即被廢而消失。"

西安城西牆，這1段在原為唐皇城的西牆的基址上重建而成。宋·李好文
著：《長安志圖》載："唐天祐元年(904)3月匡國節度使韓建，去宮城，
又去外郭城，重修子城（即皇城），南閉朱雀門，又閉延喜、安福門，北
開玄武門，是為新城。"面積只是原長安外郭城的1/16，連長安、咸寧兩
縣的衙署也被分別留在城外東、西兩側。宋、金和元朝的京兆府、安西路
或奉元路都以這座新城為治所。明洪武中都督濮英，在韓建所築新城的基
礎上大加修造，又把宋、元長安城牆分別向東、向北擴展了各約1/4，其
後又把北門向東遷移，使之與南門正相對。鐘樓從迎祥觀舊址遷建到現在
的地方，即在東、西、南、北四條大街之交會點，又於北院門大街建鼓
樓，成為今日的西安城。西安現在的城牆周長 11.9 公里，城高（包括垛
牆）12、底寬18、頂寬15公尺。平面呈長方形，輪廓整齊，四門城樓高
聳。

皇城東牆2門，北為延喜門，南為景風門：

景風門　東牆之南門，龍首渠支流經其附近之崇仁坊流入皇城。遺址在今西安城內東大街炭市街口附近。

延喜門　東牆之北門，為皇城與宮城之間橫街的東側出口，其東可直通外郭之通化門，漕渠由城西向東流經景風門、延喜門之門入苑⑦。

延喜門門上有樓觀，門下3門道。門址約在今西安城內陝西省人民政府大院東北隅處。此門至太極宮永春門之間，在唐德宗貞元4年(788)，築有夾城複道⑧。

延喜門由於北臨宮城，皇帝常在此門樓舉行宮外會見活動及臨街觀燈之處。

各門開啟時間為早上5更，關閉時間為黃昏⑨。

(二)皇城內街道與中央衙署的佈局

皇城之內南北向的街道有5街，東西向有7街，各街皆廣100步⑩，惟橫街廣300步。橫街：在宮城與皇城之間，即皇城第1條東西大街，是皇城中最寬廣的街道。橫街正中北有承天門，門外有東西朝堂。

實際測量橫街遺址殘存寬220公尺，是長安城最寬的街道，顯然文獻上記為300步（約合441公尺）並不正確。它不僅是1條寬廣的大街，而且成為皇城與宮城之間的一個廣場，面積約6公頃，門外也建有朝堂。當宮城正南門承天門舉行外朝國家大典時，此廣場正可配合典禮，排列儀仗、序立千官貴宦。尤在元正、冬至，皇帝就在這個宮廷廣場"陳樂、設宴會、赦宥罪"以表示"除舊佈新"。此外，在外國使節者和賓客前來長安的時候，皇帝也要到承天門聽政。

南北向的街只探得安上門街，街寬94公尺，兩側水溝各寬3公尺許，深2公尺⑪。

皇城以承天門街作為皇城的中軸線。在其左右對稱設置各衙署於縱橫街交叉如坊里之地段中。其佈局亦按《周禮・考工記》：左宗廟、右社稷的古訓。再將百僚廨署列於其間，共計有"省六、寺九、台一、監四、衛十有八，東宮官屬凡府一、坊三、寺三、率府十⑫。"

各官署之遺跡因大部分都在現在西安市現有的建築物的下面，因此難以勘察。

⑦《唐兩京城坊考》，卷4，〈漕渠〉。
⑧《冊府元龜》，卷14。
⑨《唐會要》，卷25。
⑩宋・趙彥衛：《雲麓漫鈔》，卷8。
⑪同註③。
⑫《唐兩京城坊考》卷1。

明西安城牆剖面圖，內以夯土版築，外部加砌磚。

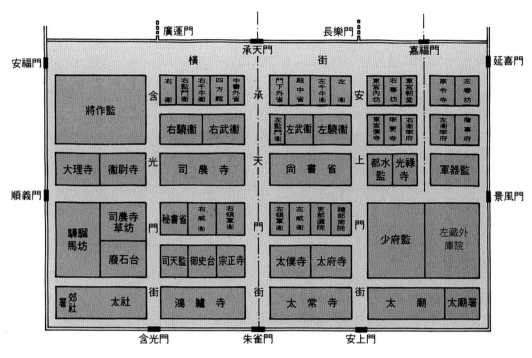

唐長安皇城圖。圖引自鄒宗緒主編：《千年古都西安》，台北，遠流出版公司，1987年。註：此圖乃據清‧徐松：《唐兩京城坊考‧西京皇城圖》著色。

二、長安的苑囿

　　隋唐皇帝受前代帝王“春蒐秋獮”遺風，需要闢建很大的園囿，以便在園林裡面打獵、消暑、娛樂，因而園林範圍很大，包括許多天然山川、樹木，取百獸充實其中；當然也利用這廣闊的土地種植果蔬，養殖禽魚，甚至開設作坊。狩獵、生產、遊賞乃至求仙，是皇家苑園建造的主要目的[13]。

　　隋唐長安的皇家苑囿有3處，都在都城之北，即禁苑、西內苑和東內苑，合稱三苑，是皇族的園林行獵、遊憩之地。

(一)禁苑

　　禁苑為隋之大興苑，位於長安城之北。其範圍為：東至滻水，西包漢長安城，北枕渭水，南接都城[14]。實勘為東西13.5公里，南北15.5公里[15]，規模極大。

　　禁苑在唐三苑中雖然規模最大，但是，比較漢代上林苑卻要小的多。漢上林苑的範圍，東至藍田，西至盩屋（周至）、鄠（戶）兩縣，南至秦嶺以北，北至渭河以南。隋唐苑囿地區的相對縮小，不僅在於防禦上更加有效，

[13] 葛承雍：《華夏文化的豐碑－唐都建築風貌》，頁80。
[14] 《唐兩京城坊考》，卷1。
[15] 《文物考古工作三十年》，頁132，北京，文物出版社，1979年。

唐・周昉繪：《揮扇仕女圖卷》，縱 33.7
公分，橫 204.8 公分，絹本，設色，畫面
描繪宮廷貴族婦女，夏日納涼、觀繡、理
妝等生活情景。北京，故宮博物院藏。

馬毬圖。毬場上的馬毬（打毬）章懷太子墓壁畫。提供了唐代皇室貴族打馬毬的形象資料。

而且也是都城附近農田經濟發展的必然要求[16]。

苑中四邊有監（東監、西監、長樂監、舊宅監），設苑總監領之，隸司農寺。

禁苑是京畿地區皇家的主要風景園林區與行獵區。苑中澗壑起伏，坡原相連，池潭碧波，水天一色，林木茂盛，樓閣掩映。苑內宮亭 24 所，較重要者有：南、北望春宮、毬場亭子、九曲宮、魚藻宮、咸宜宮、未央宮、放鴨亭、柳園亭、臨渭亭、蠶壇亭、流杯亭、梨園、桃園、櫻桃園、葡萄園、含光殿、驪德殿、白華殿、會昌殿……等[17]。

禁苑之內有許多珍禽異獸、奇花名卉，所謂"禽獸、蔬果，莫不毓焉，若祠禴蒸嘗四時之薦，蠻夷戎狄九賓之享，則蒐狩以為儲供焉[18]。"

(二)西內苑

西內苑在西內（太極宮）之北，亦稱北苑。外垣東門為日營門，西為月營門，北為重玄門（曰魚糧門），南門即宮城之定武門。主要宮殿為觀德殿、永慶殿、大安宮、拾翠殿與看花殿（二殿在櫻桃園）、永安殿、寶慶殿等[19]。

西內苑以山莊別苑為主要形式。特別是在櫻桃園裡建有拾翠殿、看花殿，園外則有祥雲樓、歌武殿、翠華殿等，加上冰井台，一派皇家田園風韻。

西內苑中的含光殿附近還建有馬毬場，是帝王與百僚們在苑中騎馬擊毬娛樂之處。1956年，在含光殿旁的遺址中發掘出方形石誌一塊，長、寬各53.5公分，上刻"含光殿及毬場等，大唐大和辛亥歲乙未月建"。即唐文宗太和5 年(831)11 月所建[20]。

(三)東內苑

東內苑在東內大明宮之東南隅，其南即延政門，北即左銀台門，東為太和門。龍首池（引龍首渠水）在苑中風景園林的中心，主要宮殿環於池的四

[16] 張永祿：《唐都長安》，頁 110。
[17] 同註[14]。
[18] 《唐六典》，卷 7。
[19] 《唐兩京城坊考》，卷 1。
[20] 《中國田野考古報告集・唐長安大明宮》，頁 51-55。

周，如龍首殿、承暉殿、看樂殿、靈符應聖院（在池東）、三坊（小兒坊、內教坊、御馬坊）。

東內苑以湖光水色為主要形式。在三苑中面積最小，呈南北較長的縱長方形。僅南北二里，東西盡一坊之地。

《雍錄》卷9云：「凡此三苑也者，地廣而居要，故唐世平定內外禍難，多於苑中用兵也。太宗武德6月4日之變，建成、元吉皆死苑中，而高祖泛舟海池未及知也。中宗之誅二張，玄宗之平韋氏則皆自玄武門，資禁軍為用。而玄宗幸蜀則自苑西之延秋門以出；德宗幸奉天則又出苑之北門也」。

四曲江南苑（芙蓉園）

三苑之外，長安城東南還有1處唐南苑，即曲江池南岸的芙蓉園。《長安志》云：「在曲江之西南，舊名曲江園，隋文帝改為芙蓉園，即秦之宜春苑之地，乃唐之南苑也。」《通鑑》：「貞觀7年(633)12月，上幸芙蓉園……〈注引景龍文館記曰〉：青林重複，綠水瀰漫，帝城勝景也[21]。」

到唐玄宗開元時期又大規模擴大池區，沿池營修樓宇亭台。

由於芙蓉園是皇家的御園，外圍環築苑牆，以與曲江池公共遊覽區分隔。沒有皇帝特旨許可，大臣們是不能入內的。唐代詩人李紳在題為〈憶春日曲江宴後許至芙蓉園〉一詩中寫道：「春風上苑開桃李，詔許看花入御園。」

開元20年(732)，唐玄宗為隨時來此遊賞而不為外人所知，沿東郭城壁專修了從興慶宮通往芙蓉園的夾城，並與早先興築從大明宮到興慶宮間之夾城銜接。新建夾城南端城門名新開門，故址在今西安南郊新開門村[22]。

杜牧有詩詠「六飛南幸芙蓉苑，十里飄香入夾城」，王維也描繪大明宮至興慶宮閣道情景為：「鑾輿迴出千門柳，閣道回看上苑花，雲裡帝城雙鳳闕，雨中春樹萬人家，為乘陽氣行時令，不是宸游玩物華[23]。」

曲江池芙蓉園經安史之亂後，遭到嚴重破壞，沿岸的宮殿、樓閣、亭台、水榭大多焚毀，渠道乾涸，雜草叢生，景色荒涼。

文宗時因曲江宮殿十廢之九，乃發左右神策三千人淘曲江，修紫雲樓、綵霞亭，左軍仇士良以百戲迎之，帝御日華門觀之。仍敕諸司，如有創亭館者，官給與閑地，任修造。又引黃渠水以漲之[24]。

曲江芙蓉園遺址平面近長方形，面積約 1,441,600 平方公尺，曲江池在園西部，現已無水，其遺跡南北長約 1,400 公尺，東西最寬處約 600 公尺，面積約 70 萬平方公尺[25]。

[21]《通鑑》，卷194，唐紀10，貞觀7年，胡三省注。
[22]張永祿：《唐都長安》，頁179；宋肅懿：《唐代長安之研究》，頁98。
[23]王維：〈奉和聖製從蓬萊向興慶閣道中留春雨中春望之作應制〉，收入《唐詩三百首》。
[24]元‧駱天驤：《類編長安志》，卷3。
[25]宿白：〈隋唐長安城與洛陽城〉，《考古》，1978年第6期。

曲江池芙蓉園遺址，1988年8月景況。

繾綣皇朝璀璨
西安大唐芙蓉園

唐・張萱：《虢國夫人遊春圖卷》，縱 51.8 公分，橫 140.8 公分，絹本，設色，宋徽宗趙佶摹本。描繪唐楊貴妃的姊姊虢國夫人乘宮馬春遊的情形。遼寧省博物館藏。

李永傑攝，引自香港中國旅行社廣告，香港《中國旅遊》雜誌，中文版，2006 年 5 月號。

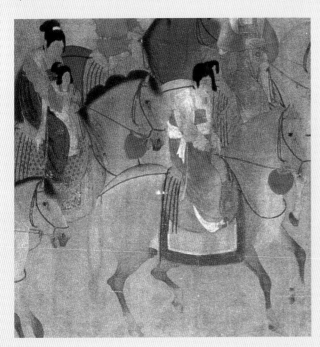

虢國夫人局部

大唐芙蓉園已於 2005 年 4 月 11 日盛大開園

大唐芙蓉園位於西安市曲江新區，佔地 1,000 畝，其中水面 300 畝，總投資 13 億元，是西北地區最大的文化主題公園，建於原唐代芙蓉園遺址以北，是中國第一個全方位展示盛唐風貌的大型皇家園林式文化主題公園。包括紫雲樓、仕女館、御宴宮、芳林苑、鳳鳴九天劇院、杏園、陸羽茶社、唐市、曲江流飲等眾多景點。大唐芙蓉園創下多項紀錄，有全球最大的水景表演，是首個"五感"（即視覺、聽覺、嗅覺、觸覺、味覺）主題公園；擁有全球最大戶外香化工程；是全國最大的仿唐皇家建築群，集中國園林及建築藝術之大成。

總體規劃及建築設計由中國工程院院士、著名建築設計大師張錦秋承擔，園林設計由世界級大師日本的秋田寬承擔[26]。

第二節　北京皇城與苑囿的建置

一、明、清皇城的建置

(一)明皇城

明皇城位於北京內城中部，是在元大都蕭牆舊址上改建的，其南、北、東三邊城牆較舊址稍有開拓。南城牆在今東、西長安街北側，北城牆在今地安門東、西大街南側，東城牆在今東黃城根，西城牆在今西黃城根。設 4 門，南為承天門，北為北安門，東為東安門，西為西安門。皇城周圍 18 里（東西 2.5 公里，南北 2.75 公里），但地缺西南一角。皇城內包括全部的紫禁城，及紫禁城外的一些建築[27]。

皇城城牆遠不如大城城牆與紫禁城城牆，寬度底厚 2 公尺，頂厚 1.73 公尺，高度約 6 公尺，周長 9,000 多公尺，城牆上有瓦頂，大概沒人在上行走。

承天門內經端門至午門，其間距離遠過前代。因此在午門前中軸御道的左右兩側，新建了太廟和社稷壇，結果既保持了"左祖"、"右社"的傳統規則，又加強了與宮城之間的空間聯繫，還收到了平面佈局上更為突出的藝術效果。承天門前有外金水橋和宮廷廣場，東、西、南三邊繞以紅牆。廣場東西兩側分別築長安左門和長安右門，正南一面築大明門，大明門內東、西紅牆內側各有連檐通脊的千步廊，外側則是直接為朝廷服務的中央衙署所在地。

宮城之北，在元朝後宮延春閣故址上堆築土山，高 46.67 公尺，命名為萬

---

[26] http://www.xtour.cn/2005-4/200541394203.htm

[27] 按明皇城範圍即清皇城範圍。大明門為皇城的外門，參看明‧劉若愚：《酌中志》，卷 17，〈大內規制紀略〉，台北，偉文圖書公司，1976 年。

歲山。山上五峰並峙,主峰恰當全城中軸線上。因此,萬歲山不僅作為全城的制高點。標幟著明北京城內的幾何中心,而且還有壓勝前朝的用意,故亦稱"鎮山"。登臨山巔,足以俯瞰全城。萬歲山後有壽皇殿等建築。

北海五龍亭,明代始建。

宮城之西為西苑,相沿為皇城內宮苑區。瓊華島和瀛洲依舊峙立太液池中,瀛洲島上新建承光殿。昔日島上有木橋,連接太液池東西兩岸,明代廢東橋,填為平地,又改西橋為石橋,曰金鰲玉蝀橋。明代又在太液池南端開拓湖面,是謂"南海",而金鰲玉蝀橋南北湖面別稱"中海"與"北海",是謂"三海"。太液池北岸有嘉樂殿、五龍亭、雷霆洪應殿等;西岸有玉熙宮、紫光閣,壽明殿;東岸有崇智殿、蕉園、船屋等;南部有昭和殿、趯台坡等。湖光山色,殿堂亭閣,與古木繁花交織成一幅優美的園林畫卷。

西苑以西的皇城西南部,即元代隆福宮故址一帶,有萬壽宮、大光明殿、兔兒山、旋坡台等。皇城西北部,即元代興聖宮故址一帶,有清馥殿及內府諸庫。

皇城東南部又有小南城,為一處獨立的宮殿群(東苑),主要建築有重華宮、崇質殿等。旁有玉芝宮,其西南隅是皇史宬,即珍藏皇室史冊的檔案庫,即所謂"金匱石室",明清時,曾存放過皇室的聖訓、實錄、玉牒等,明代的《永樂大典》,也曾藏在這裡。皇城東北部、西北部以及宮城東西兩側,多是內官衙署,如各種監、局、廳、作、房、庫等,直接為皇室服務,亦是官辦手工業的集中地區[28]。

(二)清皇城

清皇城沿用明皇城,仍設 4 門,只南門改名天安門,北門改名地安門,餘 2 門仍舊。天安門外廣場及長安左門、長安右門亦如舊,惟大明門改稱大清門。乾隆 19 年(1754)把長安左、右門外的一段街道增築紅色的圍牆,作為廣場兩側的延伸部分。天安門內由端門至午門以及太廟與社稷壇,俱仍舊制。

地安門內明代萬歲山改名景山,俗稱煤山。

皇城東南隅明代小南城(南內)重華宮,康熙時改建為嗎哈噶喇廟。附近之明建皇史宬,保留如舊。

皇城西苑內若干宮殿,如玉熙宮等,或廢除,或改建,變化頗大。容後在北海及中南海敘述。

---

[28]侯仁之主編:《北京歷史地圖集》,〈明皇城-天啟-崇禎年間〉,頁 34-1。

　　與明代不同，清皇城東安、西安、地安 3 門內均允許居民遷住。前前明內官各衙署所在地，大都轉變為居民胡同，如內官監胡同，織染局胡同、酒醋局胡同、惜薪司胡同等。

　　皇城內水系較明朝無甚改變。太液池別稱“三海”始於明朝，至清始漸流行。

(三)皇城城門

　　1.皇城的外門－大清門　明代之大明門，民國元年改名中華門，始建於明永樂 15 年(1417)。門 3 闕，飛檐翼空，下繞石欄，廣數百步，前為天街（又稱棋盤街或吉街），左右列石獅 1，下馬石牌各 1，門內有千步廊，東西向者各 110 間，又左右折而北向者各 34 間，廊皆聯檐通脊，其外東為戶部米倉，西為工部木倉。明清兩代大清門只准進喜，不准出喪，明清兩代皇帝只有在娶皇后時，大紅喜轎才准經過此門進宮，稱為“進喜”，其他如納妾也是喜事，亦不能經此門，只能彩車由神武門進宮。至於殯葬，即便是皇帝與皇后也一概不准從此門進出。清代大清門暨長安左右門以內，均為禁地，人民不得往來，民國以來始開放[29]。中華門及長安左右門今已拆除。

　　2.天安門　大清門內東西長安門之中，明朝時稱為承天門，是紫禁城正門。清代時是皇城的正門。建於明永樂 15 年(1417)，明英宗天順元年(1457)被燒燬，憲宗成化元年(1465)，工部尚書白圭主持修復，城樓東西寬 5 間，南北深 3 間。明末又被燬，清順治 8 年(1651)改建後，更名天安門，城樓東西寬 9 間，南北深 5 間，是 2 層檐，門洞有 5 個稱為“五闕”，上面蓋著黃色琉璃瓦，簷下丹楹藻繪，有彤扉 36，城牆是紅色，總高 33.7 公尺，富麗莊嚴。門前有外金水河環繞。

　　明代每年霜降後，吏部等在門前“朝審”刑部重囚[30]，復審定案，犯人被帶入長安右門，就等於投身虎口，很難再有活命的可能。因此當時的人，又把長安右門叫做“虎門”。

　　科舉時代，保和殿考試完畢後，凡是考取“進士”的，都要在殿上傳呼姓名，然後把姓名寫在“黃榜”上，捧出午門，放進“龍亭”，用鼓樂引導，經天安門轉出長安左門，張掛在臨時搭起的“龍門”裡，由名列榜首的“狀元”看榜，隨即由順天府尹給狀元插金花，被紅綢，迎接到府衙裡飲宴祝賀，此叫“金殿傳臚”。因之，當時的人將長安左門，稱為“龍門”。

　　明清之際，在天安門以南，設置有禮部、吏部、工部、刑部等中央官署。清代凡國家大慶，覃恩宣詔書於門樓上，禮畢後，由垛口正中，承以朵雲，設金鳳，口銜而下落在雲盤裡，稱為“金鳳頒詔”、“朵雲接詔”，然後詔書放進“龍亭”，送到禮部再用黃紙印刷頒行全國。門外有華表柱 2，外金水橋環之。門內亦華表柱 2。東西兩廡各 26 間。東廡之中為太廟門，西廡之中

[29] 見陳宗蕃：《燕都叢考》，頁 42，台北，進學書局，1969 年。
[30] 明‧劉若愚：《明宮史》，卷 17，〈大內規制紀略〉。

天安門。始建於明永樂 15 年（1417 年），為傑出的建築師蒯祥設計的。城門五闕，紅色墩台高十多公尺，台上重樓九楹，立於兩千多平方公尺的須彌基座上，繪有中國傳統的金龍和璽與紅草和璽彩畫。

天安門為皇帝頒詔，冬至到天壇祭天，夏至到地壇祭地，孟春祈穀到先農壇耕耤田，以及大婚、親征等典禮儀式進行或經過的地方。

1949 年 10 月 1 日，毛澤東主席在天安門城樓宣告：中華人民共和國中央人民政府成立。天安門暨廣場是中華人民共和國的象徵。

為社稷壇門，內各五楹，東西向，兩廡之北正中南向者為端門。

  3.天安門的重門－端門　在天安門北 200 公尺處。制與天安門同。原建於明永樂 15 年(1417)。康熙 6 年(1667)重建，清代為紫禁城之前門。通道左有嘉量亭，右有日景晷度[31]。

  4.長安左門，在東長安街。

  5.長安右門，在西長安街。

  6.東安門（皇城東門）。2001 年在東皇城根遺址建立公園，發掘出東安門遺址，並復建了一小段皇城牆，目前可以供遊人參觀和休憩。公園共分 7 個節點處，東安門、五四路口、四合院、中法大學、南端點、北端點等節點，內建有“金石圖”、“時尚”、“對弈”、“翻開歷史的一頁”等雕塑。五四路口地下通道設浮雕 11 塊，描述了東城區內的重要景點；在東安門節點處

[31] 同註 [29]。

明清北京端門斗栱、彩畫。端門制與天安門同，為紫禁城的前門。

明皇城東安門遺址

是東安門遺址的展示場所，有兩個下沉廣場組成，總面積1,402平方公尺[32]。

7.西安門（皇城西門）

8.北安門（皇城北門），俗呼厚載門，又稱後門，順治9年(1652)改名地安門。

皇城內禁城前的太廟及社稷壇，將於第十章隋唐、明清壇廟的比較內述及。

二、北京的苑囿

(一)北海

遠在公元10世紀，遼代就在這裡建瑤嶼行宮，金代先後在這裡建瓊華島、瑤光殿、廣寒殿，挖海堆團城和環海小山，又從宋京開封運來大批艮嶽廢址中的太湖石，在島上堆疊假山，把這裡變成一座離宮，稱作大寧宮。元代3次擴修瓊華島，並以此為中心建大都城（在原金中都廢墟的東北），成為今天北京內城的基礎。明代在這裡也有多次修建。

明萬曆7年(1579)，瓊華島上的廣寒殿倒塌，清順8年(1651)在廣寒殿廢址上建了藏式白塔，塔前建白塔寺（即今永安寺）。乾隆年間，在這裡連續施工30年，建了許多亭、台、殿、閣，在佈局上更加緊湊。其中的萬佛樓是清乾隆慶賀他母親80壽辰而建築的。

由北海南門入園，過"堆雲積翠"橋，迎面就是瓊島。瓊島是全園的中心，島上建築精美，佈局緊湊多變。南面以永安寺為主，主要殿宇有法輪殿、正覺殿、普安殿以及配殿、廊殿、鐘鼓樓等。自下而上，高低錯落。由此拾級而上，就到達島上的高峰，人們登上白塔，可眺望北京風光。瓊島的西面是悅心殿、慶霄樓、琳光殿和存放歷代書法石刻的閱古樓。瓊島東坡建築物不多，但古樹參天，"燕京八景"之一的"瓊島春蔭"，就是這裡。沿著乾隆親筆書寫的"瓊島春蔭"碑旁的小路直通迂迴曲折的看畫廊，眼前景色猶如幅幅山水畫。廊外有太湖石堆砌的幽洞石室，層層變幻，別有洞天。瓊島

[32]http://news.163.com/41220/4/1825DBPF00011247.html

北京北海堆雲積翠橋、積翠牌樓、瓊華島與喇嘛白塔。

北海九龍壁。九龍壁為大西天經廠前面的影壁牆，建於清乾隆 21 年(1756)，高 6.5 公尺，厚 1.2 公尺，長 27 公尺。全壁用黃、白、紫、綠、赭、藍琉璃磚瓦鑲砌而成，壁的兩面各有 9 條蟠龍和海水江崖，蟠龍飛騰戲珠於驚濤駭浪之中，姿態各異，栩栩如生。壁的東端嵌有山石、海水、流雲、日出等圖案，西端嵌有海水、流雲及明月圖案。

北海大西天的大慈真如寶殿，始建於明代。

北海小西天極樂世界殿前牌樓

北海小西天極樂世界殿──為乾隆帝為孝聖皇太后祈福所專建，為北海最華麗的一組建築，也是中國最大的方亭式建築，大殿建築面積為 1,652.5 平方公尺，亭高接近 28 公尺。

北海團城承光殿

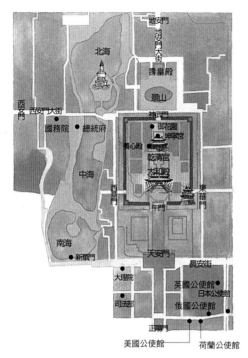

民國初年的皇城周邊（地圖引自《週刊地球旅行⑷北京‧紫禁城と萬里長城》東京，講談社，1998）

北面的山腳下，沿湖邊以漪瀾堂為中心的1排雙層60間臨水遊廊，依山帶水，景色壯觀。

北海沿岸的環湖小山，也頗有特色，幽靜別緻的濠濮間，清恬幽靜的畫舫齋，小巧玲瓏的鏡心齋，佈置精巧，自成體系，形成園中之園。

澂觀堂的東北，有著名的九龍壁，兩面各有蟠龍9條，戲珠於波濤雲海之中，色彩明快，造型生動。九龍壁高6.5公尺，厚1.2公尺，長27公尺，建於清乾隆年間。澂觀堂前面的鐵影壁，是元代的文物。

小西天，後有萬佛樓，原有1萬個佛窟，1900年八國聯軍盜此1萬個金佛。

由堆雲積翠橋往南走，可登上團城。團城是一座5公尺高的圓形城台。台上四周砌有城堞垛口，面積約4,500平方公尺。城台上是1座秀麗別緻的庭園，有古樹、殿亭和廊廡。團城上主要建築承光殿，為重簷歇山正方形大殿，四方各推出單簷捲棚式抱廈1間，構成了一個富有變幻的十字形平面。

團城庭院中央有座藍頂白柱的玉甕亭，亭內存放的玉甕，元至元2年(1265)曾放在廣寒殿裡，稱為“瀆山大玉海”，是元世祖忽必烈大宴群臣盛酒用的玉甕。

團城原來是個小島，和瓊華島遙遙相對。元代在這裡建儀天殿，重簷圓頂，和現在天壇的祈年殿相似。明代改名承光殿，清乾隆11年(1746)改建成今天這種式樣。

(二)中南海

中南海位於紫禁城西側。中海、南海和北海，舊稱三海。中南海是中海和南海，原名西苑。經金、元、明、清三朝不斷擴建，成為皇室的宮苑和遊宴場所。三海現存建築大多是清代所建，只有少量建於明代。1911年辛亥革命以後，曾在中南海設立過“總統府”和“大元帥府”等辦事機構；1949年以後，中共中央和中華人民共和國國務院在這裡辦公。

中南海內主要勝景有：

瀛台　是南海中一個圓島，三面環水，北面有橋與對岸相通。明朝時在島上建造宮室，清順治年間，作了擴建，康熙、乾隆時再擴建成現在的規模。島上花木掩映，樓閣錯落，遠望如神話中的蓬萊仙境，清乾隆稱之為“海上蓬萊”。

過橋登上40多級台階，眼前是雕樑畫棟的翔鸞閣，為瀛台的正門。閣兩側各有19間抱樓，和東西樓相連。經跨院，入涵元門，迎面便是島上的正殿

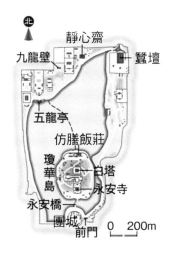

北海略圖。圖引自《週刊中國悠遊紀行24頤和園と北京名園》東京，小學館，2005年。

瀆山大玉海，直徑1.5公尺，高0.65公尺。

涵元殿。清代，帝后多在此飲宴。1898年戊戌維新失敗後，光緒皇帝曾被囚在此殿，1908年死於此處。

豐澤園　位於南海北岸。園內主體建築為頤年堂，後面還有澄懷堂，建於清康熙年間。清朝時，這裡是皇帝演習耕地或儒臣為皇帝講學的地方。

流水音　位於南海北岸，是建於水中的一座方亭。亭內石板地面上，刻有九曲水槽，這是仿晉代王羲之等人蘭亭修禊的故事，建"曲水流觴"，作為飲酒賦詩的地方。清康熙題了"流水音"匾額，過去亭後的假山上，有人造的瀑布流泉，並引水入亭。

懷仁堂　在中海西岸，是一座宮殿式建築，建於清光緒13年(1887)，原名儀鸞殿，1900年被八國聯軍所焚毀，重修後改名為懷仁堂。

紫光閣　在中海西北岸，建於明正德年間(1506-1521)。明、清時，此閣是皇帝閱射處。清康熙、乾隆，每年秋天，都在這裡檢閱騎射。

水雲榭　是一座水上涼亭，建於中海東部水中。站在亭內觀景，四周湖光闊影，水雲相映，風景絕佳。金代時"太液晴波"為燕京八景之一，清乾隆時，改為"太液秋風"，並刻碑置於亭內[33]。

(三)大高玄殿

為明清兩代的皇室道廟，在神武門西北，座北朝南，前臨筒子河。建於明嘉靖21年(1542)。總面積約13,000平方公尺，成南北向長方形，正面有兩重綠琉璃仿木結構券洞式3座門，門後為過廳式的大高玄門。大高玄門前有

[33] 清・鄂爾泰、張廷玉等：《國朝宮史》，卷14，〈宮殿〉四，西苑上，北京古籍出版社，1987年。另見清・高士奇：《金鰲退食筆記》，卷上。北京古籍出版社，1980年。另見北京旅遊出版社編：《北京旅遊手冊》〈中南海、北海和團城〉，頁21-23及30-34，北京旅遊出版社，1986年。

旗杆（現僅存石座），後有鐘鼓樓。大高玄殿為正殿，面闊 7 間，重檐黃琉璃筒瓦廡殿頂，前有月台，左右配殿各 5 間；後殿名"九天應元雷壇"，面闊 5 間，兩旁配殿各 9 間。

(四)景山

是明清北京城的最高點，山高 43 公尺。方圓 240 多畝。金朝大定年間(1161-1189)在此附近開鑿西華潭（今北海），曾在此堆過一些土，元世祖忽必烈於此開闢"後苑"。

明永樂年間重建北京城，曾先後將沈渣土和挖筒子河（紫禁城的護城河）的泥土運卸在"青山"上，又叫萬歲山。明末，李自成攻陷北京，崇禎皇帝在此小山的東麓自縊。

清順治 12 年(1655)改名景山，景山後的壽皇殿，制仿太廟，殿裡又尊藏清朝各帝的遺像，與觀德殿是大行皇帝停靈的地方，到奉安時才移往山陵。

山上 5 峰並列，乾隆 15 年（一說 16 年），5 峰頂上各建 1 亭，中峰 1 亭名萬春，適當全城中軸線上，形制很大；其左為觀妙、周賞，右為輯芳、富覽，東西 4 亭，兩相對稱[34]。

故宮西北角樓、護城河、守衛圍房、大高玄殿牌坊與景山。

[34]《國朝宮史》，卷 14，〈宮殿〉4，景山。

景山綺望樓（近）與萬春亭（遠）

景山萬春亭近景。萬春亭適當全大城中軸線的中心點，形制很大。

第三節　比較

一、皇城的組成

　　皇城乃隋代的創制。自兩漢以後，都城並有人家，在宮闕之間，隋文帝以為不便於事。於是皇城之內，惟列府寺，不使雜居，公私有辨。

　　但是這項創制並未被北宋所沿襲。北宋汴京沒有皇城制度[35]。南宋杭州有皇城，但因只是"行在"，其皇城制度與隋唐明清不同，宮城位置也與隋唐、明清迥然有異。

　　明清的皇城在功能方面，不同於隋唐的皇城，元明清皇城內的官署都是內官署，京堂衙署則在皇城外（皇城之南）；隋唐皇城內惟列府寺與宗廟大社，明清皇城內除內官署外還有東苑、煤山、三海（明武宗時代的豹房，也在北海西北[36]）、太廟、社稷壇。

　　在明代稱謂的"東苑"，位於紫禁城的東南而得名。那時苑內還有重華宮、宜春宮、洪慶宮、崇質宮等建築，是帝王遊幸的場所，"南內"。（按"東苑"，清代廢棄）。

　　隋唐皇城與宮城並不是城套城，而且，隋唐宮與苑同在宮城之內，而明清則宮與苑分開而立。明清皇城制度起源於元代，元代為將大都城內的園林區設計入帝居，因此將宮城設計在皇城東南，御苑設計在皇城西部，這種制度為明清北京所承襲。明清之宮與苑嚴格地分開，以紫禁城為例，城內並無湖泊，而唐三內皆有湖泊，均可泛舟，紫禁城內並無較特別的皇帝后妃的休閒建築，要遊樂只好到西苑（三海），明清西苑亦像唐代長安大明宮紫宸殿後，築有太液池和三山，也有沿池迴廊。今北海瓊華島也有沿池迴廊－碧照樓，而北京三海即稱太液池。

　　隋唐時代，因宮苑不嚴格分開，因此除了大朝、常朝、燕朝較為嚴謹設計外，其餘，宮就是苑，苑即是宮，清代款宴功臣、掛功臣像在中海紫光閣，即西苑之內，而唐代太極宮藏功臣畫像的凌煙閣在內廷東部三清殿側。

二、宮廷廣場

　　在中國封建都城的規劃設計中，宮廷廣場已經以比較規整的形式，出現在隋唐長安城和洛陽城的宮城前方。其後在宋汴梁城和金中都城的宮城前方，也都佈置了宮廷廣場。不過在形式上又有了新發展，逐步從單純平行於宮城的橫街（如長安、洛陽）或是垂直於宮門的縱街（如汴梁），演變而為宮城正前方一個複合式的凸形廣場，並在廣場的左右兩側，增建了兩列千步廊。

[35] 孟元老：《東京夢華錄》及《宋東京考》；與河南師範大學地理系編：《古都開封》，頁 13-14，北京，中國旅遊出版社，1982 年。與林正秋、金敏：《南宋故都杭州》，頁 10-15，河南省中州書畫社，1984 年。

[36] 蓋傑民(James Geiss)：〈明武宗與豹房〉，《故宮博物院院刊》，1988 年 3 期。

北京天安門廣場。明清時代面積為 11 公頃，1952 年擴建為 44 公頃，為全世界最大的城市廣場。

天安門前的外金水河

廣場的形式儘管在不斷發展中，但是廣場的位置一直是處於宮城正門的前方，並無變化。其目的就是要通過一段開闊的空間，來顯示帝王宮闕的莊嚴與壯麗，從而給人以"九天閶闔"的感覺。同時也企圖借此以限制庶民百姓接近宮城，使宮城門禁也顯得更加森嚴。可是在元大都城的設計中，卻把宮廷廣場的位置，從傳統的宮城正門前方，遷移到皇城正門的前方來，這不能不說是一個極大的變化。追究其因有主觀及當時一些客觀條件的限制。在設計程序上首先是以太液池為中心來決定了宮城和隆福、興聖二宮的位置，然後再環繞太液池及其東西兩岸的宮殿興築皇城。因此宮城正門與皇城正門之間的距離就受到了限制。在這一情況下，與其把宮廷廣場按照舊傳統繼續佈置在宮城正門以外，還不如遷移到皇城正門之外更為適宜。而這一遷移的結果，又進一步加強了從大城正門到宮城正門之間在建築上的層次和序列，從而使宮闕的佈置更加突出，門禁也更加森嚴。元大都的宮廷廣場在位置上的這一變化，確實是突破了唐宋以來的舊傳統，開創了一個新格局[37]。這種格局為後來明清北京城所承襲－即今之天安門廣場，明清將京堂衙署，設計在宮廷廣場之南與隋唐同，但隋唐皇城本來就在宮城之南（但皇城的東西城牆為宮城東西城牆的延續），而北京是將宮城套進皇城。

三、苑囿與宮殿的區別

　　苑囿不是正式宮殿，建置上不受"都城論"的限制，正式宮殿的規制主次分明，過於呆板，而且範圍狹小，建築物密度大，建築樣式，幾千篇一律。

　　中國式的宮殿房屋代表一座人造對稱與整齊序列體系的封閉性樂土；宮殿與民居的大小和樣式是被國家法律嚴格規定的。它是根據中國社會結構，設計出來維持社會體系的產品。若干的房屋之翼、裝飾的程度、客廳的大小、建築物的高度，甚至於前門的大小，都是根據家長的身份等級，這等級乃是按照天子、親王、公爵，經大小官吏階層到普通市民。中國式的園林則象徵一座靈感、凹凸、曲線的經驗，遠離君主專制政治的嚴格控制下的社會，進入非常迷人、吸收自然的精髓，以創造富詩意的，奇妙的、崇高的大宇宙優雅暗示的構圖——大地、水、岩石、沙、樹、花和沼泥。也許住宅與園林是儒家與道家在哲學上從相似到不同的對比——一是十足的、抒情詩調的、階級制度的；另一則是充滿靈感的與新奇古怪的[38]。

　　唐代長安城北的三苑，範圍廣大，有點類似清代的熱河，或明清時代的南苑行宮，有足夠的面積給皇室春蒐或秋獮，因為唐的三內及明、清的紫禁城及皇城內，建築密度高，場地不夠大，無法容納亂跑的野生動物，所不同的是唐長安三苑與宮城、大明宮毗連，明清北京則設在都城之外，北京城牆是重要的防禦體系，必需單獨矗立，而隋唐長安郭城北牆有一部分與宮城北

[37]侯仁之：〈元大都城與明清北京城〉，《故宮博物院院刊》，1979 年第 3 期。
[38]謝敏聰譯：〈宇宙中心的象徵〉（取材自 *Great Buildings*, Salamander Books Ltd, London, 1980），《世界華學季刊》，第 3 卷第 1 期。

牆合用，北牆之外為禁苑，連成一體，但北京皇城係位於內城正中，皇城之內再有紫禁城，並不與大城城牆連接，因此明清較大的苑囿只好遠離城外。

長安與北京的皇城比較表

	長安皇城	北京皇城	備註
周長	9.2 公里	10.5 公里	
面積	約 5.2 平方公里	約 6.5 平方公里	北京皇城地缺西南角
高	10.3 公尺	約 6 公尺	
性質	防禦性城牆	隔絕性的圍牆	
內含	惟列府寺（另有宗廟、大社）	宮城、三海、景山、皇室作坊、內官署、太廟、社稷壇、西苑	北京的京堂衙署在皇城外
位置	郭城中央偏北，宮城之南	內城正中	
城門	7 座	4 座	
形狀	南北窄、東西寬的長方形	南北長、東西窄的長方形	
東西城牆	2,820.2 公尺	2,500 公尺	
南北城牆	1,843.6 公尺	2,750 公尺	
苑囿	無	有	
正門門道	可能開有 5 門道	5 門道	

　　總的來說：皇城制度始於隋唐，惟列府寺與太廟大社。宮城有自己附屬的苑區，規模大。到了元代為使宮與苑更嚴格區分，因此將宮分離，單獨成一城，但城外原為遼金離宮，因此再圈一城以為苑囿，稱為皇城，這種制度為明清所承襲。而元也將隋、唐宮城的宮廷廣場移到皇城前，這種制度亦為明、清所承襲，而明清再將京堂衙署集中置於宮廷廣場之南。形成明、清北京特別的建置。

　　三重城之制，始於北宋汴京，汴京有宮城、內城（舊城）、外城（新城），創建於後周世宗柴榮，由於終宋之世，北方的威脅沒有解除，所以北宋非常重視其都城的軍事作用。

　　元大都也是 3 重城（宮城、皇城、京城），但皇城的城牆，沒有軍事防禦作用，僅作阻隔平民與皇室的圍牆，明清承其制，而加修改。明嘉靖年間所加築的北京外城，在內城之南並未完全圍繞內城，因此無法構成嚴格的 4 重城。

　　唐狩獵性的禁苑與宮城及大明宮毗鄰，明清狩獵性禁苑則遠離北京（在南苑、熱河），因為宋以後的戰爭轉趨激烈，城牆外必需騰出空間作為軍事用途。

唐華清宮特輯

華清宮創於貞觀年間，背靠驪山，山下有溫泉，唐初諸帝曾多次出遊到此。華清宮在唐玄宗時達到鼎盛，玄宗幾乎在每年 10 月行幸，到歲末始返長安，從開元 2 年(714)到天寶 14 載(755)，唐玄宗遊幸華清宮 36 次，微行間出不計其數。唐代華清宮已無存，今建築為清代庚子之役，慈禧太后與光緒帝西狩西安所建，另有部分為 1990 年代所增建。

華清宮 1 景

唐代湯池遺址考古現場。華清宮素以溫泉著稱，水溫達攝氏 43°，1982 年春在今溫泉水源北 10 公尺處發現唐代溫泉遺址，有大浴池 1 座，此為 1988 年 8 月所攝。（宋肅懿攝）

清圓明園‧頤和園特輯

圓明園海晏堂遺址一角

圓明園遺址公園（部分）。圓明園（包括長春園、綺春園〔後改名萬春園〕）位於北京西北郊園林薈萃地區，佔地350公頃，為清朝雍正、乾隆、嘉慶、道光、咸豐5代皇帝在150年間營建的一座大型皇家園林，以中國式建築為主，輔以西洋式建築，有"萬園之園"的稱譽，1860年被英法聯軍劫掠後焚毀。

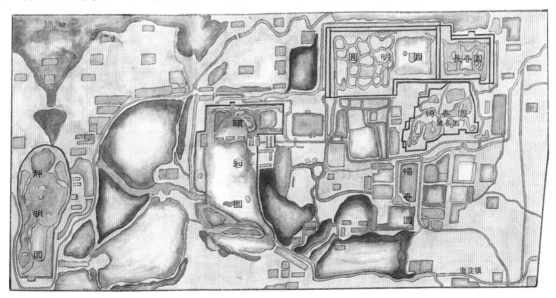

清代北京西郊的皇室五園，金勛繪，1924年。北京，學苑出版社重印。

頤和園在北京西直門西北，距城約12公里。元時稱為甕山。清乾隆15年(1750)，皇帝為慶祝孝聖皇太后60萬壽，此建大報恩延壽寺，改名萬壽山，並疏濬山前西湖，賜名昆明湖。

咸豐10年(1860)英法聯軍入京之際，與圓明園離宮，同遭焚掠，化為灰燼。光緒15年(1889)，慈禧太后為謀夏季駐蹕計，以擴張海軍之經費，力謀復舊，而重修成殿宇美輪美奐之離宮，命名頤和園，太后晚年之生涯，大部分在此渡過。

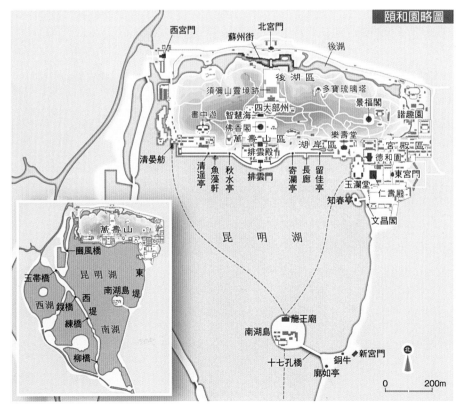

頤和園略圖。圖引自《週刊中國悠遊紀行 24 頤和園と北京名園》東京，小學館，2005年。

黃昏時的頤和園 1 景

佛香閣。8 面 3 層，高 36.48 公尺，
為乾隆帝仿杭州六和塔建造。

頤和園仁壽殿內寶座。仁壽殿為頤和園前身清漪園時代的勤政殿。仁壽殿為皇帝處理政務之地，1902 年以降，西太后與光緒帝在此接見外國使節。

頤和園萬壽山排雲殿

由佛香閣看排雲殿一區及昆明湖。

頤和園長廊彩畫

頤和園長廊，長 728 公尺，連接前山的主要建築。

諧趣園為萬壽山之東部的 1 角，仿自無錫寄暢園的園中之園，1751 年乾隆帝南巡寄暢園後於園內仿建，園內的建築群為 1892 年再建，為慈禧垂釣觀魚之所。

頤和園仁壽殿前的銅麒麟。麒麟的頭為龍，身體為蛇，角為鹿，蹄為牛的瑞獸，為 1937 年由圓明園遺址移來。

昆明湖前的牌樓細部，正面額為雲輝玉宇，背面為星拱瑤樞。

頤和園德和園大戲樓，為高 21 公尺，3 層的京劇戲樓。

頤和園清晏舫。
為西太后的大理
石船，船長36公
尺，由巨石雕砌
而成。

頤和園萬壽山後的香岩宗印之閣等四大部洲寺廟群

頤和園蘇州街原稱買賣街，是頤和園前身清漪園中的一個景區。建於清乾隆年間，1860 年被英法聯軍燒毀。慈禧建頤和園時未予修復。遺址經百餘年風侵雨蝕，雜樹叢生。1980 年復建，5 年竣工。

列肆於宮苑，是中國皇家園林的傳統內容，稱為"宮市"，唐長安亦有"宮市"。蘇州街和它上方規模宏大的四大部洲寺廟群形成了"以廟帶市"的民間商業模式。這裡的廟是西藏的廟，市是江南水鄉的街。這種高原風貌和水鄉情趣相融合的園林景觀，在造園藝術中具有無可比擬的價值；同時，也是中國古代"宮市"的唯一孤本。

第十章
莊嚴肅穆的禮制建築

第一節　長安的壇廟

一、壇

《禮記・祭法》說："燔柴於泰壇，祭天也；瘞埋於泰折，祭地也；用騂犢。埋少牢於泰昭，祭時也；相近於坎壇，祭寒暑也；王宮，祭日也；夜明，祭月也；幽宗，祭星也；雩宗，祭水旱也；四坎壇，祭四方也。山林川谷丘陵，能出雲為風雨，見怪物，皆曰神。"所有神物都是歷代帝王祭祀的對象。據《舊唐書・禮儀志》："昊天上帝、五方帝、皇地祇、神州及宗廟為大祀，社稷、日月星辰、先代帝王、嶽鎮海瀆、帝社、先蠶、釋奠為中祀，司中、司命、風伯、雨師、諸星、山林川澤之屬為小祀[1]。"因此京城內外有壇廟之設。

秦始皇上天台。西安市西郊約 7.5 公里的阿房村南，有一大土台基，周長 310 公尺，高約 20 公尺。作者疑為秦代的圜丘，有可能是中國現存最早的圜丘遺址。

(一)圓丘（圜丘）

據《大唐開元禮》：每年祀天有 4 次，祭地 2 次，其中祀天有 3 次均在圜丘[2]，即冬至（陰曆 11 月 19 日）、正月上辛（正月上旬的辛日）、孟夏（陰曆 4 月）、或每逢新帝登基等，皇帝都要親率百官，"郊祀"於圜丘，以祭天和祈禱豐年。但天寶後合祭天地於南郊，終唐之世不變[3]。

按《貞觀禮》：正月上辛，祀感帝於南郊，《顯慶禮》：祀昊天上帝於

---

①《舊唐書》卷 21，〈禮儀志〉。又《唐會要》卷 9，下："凡大祀官散齋四日、中祀三日、小祀二日、致齋大祀三日，中祀二日，小祀一日。"

②另一次為"季秋，大享於明堂"，又據《舊唐書》卷 22，明堂在隋文帝時，本令有司於京城安業里內規建，但因遷都興役而罷，終於隋代，季秋大享恆在雩壇設祀。唐太宗、高宗時也曾詔令建明堂，但諸儒久議未決，終未創立，至武后臨朝，垂拱 3 年(687)春，毀東都之乾元殿，就其地創之，4 年(688)正月 5 日，明堂成，有 3 層。

③《唐會要》卷 9，下。

唐長安圜丘遺址，攝於 1995 年 8 月。

明清北京天壇圜丘。為天壇主體建築，俗呼祭天台，為一石面 3 層的圜壇，建於明朝中葉，清乾隆 14 年(1749)重修。

昔年冬至日天尚未明之際，皇帝齋戒後御此祭昊天上帝，北向行三跪九叩首之禮，壇上除奉祀昊天上帝外並配祀皇祖皇宗之神位，第 2 層從祀日、月、星、辰、風、雲、雷、雨諸神位。

壇制取圜，乃取天圜地方之義，南向三層，每層四出陛，皆白石 9 級，上層石欄 72，2 層為 108，3 層為 180，合 360 週天之度。

圓丘以祈穀④。禮所以冬至祭圓丘於南郊，夏至祭方澤於北郊者，以其日行躔次，極於南北之際也。日北極當晷度循半，日南極當晷度環周。是日一陽爻生，為天地交際之始。故《易》曰："復，其見天地之心乎！"即冬至卦象也。一歲之內，吉莫大焉⑤。

　　文獻記載：圓丘，壇高 3 丈 2 尺多，分為 4 層，每層各高 8 尺 1 寸。四層廣 5 丈，三層廣 10 丈，二層廣 15 丈，下層廣 20 丈。四層設昊天上帝神座；三層設北辰、北斗、天一、太一、紫微五方帝與日、月 7 座；二層設內五星以下官 55 座；下層設 28 宿以下中官 135 座，壇下外壝之內，設外官 112 座；外址之外，設眾星 360 座⑥。

　　據新華社西安 1999 年 4 月 24 日報導：考古工作者近日在西安陝西師大校園內發掘出中國目前所發現的最早皇帝祭天禮儀性建築——唐代圜丘遺址。

　　圜丘又稱圓丘，元代以後稱"天壇"。這座唐代圜丘遺址在唐長安城南門明德門遺址外東 950 公尺，始建於隋，被專家稱為"中國第一壇"。

　　中國社科院考古研究所唐城考古隊於今年 3 月 1 日開始發掘，現已清理面積 4,800 平方公尺。圜丘遺址為四層圓壇，從下向上直徑分別為 54 公尺、40 公尺、29 公尺和 20 公尺，層高 1.5-2.3 公尺，每層圓壇都設有 12 個上台階道，均勻分佈於圓壇四周，其中南階較寬，為皇帝登壇之用。

　　圜丘用素土夯築而成，不用一磚一石，壇面、壇壁及階道均抹有一層白灰面，外觀一片潔白。對照北京清代天壇的富麗堂皇，唐人採用如此簡樸的築造方法，出乎今人的意料。專家認為，這樣做法符合《周禮》記載的要求，祭天禮儀及建築應返璞歸真，以表示對天神崇敬的赤誠之心。

　　據文獻記載，自唐高祖到昭宗的近 300 年間，唐代 17 位皇帝都來此祭天。⑦

(二)方丘

　　每年立冬（陰曆 11 月 7 日）祭神州於北郊，夏至，祭皇地祇於方丘，其壇在宮城之北 14 里。方丘壇呈方形，以象"天圓地方"，分為兩層，下層 10 丈，上層 5 丈。每祀則地祇及配帝設位於壇上，神州及五嶽、四鎮、四瀆、四海、五方、山林、川澤、丘陵、墳衍、原隰，並皆從祀⑧。

(三)太社

　　仲春、仲秋二時戊日祭太社、太稷，社以勾龍配，稷以后稷配。季冬卯日祭社稷於社宮，辰日臘享於太廟，用牲皆準時祭。蜡之明日，又祭社稷於

④《舊唐書》卷 21，〈禮儀志〉。
⑤《唐會要》卷 9 上。
⑥《舊唐書》卷 21，〈禮儀志〉。
⑦《福州晚報》1999 年 4 月 24 日。
⑧同註⑥。

社宮，如春秋二仲之禮⑨。

唐大社據《長安志》：“在含光門街西南。其門額，隋平陳時東晉王右軍所題，隋代重之，以粉墨模之。”金朝移社壇在薦福寺北聖容院前⑩。大社西側還有郊社署。

中國以農立國，特別重視與農事、節氣相關的“神祇”，祭祀中有關日、月、風、雨、農田……等自然神的祭禮，幾乎都有定制，不可或缺，如唐代，春分，朝日於國城之東；秋分，夕月於國城之西。各用方色犢一，籩、豆各四，簠、簋、甑、俎各一。孟春吉亥，祭帝社於耤田，天子親耕；季春吉巳，祭先蠶於公桑，皇后親桑。並用太牢，籩、豆各九。將蠶日，內侍省預奉移所司所事⑪。

㈣朝日壇

建於隋初，在長安東郊春明門外一里半。為方壇，廣 40 尺，高 8 尺。《開元禮》規定每歲春分之日，朝日於壇，祀“大明”⑫。

㈤夕月壇

建於隋，在長安西郊開遠門外一里半。壇制：坎深 3 尺，廣 4 丈，為壇於坎中，高 1 尺，廣 4 尺。每逢秋分則在此祭祀夜明之神⑬。

㈥先農壇

唐初稱為帝社壇，或耤田壇。武則天時改稱先農壇。中宗時又改為帝社壇，於壇西立帝稷壇，禮同太社、太稷，其壇不備方色，以別於太社。壇原建在長安通化門外 7 里，玄宗以祀所隘狹，始移於滻水之東，而值望春宮。其壇一層，壇上及四面皆青色。勾芒壇在東南。歲星已下各為一小壇，在青帝壇之北。這是皇帝祭祀農神、祈禱風調雨順、五穀豐登之處；同時，皇帝也在這裡舉行春耕大典，行“耕耤禮”儀式的地方。

㈦九宮貴神壇

在長安城春明門外一里半，朝日壇東側。天寶 3 載(744)唐玄宗聽信方士蘇嘉慶之言建。壇分 3 層。每層 3 尺，4 階。上設太一（正北）、天一、招搖（東南）、軒轅（正東）、咸池（正西）、青龍（西北）、太陰（東北）、天符（中央）、攝提（西南）九壇。傳九宮貴神司水旱，祭祀被列為大祀，僅次於祭昊天上帝，地位甚至在太清宮和太廟之上，每歲 4 月孟夏，皇帝或

⑨《舊唐書》卷 24，〈禮儀志〉。
⑩《長安志》卷 7。
⑪《舊唐書》卷 21，〈禮儀志〉。
⑫姜波：《漢唐都城禮制建築研究》頁 212，北京，文物出版社，2003 年。
⑬同上。

中書、門下臨祭，以祈"嘉穀歲登，災害不作⑭。"九宮貴神的祭祀，為古禮所無，唐玄宗以後祭禮日漸式微，到宋代仍為國家祀典，明清則停祀。

(八)太乙壇

在長安南郊圓丘壇東，建於唐肅宗乾元元年(758)。太乙，星官名，在天龍座內，為列宿之中最尊者，因此設壇以祭⑮。

(九)先蠶壇

每年季春吉巳，祭先蠶（即黃帝的元妃螺祖）於公桑，皇后親自養蠶，以作楷模。皇后祀先蠶之所在禁苑東的蠶壇亭⑯。

(十)其它

此外，每年例行性的祭祀活動大致是配合四季節令的，如立春之日，祀青帝；立夏，祀赤帝……。季夏土王日，祀黃帝於南郊；立秋，祀白帝於西郊，立冬，祀黑帝於北郊⑰。

青帝壇　在皇城景風門東 2 里。

黃帝、赤帝 2 壇　在明德門外圓丘左右⑱。天寶 10 載(751)移黃帝壇於子城內坤地。

黑帝壇　在城北太倉畔。即在長安縣北 25 里中橋。

白帝壇　在城西開遠門外。唐例，立春後丑，祀風師於國城東北；立夏後申，祀雨師於國城西南；立秋後辰，祀靈星於國城東南；立冬後亥，祀司中、司命、司人、司祿於國城西北⑲。

《長安志》云："靈星、百神二壇在明德門外南郊左右，古跡猶在。"《舊唐書》，卷 24："季冬寅日，蜡祭百神於南郊"。

雷師壇　在城北玄武門外。

風伯雨師壇　在城西金光門南。

司中司命壇　在城西北開遠門外⑳。

二、廟

唐長安城內舉行朝廷重要祭禮的廟宇有 3：

⑭同註⑨；《大唐郊祀錄》，卷 6。
　姜波：《漢唐都城禮制建築研究》，頁 214，北京，文物出版社，2003 年。
⑮張永祿：《唐都長安》，頁 34。
⑯《唐兩京城坊考》，卷 1，〈西京・三苑〉。
⑰《舊唐書》卷 24，〈禮儀志〉。
⑱《類編長安志》卷之 3。
⑲同註⑰。
⑳《長安志》卷 12。

(一)太廟

長安城根據《周禮》"左祖右社"的都城制度，在皇城安上門之東建祭祀皇帝祖先們的太廟（遺址約在今西安書院門街），廟東有太廟署；在皇城含光門之西建祭祀土地五穀神的太社（社稷壇）（遺址約在今西安城西南隅甜水井街與穆家巷一帶）。太廟其地本隋太府寺玉作坊，坊中有御井，貞觀中廢玉作坊，於此置寺賜坊以曝四方貢賦之物濕者，先天中置廟廢坊焉[21]。

《舊唐書‧禮儀志》云："太祖之廟，百代不遷。祫祭之禮，毀廟之主，陳於太祖，未毀廟之主，皆升合食於太祖之室。太祖東向，昭南向，穆北向。"

天授 2 年(691)，則天既自立稱帝，於東都改制太廟七廟室，奉武氏七代神主，祔於太廟。改西京太廟為享德廟，四時唯享高祖已下三室，餘四室令所司閉其門，廢其享祀之禮。

中宗即位，神龍元年(705)正月，改享德廟依舊為京太廟。5 月，遷武氏七廟神主於西京之崇尊廟，東都創置太廟[22]。

此外，當戰爭凱旋，常獻俘於太廟，如貞觀 4 年(630)俘頡利可汗、永徽元年(650)執突厥車鼻可汗，獻太廟[23]。

(二)孔子廟

唐代長安城的孔子廟位於務本坊國子監內，高祖武德 2 年(619)設立[24]。

孔子廟祭祀先師孔子外，以顏回為亞聖配享合坐，10 哲弟子列像於廟堂。圖畫 70 子及 22 賢於廟壁上，春、秋二仲行釋奠之禮。初，以儒官自為祭主，開元 27 年(739)令三公攝行事。

(三)玄元皇帝廟

開元 29 年(741)正月，在興慶宮以北的大寧坊西南隅置玄元皇帝廟，並置崇玄學，崇玄學博士、助教、學生。9 月玄元廟改為太上玄元廟。天寶 2 年(743)又改為太清宮。

太清宮初建時，取太白山白石為玄元聖容真像，玄宗、肅宗、德宗侍立於左右，皆依王者袞冕之服，繪綵珠玉為之。宮垣之內，連接松竹，以像仙居。殿 12 間，4 柱，前後各兩階，東西各側階一。

天寶以後，凡欲郊祀，必先朝太清宮，次日饗太廟，又次日祀南郊。

自上元(760-761)後南郊、九宮貴神壇、太廟的祭享較其它祭祀重要，因

[21]《長安志》卷 7。
[22]《舊唐書》卷 25，〈禮儀志〉。
[23]《唐會要》卷 14。
[24]《舊唐書》卷 24，〈禮儀志〉。但《長安志》、《唐兩京城坊考》均載孔子廟為貞觀 4 年(630)立。

西安孔廟照壁。據《陝西通志》記載，西安文廟是在宋代創建的，在唐皇城尚書省的西南隅，現有的太和元氣方、泮池、欞星門、儀門和 7 個碑亭為明清建築。

西安明清孔廟大成殿（殿今已不存，此為資料照片）

北京孔廟大成殿。為元、明、清三代皇帝勅祭孔子之地，正殿大成殿，中祀孔子神位，左右配祀 4 聖 10 哲，東西兩廡，從祀先賢 72 子。（金勇攝）

而有太尉、司徒、司空、太常卿、光祿卿五官專司禮儀[25]。

第二節　北京的壇廟

九壇

　　"九壇"是指天、地、祈穀、朝日、夕月、太歲、先農、先蠶和社稷[26]諸壇，都是明清的帝后進行各種祭祀的地方。

㈠天壇（圜丘壇與祈穀壇）

　　在永定門內大街路東，是中國現存最大的壇廟建築，明清兩代皇帝祭天祈穀的地方。天壇佔地約 4,000 畝，比故宮的面積還要大兩倍，永樂 18 年(1420)建成[27]。

　　天壇有兩重壇牆，分為內壇和外壇。內外兩重壇的北面是圓形的，南面是方形的，象徵"天圓地方"。永樂年間實行天地合祀，後來在北郊另建方澤壇（地壇）祭地，天壇才成為專門祭天祈穀的地方。

　　進祈年門，祈年殿即在眼前，1 座高大的 3 層圓形白石台基，每層都有雕花的白石欄杆，台基四面有石階可登，石階的"陛石"分別雕刻著龍、鳳、雲三種紋飾。台基面積有 5,900 多平方公尺。祈年殿是 1 座 3 重檐的圓形大殿。覆以深藍色的琉璃瓦，層層縮小，頂上冠以巨大的鎦金寶頂。潔白的台基，深藍色的殿頂，朱紅柱子，金碧彩畫，再加上閃爍在空中的鎦金寶頂，整個建築絢麗多彩。

　　明清兩代皇帝，每年正月上辛日都到祈年殿來祈禱五穀豐登。祈年殿剛建成時名叫大祀殿，是座長方形大殿，到明嘉靖 8 年(1529)，改成 3 層圓形大殿，叫大享殿。當時 3 重檐上的瓦是 3 種顏色，上青、中黃、下綠。清乾隆 17 年(1752)才全部改成深藍色琉璃瓦。光緒 15 年(1889)祈年殿遭雷火焚毀，次年又照原樣重建。

　　祈年殿北面有皇乾殿，是儲存神牌的地方，東邊有 72 間長廊通向神廚庫、宰牲亭。

　　祈年殿南有皇穹宇，內供奉皇天上帝神位，皇穹宇的迴形圍牆是回音壁。

　　最南就是圜丘。這是 1 座 3 層白石圜壇，嵌放在外方裡圓的兩重圍牆裡。這座建築不但在造型上構成幾何圖形，而且在整個結構上也是對幾何學的一個巧妙的運用。圜丘是祭天的，所以把它砌成圓形，又因天是凌空的，台上不建房屋，稱之為"露祭"。古代認為天屬陽、地屬陰，因此，壇面、台階、欄杆所用的石塊，欄板的尺度和數目都是用陽數（即奇數）來計算[28]。

[25]《舊唐書》卷 21、25。
[26]謝敏聰：《明清北京的城垣與宮闕之研究》，〈社稷壇〉，頁 42-43，台北，台灣學生書局，1980 年。
[27]姜舜源：〈天壇史地考略〉，《故宮博物院院刊》，2000 年，第 6 期。
[28]北京旅遊出版社編：《北京旅遊手冊》〈天壇〉，頁 66、67。

北京天壇祈年殿。祈年殿建於祈穀壇上，為一座覆蓋琉璃瓦，飛簷三層的圓亭，乃天壇最雄偉的建築。每年正月上辛日皇帝御此恭祀平日置於其後皇乾殿內昊天上帝以下之各神位，面北行三跪九叩首之禮，祈禱年內農穀豐收，明朝舊殿於光緒 15 年(1889)遭雷火焚毀，今殿為光緒 22 年(1896)依照舊制重修。

大清皇帝祭天儀復
原。天壇的祭天儀
列於大祀首位。

北京天壇皇穹宇，內供奉皇天上帝神位。為金頂單檐
的圓形建築。

(二)地壇

　　地壇在安定門外，以兩重壇垣分成
內外兩壇，均正方形，始建時，外壇垣
方周長約 765 丈，只西面有 1 座 3 門洞
的門樓（歇山式、黑琉璃屋面、綠琉璃
剪邊），這就是壇門。

　　方澤壇始建於明嘉靖 9 年(1530)。
當時是按照南京鍾山之北的"方丘壇"
規制建造的。形方，象徵"天圓地方"
之傳說。壇面墁黃色大琉璃磚（長 88
公分、寬 44 公分、厚 13 公分，象徵
"天青地黃"）。

(三)社稷壇

　　天子祭土神、穀神之所，在天安門
右，乃一漢白玉石 3 層各 4 級之方壇，

上層用五色土隨方築之，中埋社主石。五色土係依五行之說配置，即東藍、西白、南赤、北黑、而以黃色土安置中央。表示"普天之下，莫非王土"。在中央還立一方形石柱名"社主石"，又稱"江山石"，表示"江山永固"。壇壝以琉璃瓦各如其方之色，四側建欞星門，北為拜殿，壇殿均為明永樂 19 年(1421)所築，清乾隆間重修。每年春秋二仲月（2、8 月）上戊日，帝御此行祭祀社稷之禮。北面的拜殿是皇帝下榻休息或遇雨行禮之地。拜殿是一座端莊精巧的木構大殿，所有的樑架，斗栱全部外露，此殿建於明初。古之有國者必立社稷，以社稷之存亡，示國家之存亡。

地壇。皇帝於夏至到地壇祭地。

㈣朝日壇

在朝陽門外，外牆為方形，西向。東有神庫、神廚、宰牲亭等。西北有具服殿，正殿 3 間，南向，左右配殿 3 間，衛以宮牆，殿頂均綠色琉璃瓦。神廚南邊有一座直徑 10 丈的圓形建築，是日壇的中心。圓壇周 76 丈 5 尺，高 8 尺 1 寸，

五色土。社稷壇為一石階 3 層之方壇，每年春、秋社日，皇帝御此行祭祀社稷之禮。壇上五色土，係依五行之說配置，即東藍、西白、南赤、北黑，而以黃土安設正中。

厚 2 尺 3 寸。壇正西 3 門 6 柱，東西北各 1 門 2 柱，柱闔皆白石，扉皆朱櫺。其中有拜神壇，邊長 16 公尺、高 1.89 公尺，白石砌成。

㈤夕月壇

在阜成門外，制方，東向。壇一層，方 4 丈，高 4 尺 6 寸（高 1.5 公尺，14 公尺見方）。四出陛，皆白石，6 級。壇周 94 丈 7 尺，高 8 尺，厚 2 尺 2 寸。其餘具服殿制及神庫、神廚，略同朝日壇[29]。

[29]湯用彬等：《舊都文物略》，三、〈壇廟略〉，頁 39，北京，書目文獻出版社，1986 年，重新點校排印。

社稷壇拜殿。建於明永樂19年(1421)，為北京城內，現存最早的木建築。

㈥先農壇

一名山川壇，始建於明永樂18年(1420)，在正陽門外西南，永定門之西，與天壇相對。繚以垣牆，周迴3公里。中有5組建築群，即神廚、太歲殿、具服殿暨觀耕台，先農壇暨地祇壇、神倉。正門北向，入門西南為先農壇，制方，南向。壇北有殿5間，以藏神牌。有觀耕台，方廣5丈，高5尺。面甃金磚，四圍黃綠琉璃。其前為耤田，後為具服殿5間，民國6年(1917)，改為誦豳堂。主要建築呈一字橫向排列。

㈦太歲壇

在先農壇東北，明嘉靖11年(1532)建。因太歲是值社之神，皇帝不僅每年正月上旬吉日和臘月末祭祀兩次，而且在先農壇行躬耕禮後，也要到這裡拈香[30]。

㈧先蠶壇

天子祭先農於南郊，皇后祭先蠶於宮城西北，壇廟規模小，但典禮很隆重。

[30]蕭煜：〈北京的九壇〉，收入李國祥編：《北京風物遊覽典故》。

《雍正帝祭先農壇圖》第 1 部（部分），生動描繪清代皇帝在先農壇祭祀的情形。北京，故宮博物院藏。第 2 部，現藏法國巴黎，吉美藝術博物館。

先農壇，為皇帝祀先農神農氏之地，是一座長方形平台，磚石砌成，壇面鋪磚長寬各約 15 公尺，高 1.5 公尺。4 邊出階各 8 級。

太歲殿。位於先農壇東北部，明嘉靖11年(1532)建，正殿南向7間，祀值年之神太歲，東西配廡各11間，分別配祀春秋和夏冬的月將神6位。

地祇壇石龕。在先農壇內，為祀五嶽、五鎮、五陵、四海、四瀆諸神，與祀京畿山川之神、天下山川之神的地方。

　　北京最早建蠶壇是明嘉靖9年(1530)，壇址在安定門外，後以皇后不便出宮為由，於嘉靖10年(1531)改築於西苑仁壽宮側，舊壇遂廢。清代康熙帝曾在豐澤園種植桑園，在勤政殿以西小屋試驗養蠶。乾隆7年(1742)議定在西苑東北隅建先蠶壇（即今遺址）。

　　皇后親祭“先蠶”，其禮儀乾隆8年(1743)始規定。大禮有祭先蠶、躬桑、獻繭、繰絲的程序[31]。每年春季第2個月的巳日吉日，皇后親來祭祀並躬行桑禮，有時遣妃代行禮。

二、八廟

　　北京八廟是指太廟、奉先殿、傳心殿、壽皇殿、雍和宮、堂子、歷代帝王廟和文廟。

(一)太廟

　　太廟在天安門左，古柏森森，殿宇宏大，飛檐重脊，有宮牆之美。灰鶴聚集，環境幽靜。太廟為明清兩代供奉寢廟之所，舉凡登極，親政、監國、攝政、大婚、上尊號、祔廟、郊祀、萬壽、冊立、凱旋、獻俘、奉安梓宮……等，都要祭告。建於永樂18年(1420)，嘉靖23年(1544)改建過，今大殿在大木構架的材質、加工工藝，大木做法等各方面均表現出典型明式特徵，大殿主體構架應是明嘉靖間原物[32]。今廟為順治元年(1644)重修。南向，朱門黃瓦，周以崇垣計291丈6尺（長475公尺，寬294公尺）。大殿的前面是寬闊的庭院，大殿的正門是5開間的戟門，戟門南面有一條玉帶河，河上有5座金水橋，橋北有兩座六角井亭。前殿11楹，重檐，脊四垂下，沈香柱高達數丈，兩人不能合抱，都是從雲、貴採伐來的獨根金絲楠木做成，階陛3層須彌座，繚以石欄，正南及右左凡5出陛，凡歲暮大祫日，王公2人各率宗室恭奉，列祖及后神位合祀。

　　中殿9間，同堂異室，內奉列聖列后神龕，均南向。

　　中殿後界朱垣，中3門，左右各1門，後殿制如中殿。奉祧廟，神龕均南向[33]。

(二)壽皇殿

　　壽皇殿　位於景山內，建於清乾隆14年(1749)，是專為供奉清代帝后、祖先影像的地方。有時也成為大行皇帝停靈之地。殿9間，有左右配殿、神庫、神廚、井亭，殿前有琉璃宮門、石獅等，殿仿太廟形式而略小建造。

[31]陸燕貞：〈清代皇后祭先蠶〉，《紫禁城》，1988年，第5期。

[32]郭華瑜：〈北京太廟大殿建造年代探討〉，《故宮博物院院刊》，2002年，第3期，總第101期。

[33]姜舜源：〈清代的宗廟制度〉，《故宮博物院院刊》，1987年，第3期。

太廟大殿。建於明
代，為祭祀皇帝祖
先的殿宇。

太廟戟門

(三)雍和宮

　　在北京雍和宮大街東，創於清康熙 33 年(1691)，原為雍正府第，雍正 3 年(1725)改稱今名。雍正 13 年(1735)因停放胤禛靈柩，將宮內永佑殿、法輪殿等主要建築改易黃瓦。後供奉雍正帝影像於永佑殿，並改名"神御殿"。從此雍和宮成為清帝供奉祖先的影堂，大部殿宇為喇嘛誦經之所。乾隆 9 年(1744)改為喇嘛廟。建築占地廣大，規模宏麗，院落 5 進，主要建築有影壁、牌坊、山門、天王殿、正殿、永佑殿、法輪殿、萬福閣等。其中法輪殿建築雄偉，平面呈十字形，黃琉璃瓦頂上設 5 個小閣，閣上各有小型喇嘛塔 1 座。

　　萬福閣為宮內最大建築，黃瓦歇山頂 3 層樓閣，閣內有著名的檀香木彌勒站像，高 26 公尺（地面上 18 公尺），比例勻稱，雄偉莊嚴。閣左右並列永康閣和延綏閣，以懸空閣道相通，將 3 閣聯成 1 體，成為 1 組宏麗軒昂的建築群。雍和宮的建築佈局，前半部疏朗開闊，後半部密集而有起伏，殿閣錯落，飛檐宇脊縱橫，是北京地區現存最大的喇嘛廟。

景山壽皇殿。乾隆 14 年(1749)重建，制仿太廟，重檐廡殿頂，為清代皇帝祖先的影堂，內供奉清代皇帝祖先的畫像。

(四)堂子

原在長安左門外，御河橋東，光緒 26 年(1900)後移建於皇城內東南隅。清時每年元旦天子親祭，凡國家有征討大事必親祭告。原建築現已不存在了。

(五)歷代帝王廟

在北京阜成門內大街路北，始建於明嘉靖 10 年(1531)，其原址為保安寺。明初建都南京，於洪武年間設歷代帝王廟，崇祀歷代創業帝王，並從祀歷代開國功臣。成祖遷都北京，諸祀畢舉，惟無帝王廟。嘉靖 9 年

雍和宮的門額。（金勇攝）

(1530)遣工部擇吉興建京師歷代帝王廟。其後規定：凡歲仲春秋，太常寺題請遣大臣 1 員至廟行祭禮，4 員從臣分獻祭品[34]。

[34]陳平：〈全國唯一的歷代帝王廟〉；傅幸：〈歷代帝王廟初探〉，以上 2 文收入《歷代帝王廟論文集》，香港，國際出版社，2004 年。

萬佛閣為雍和宮內最大的建築，閣內有著名的檀香木彌勒站像，高 26 公尺（地面上 18 公尺）。

歷代帝王廟正殿——景德崇聖殿，九楹，重檐崇基，石欄，南向，建於明嘉靖 10 年(1531)，清順治、康熙兩朝，迭奉增祀，雍正帝並親詣行禮。祀歷代帝王 143 人，功臣 40 人。

㈥孔廟

在北京安定門內的成賢街。元大德 6 年(1302)創建，明永樂 9 年(1411)重建，宣德、嘉靖、萬曆年間曾分別修繕大殿，添建崇聖祠，並將殿頂換成青色琉璃瓦。清順治、雍正、乾隆年間重修，並將崇聖祠換成綠琉璃瓦外，各殿全部換成黃琉璃瓦。光緒 30 年(1904)升孔子為大祀，將大成殿擴建。正門名“先師門”，雖歷經重修，但其斗栱形式，仍保存元代風格。門內院落 3 進，中軸線上的建築，依次為大成門、大成殿、崇聖門及崇聖祠。先師門前有嵌琉璃磚影壁一座，門內東為神廚、省牲亭、井亭，西有神庫、持敬門（與國子監相通）、致齋所等。院內有碑亭 3 座，東 1 西 2。大成門面闊 5 間，大成殿為孔廟的正殿，面闊 9 間，進深 5 間，前有月台，四周有石護欄，是祭孔的場所。殿前左右有碑亭 11 座，兩側有東西配廡，放置眾祀牌位。

國子監在孔廟的西鄰，“左廟右學”的形式。元明清三代的國家最高學府。創建於元大德 10 年(1306)，明初稱“北京郡學”，永樂 2 年(1404)夏改國子監。建築座北朝南，中軸線上分佈有集賢門、太學門、辟雍、彝倫堂、敬一亭等。集賢門是正門，太學門是二門，門內的辟雍為國子監全部建築的中心，與北面的彝倫堂形成院落。

辟雍　清乾隆 49 年(1784)修建。為重檐黃瓦四角攢尖頂的方殿，座落在有白石護欄的圓形水池中央。水池四周有 4 座石橋（圓橋），構成所謂“辟雍泮水”。辟雍是清代皇帝來國子監講學的地方。

㈦奉先殿

奉先殿　詳第六章。

㈧傳心殿

傳心殿　詳第六章。

第三節　比較

祭祀典禮，是中國古代文化的一個重要組成部分，歷史悠久，內容豐富，自秦漢以來，有些祀典雖定制不一，但淵源是由古而來一脈相承。

奉先殿。為內廷祭祀皇帝祖先之所。

一、壇

“天圓地方”是中國古人的觀念，中國之壇，凡與“天”有關的如天壇、日壇、月壇皆圓形，而凡與“地”有關的，如地壇、先農壇、社稷壇，則都是方形。

祭祀天、地，在中國至少始於周朝以前。當時即有“冬至祀天於南郊之圓丘，夏至祀地於北郊之方澤"的說法。到了漢朝，又有"郊祀甘泉，祀地汾陰"的記載。同時，為了表示對先祖的崇敬、在祭天、地的時候，需要用先祖進行陪祭，所以稱之為配享。配享制度，最早始於周公制禮，而且配享時，均採用一祖獨配的制度。到了西漢元始年間（公元1至5年），王莽為了提高漢元帝皇后（王莽之姑母）的政治地位，認為天、地猶如父、母不可分。便由天、地分祀改為合祀。其配享制度也由祖考一人獨配，改為祖考、妣同配。以後各代，祭祀天、地屢有分合。其配享刐也變亂不一。唐朝時，還有二祖並配甚至三祖並配的事情。

對於上天，歷史上還有一種說法，認為除了存在"天"以外，還有主宰天的"上帝"存在。因此，自周公制禮以後，在冬至祀天時，便用周的始祖后稷配享。季秋祭祀上帝時，以周文王配享。但到了秦漢以後，認為"上天"與"上帝"意義相同，所以並未分別祭祀。

宋太祖時，合祭天地於圓丘，到元豐6年(1083)始罷合祭[35]。而南宋以後，皇帝到泰山封禪祭天，形式上廢止了，但實質還保留著，後幾朝的皇帝把封禪和郊祀合二為一[36]。

朱元璋建明，制定禮制後，仍然沿天、地分祀的制度。即冬至祀昊天、上帝於圓丘，夏至祀地於方澤，其配享制度，均以朱元璋的父親朱世珍一人獨配。這個制度行至洪武10年(1377)，因水旱非常，災異屢生，朱元璋認為這是實行天、地分祀的緣故。於是便改天、地分祀為合祀。其配享制度仍由朱世珍獨配。建文元年(1399)，配享制度，改由朱元璋1人獨配。洪熙元年(1425)，雖然天、地合祀制度未改，但認為明太宗（明成祖朱棣）發動"靖難"定鼎北都，其功之大可以配天、地。於是便將朱元璋一祖獨配改為太祖、太宗2人並配。這個制度（天、地合祀，2祖並配）後來一直沿到明世宗朱厚熜登極之前。

嘉靖九年(1530)，朱厚熜覽閱經書以後，認為天、地合祀，二祖配享不合古禮，應該另行更定。終於在嘉靖九年(1530)改天、地合祀為分祀，並將原來的日、月從祀天、地，改為春分祀日，秋分祀月。同時，配享制度也進行了更改；從嘉靖10年以後，祭祀天、地和驚蟄祈穀，均改為由朱元璋一人獨配（撤掉了明成祖）[37]。

唐代圓丘於長安明德門左，與明清圓丘在北京正陽門左一樣。根據考古資料及文獻，唐圓丘有4層，宋代圓丘也是4層，明清圓丘則3層，冬至祀圓丘，唐、明清相同而建築材料的不同是隋唐長安圓丘與明清北京圓丘最大的差別，北京圓丘青石包砌、漢白玉欄杆。隋唐圓丘為素土夯築而成，除了修補部分用少量磚填墊外，沒有發現磚石包砌的痕跡。圓丘的台壁和台面均

[35]清・周城：《宋東京考》卷10，〈壇〉，北京，中華書局，1988年。

[36]王矛、王敏：〈中國帝王的祭禮〉，《明報月刊》，1990年9月號。

[37]何寶善：《嘉靖皇帝——朱厚熜》，〈更定祀典〉，頁22～24，北京，燕山出版社，1987年。

用黃泥抹平，其上再抹一層摻著穀殼和秸秆的白灰面，白灰面厚0.4-1.1公分，因此，唐代圓丘的外觀是潔白壇體[38]。；正月上辛日祈穀，唐祈於圓丘，明清則祈於祈穀壇祈年殿。

　　長安與北京的壇的方位和建築形狀都是按照《周易》先天八卦的原理建造。

　　《周易‧說卦》說，乾為天在正南，坤為地在正北，離為日在正東方，坎為月在正西方。因此天壇建於北京內城南方，地壇建於北方，日壇建於東方，月壇建於西方。

　　《說卦》又說，乾卦代表天，象徵圓形，坤卦代表地象徵方形。亦即天壇建築為圓形，地壇的建築為方形。

　　夏至祭方澤於北郊，唐、明清儀注相同，供奉皇地祇，唐曰方丘，明清曰地壇。二壇均為上、下二層形成。

　　《周禮‧考工記》：“左宗右社”，唐、明清相同，宗廟與社稷壇唐、明清皆置於皇城內。

　　日、月、先農、蠶壇，唐、明清儀注基本也是一脈相承。

　　唐代的九宮貴神壇、太乙壇、青帝壇、黃帝壇……，神壇眾多過度繁複，充滿迷信色彩，這種現象宋代也是一樣，但到了明代，星辰、雲雨風雷從祀於天壇，壇下設有12隻鏤空的6足鐵燎爐是專為從祀使用的。

二、廟

　　太廟，是一朝供奉死後各個帝王神主的廟宇。太廟的建制，從古至明，大體上有三種，即五廟制，七廟制和同堂異室制。夏商以前皆建五廟，即考廟（即父廟）、王考廟（即祖父廟）、皇考廟（即曾祖廟）、顯考廟（即高祖廟），加上太祖廟（即太廟）。自周代因將文王、武王各立一廟，永久奉祀，所以就形成七廟。到了西漢，又不循周制，每個皇帝死後均各建一廟。至漢平帝，為了節省開支，又將多廟制改為同堂異室制。所謂同堂異室制是指同堂祭祀、異室供奉。具體講，就是將死後各世帝王的神主，衣冠等，在祭祀時，全部都奉安到廟前殿當中的各自的神座上，一同在前殿舉行祭祀典禮。禮畢以後，再將神主、衣冠分別奉回後邊寢殿的各室之內。寢殿一般共有九間，每間隔成一室，分別存放各帝神主及衣冠。所以同堂異室制度，一般只能供奉九帝。九帝以後，除了開國皇帝，即為“不遷之祖”以外，一般從第二帝起，可將神主、衣冠奉入供奉遠祖的祧廟當中。這樣做，就是為了給後死皇帝的神主騰出位置，後死皇帝的神主奉入太廟正殿以後，再按照昭穆順序重新排列[39]。唐太廟即同堂異室制。

　　朱元璋建立明朝，首先建立四親廟，供奉高祖朱伯六以下4世祖。洪武8年(1375)改建太廟，行同堂異室制。

---

[38]安家瑤：〈西安隋唐圜丘的考古發現〉，《文物天地》，2000年第1期。

[39]同註[37]，並見林延清：《嘉靖皇帝大傳》，頁108、109，遼寧教育出版社，1993年。

明永樂 18 年(1420)建北京太廟，廟制亦為同堂異室制，到明世宗嘉靖 10 年(1531)又更為九廟制，到嘉靖 20 年(1541)，九廟除世廟（興獻王廟）外均被火燒毀，嘉靖 24 年(1545)新太廟落成，恢復同堂異室制。

明北京紫禁城內，有奉先殿、奉慈殿；而清紫禁城內亦有奉先殿，供奉皇帝祖先。國家有太廟以象外朝，有奉先殿以象內朝；而景山壽皇殿有清皇帝的祖先影堂，觀德殿為清大行皇帝停靈的地方，在圓明園安佑宮、避暑山莊綏成殿均亦為清皇帝祖廟，盛京皇宮也有太廟。

玄元皇帝廟是唐代特有的國家祀典廟宇之一，北京的白雲觀固也供奉老子，但是白雲觀是道教的廟宇，與唐代的玄元皇帝廟列入國家祀典的主要廟宇不同。

雍和宮則是清代北京皇室所屬的喇嘛廟之一，也是清帝供奉祖先的影堂。

孔廟則是唐、明清均有而且重視的廟宇，孔廟制度基本上歷代約略相同，茲不贅述。

國子監孔廟與國子監，廟學通常都是同在一處，均為“辟雍泮水”，也都放置有石經以供學子們對儒家經典的校讀有所依循如唐《開成石經》，清的蔣衡書《十三經》，唐、明清也是一樣。

玄元皇帝廟、雍和宮是中土盛行的道教、佛教廟宇，堂子則為滿清一朝特有的廟宇，可稱為“滿洲神廟”，有如中原王朝的太廟，並兼為祀天之地，其建築為有如蒙古包的帳殿式圓形形制，由騎馬民族住居“天幕”演變而來。但清入關後，沿用明太廟建築，供奉太祖以下諸帝，並利用明代的天壇祭天，而太祖的祖先遺物則供奉於堂子，並也在這裡祭天，典禮十分隆重，這說明，滿族漢化十分徹底，但仍保有原來習俗，可以看出滿漢文化交流情形。

唐代的各壇廟，今皆已不存，而且也幾無考古資料，所以典禮制度詳隋唐以闡明理論，以溯一脈相承之淵源，現在僅能從文獻演繹其場景，明清壇廟建築則幾全完整保留，現大多成為公園，實物說明以明清時代為樣式。明清文獻之保存較唐代多很多，如《清會典圖考》……。

由一、二節史料比較，隋唐時代京城的壇遠比明清時代要多，由遠古以來對大自然的敬畏心理而產生的多神信仰，正在退燒，而國之大事在祀與戎，而祭祀過多、禮儀過於繁複，耗掉君主的時間與體力，有學者懷疑商朝覆亡祭祀過繁為原因之一。

明世宗朱厚熜崇信道教，皇城內外道壇盛極一時。

清室崇佛、康熙、乾隆多次登五台，朝山，也多由對佛理的領悟切入，康、乾二帝統治時期雖為盛世，但並不像唐高宗、武則天、唐玄宗一樣封禪，而到天壇祭天唐代 1 年有 3 次，到清代即簡化成二次，即冬至到圜丘祭天、正月上辛日到祈年殿祈穀，可見由於歷史的進步，皇帝政務太忙，祭祀也簡化，惟清帝對祭孔、祭祖的儒家傳統，頗為遵循。

唐《開成石經》（部分）。《開成石經》原放置在務本坊的國子監，北宋哲宗元祐 2 年(1087)與《石台孝經》移今址。西安，碑林博物館藏。

北京國子監石刻《十三經》，乃乾隆年初蔣湘帆所書。（部分）。（金勇攝）

《開成石經》細部

275

西安文廟。《三輔黃圖》曰：
"辟雍水四周於外，象四海
也"又曰："辟雍玄四壁
雍，如璧之圓，雍之以水，象
教化流行也"。

　　北京國子監辟雍。國子監乃元舊學遺址。明朝永樂元年(1403)定名國子監，乃明清時代最高學
府，清末新學制實施前，曾廣徵天下賢才，在此施以教育。
　　辟雍從古制周繞圓池，上架石橋4座，乾隆50年(1785)竣工後，皇帝曾御此講經，其內設有
寶座，再北彝倫堂，有康熙御筆《大學章句》石刻，東西兩廡所陳石碑，均係清代所製。

佚名繪，雍正臨雍圖（第二卷）。北京，故宮博物院藏。絹本，設色，縱 62.8
公分，橫 619.5 公分。此圖描繪雍正皇帝前往北京國子監講學的場面，雍正
皇帝在位時，曾多次到辟雍講學，此圖對講學場面及經過描繪得仔細具體，
具有紀實的價值。

北京孔廟內的石鼓（複製），有 10 方，原件現藏北京，故宮博物院。石鼓原被
認為刻載周宣王東狩岐陽之武功，而唐國香教授說石鼓文刻於秦靈公時，參看
唐國香：〈石鼓文刻於秦靈公三年考〉，載台北，《大陸雜誌》5 卷 7 期。

第十一章

結 論

　　21 世紀的學術研究是全面科際整合的時代，研究一門學科需借重各種相關學科的輔助，從各種角度切入，才能使綜合性強的學科如古都學、故宮學與旅遊學的研究取得劃時代的成果。古都學、旅遊學都是由來較久的學科，故宮學則為 1925 年故宮博物院成立以來，形成對故宮研究的概念，這個概念為故宮博物院院長鄭欣淼先生提出的，獲得很大的迴響，已形成研究故宮的專家學者們的共識。古都學、故宮學與旅遊學均為密切相關的交叉學科。本書以學術的深度，研究長安與北京都城建築等旅遊資源的差異，尤多以現存的北京古建築引證隋唐長安之建置，尤重帝王宮闕之建制思想；佈局，並配以大量的照片，以新興學科影視史學的詮釋方法（以影像為史料而重建歷史原貌或探究其變遷），而將故宮、古都等旅遊點的深度背景推介紹給遊人，而彰學術推廣之效。即以將嚴肅的學術課題以形象直觀的方法將古都、故宮，以放鬆心情旅遊的層面介紹它們博大精深的文化背景，以寓教於樂。

　　隋、唐的長安與明、清的北京，是中國歷史上最具盛名的兩座古都。長安是中國中古時期的都市的代表，北京則是近世與近代都市的典型。

　　從隋開皇 3 年(583)，到唐天祐元年(904)的 321 年間，長安是隋、唐帝國的西京；從明永樂 19 年(1421)到清宣統 3 年(1911)的 491 年間，北京是明、清王朝的國都。陳寅恪教授早已指出："唐朝沿用隋京城的城闕宮殿，而清朝也沿用明京師的城闕宮殿，這點有相似之處"。

　　大唐帝國國勢隆盛，聲威遠播，其正式的首都長安，不但為全國首善之區；且外賓、外商雲集，實為當時世界最大的都會。京城 Khomdan 之名，傳至東羅馬。其繁華的程度，遠非秦、漢之咸陽、長安所能望及。

　　唐代的長安城是一座有完整計劃的政治性都市，規模雄偉，佈局壯麗，不但上承歷代的都邑制度精華，下啟宋、元、明、清京城的規制，也影響了唐帝國近鄰如渤海國上京龍泉府、東京龍原府，及鄰國日本的奈良（平城京）與京都（平安京）的都市計劃。

　　北京經過遼、金、元、明、清等朝代，約 800 百年間一直是帝制王朝統治的政治文化中心。城市的規劃佈局體現了中國帝制時代城市的傳統，在同時代的世界各國城市中放出異彩。北京係代表中國文化的典型城市，清末民初，外人到中國，莫不先到北京，飽覽東方文化之精華。

　　但自清末以還，由於西風東漸，影響所及，導致各種政治、文化、社會等事態變遷，尤其自 1949 年中華人民共和國成立後，北京古城城區的改變尤大。

　　隋、唐長安與明、清北京,在中國及世界都市史上,均有著最重要的地位。綜觀中國都城發展史,唐、宋以前主要建都長安,以後主要建都北京,沙學浚教授就此曾著專文"西安時代與北京時代"。侯甬堅先生從地理上考察,認為建都長安與北京有一個最明顯的區別,即:都長安是外向遙遠的西方,內向黃淮流域;都北京則是外向遼闊的海洋,內向全國。從擇都之始及其發展過程來看,都長安和都北京都是意在面向域外,面向未來[1]。

　　現總結本書要旨如下:

一、

　　都城能夠得以形成,應該有些必要的因素。自然環境、經濟、軍事,以及社會基礎都是不可或缺的。

　　自然環境應是形成都城的首要因素,不具備良好的自然環境諸條件,是難以成為都城的。所謂自然環境,至少應包括地形、山川、土壤、氣候、物產等各項。不同的都城在這些條件中應有各自的特色。以前人論都城都強調若干具體特色,如論長安就稱道它有高屋建瓴的形勢;論北京也讚美她有如坐堂奧,俯視寰宇的雄姿,這均是對於地形的選擇。都城的所在地都離不開高山大川,這不僅可以便於防禦外來的侵擾,而且河流還可以有利於和其他各地的交通[2],與農業灌溉,而長安所在的渭河平原與北京所在的黃淮平原都是物產富饒。

　　隋、唐、明、清都是統一的帝國,有遼闊的幅員,讓長安與北京來統治支應這種宏觀的地理形勢,在今日世界大國中只有中國、美國、加拿大、俄羅斯才有。

二、

　　中國都城的設計理論,由上古以迄清代,係一脈相承,這些設計表現在:京都設計要仿照宇宙天極星宿排列,都城為正方形或長方形(淵源於古人"天圓地方"的概念),而《周禮·考工記》:"前朝後市、左祖右社"也影響都城設計。隋、唐長安,前朝但不後市,就遷就地形,並參考前代設計的實例。可見宇文愷設計靈活,理想與現實兼顧。北京也是一樣,內城東、西、北三牆,都不是"旁三門",而均只有兩門,更何況地缺西北,不是嚴格方形。嚴格地說:中國都城從沒有一座完全符合"考工記"所述的要求。長安不是,北京也不是。

　　文化的發展乃去蕪存精,隋唐長安與明清北京的都市設計符合當代王朝作為首都,為當時優秀文化高度發展的成果。城市設計,大多是後代累積前

---

[1]侯甬堅:〈中國古都選址的基本原則〉,收入中國古都學會編:《中國古都研究》,第 4 輯,頁 42,杭州,浙江人民出版社,1989 年。

[2]史念海:〈中國古都形成的因素〉,收入:《中國古都研究》,第 4 輯,頁 30〜31。

人經驗，配合當時的需要與當地地理特點，再加以創新，成為一幅嶄新的圖案，長安、北京都是一樣。

三、

中國是城廓國家，從河南省登封縣王城崗疑為夏代的禹都平陽的城堡開始，迄清末都不斷地築城池，夯土版築是中原城牆的特色。北魏洛陽、隋唐長安與明清北京的城廓，是中國歷史上最具規模的 3 座，而且經過完善的規劃與設計，城牆方正，城區街道呈棋盤式。這種棋盤格式雖今天歐美城市普遍採用，但是，是在 19 世紀、20 世紀才採行，而中國則早在 1500 多年前即設計建造。

長安城區面積大，但城牆較低矮；北京面積小，但城牆高大，這有其時代的背景，長安所要應付的是騎馬遊牧民族，其主要武器是弓箭，城牆即是阻擋騎兵的有效武器。

元、明、清以來火藥普遍應用於戰場，新的攻城機器也相繼發明，對城的破壞力大，而城區大，易分散兵力，不利防守，因此明、清時期城牆普遍加高、加厚、砌磚，縮小城區。城門不但是交通要道，而且是城市設計的幾何坐標，也是彰顯帝國法律與秩序的象徵，城門早啟晚閉的做法一直持續到 20 世紀初年。長安的正門為明德門，北京的正門為正陽門，此兩門乃京都的門面，兩者的時代差異與城垣、城門的結構改變也有很大的關係。

四、

國都的營建，最初似乎只以宮殿為基本，市政的計劃並不是一個必需的事[3]。所以古來中國的國都基本上是城制與宮闕的關係，市廛民居是次要的。

宮殿唐長安有三內，明、清北京有紫禁城，唐長安三內早成遺址，僅能由記載及考古資料復原其盛況；北京宮殿仍然存在，成為世界最大的博物院。這些璀璨宮殿，九重殿閣、玉宇林立、瓊樓棋佈，金碧輝煌，宛如人間仙境，充份顯示隋、唐、明、清時代的建築藝術風采。

唐宮範圍遠較明清廣闊，這是長安城較北京大，皇室可以使用較多的土地，唐宮建築風格雄渾偉大，明、清紫禁城建築則精緻華麗，在建築藝術上，各有異同。

但宮殿建置思想自上古以迄清代，無大改變，如三朝五門制、前朝後寢制、三殿制（由唐至清）。正式宮殿群，大多設中軸線，列主要正殿。中軸左右對稱排列次要的殿、廡、廊、閣等。

五、

由長安的城坊與北京的城坊差異可以看出時代的變遷，及瞭解長安市民

[3]見勞榦：〈論國都的建置及唐代以前的都邑設計〉，載《中國社會與文學》，台北，傳記文學出版社，1970 年。

與北京市民在當代的生活情形。長安街道兩旁是坊牆，坊內是住宅區或寺廟等，商業則集中於兩市。長安是中古封閉性的城市，商業活動少，社會較為靜態，官署監控平民較嚴密。北京街道兩旁是商店街，而且到處有市場。北京坊區四周無坊牆，坊是行政區。北京是近世、近代現代開放性的城市，市民有更多的自主權。這意味明清時代的手工業與商業較隋、唐急遽發展，城市經濟的進一步發達與社會中市民階層的勢力逐漸擴大，在某些地區與某些生產部門中，已經出現了資本主義的萌芽。

宗教信仰也是都市生活的重要內容，隋、唐、明、清基本上無大差異，

長安城坊現已不存，北京的街道正在大改變中。研究長安與北京的城坊、街道，對瞭解隋、唐、明、清時候的社會經濟生活幫助很大，而兩都城坊、街道的設計，在借古鑒今的原理下，可以做為現代城市建設的借鏡。

六、

壇廟是“禮制建築”，封建帝王為表示其權力來自上天，加上中國傳統多神信仰及儒家思想，有眾多的壇廟，封建帝王花很多時間及體力在祭祀方面，祭祀禮儀是古代文化的一部分。壇廟今則成為遊覽勝地，由隋、唐到明、清壇廟建置變革較小，可以看出中國人的信仰觀念，由隋、唐到明、清是沒有多大差異的，這表現在祀壇、崇孔、祭祖上。

七、

苑囿是帝王的遊樂區，也是造園家表現藝術手法的舞台，也只有皇室集全國之力，才能造出巨大的御苑，研究苑囿可以瞭解帝王生活的一面，例如唐苑中有毬場，而清熱河行宮以北有範圍遼闊的木蘭圍場。園林其實就是中國的山水畫的翻版，即唐・王維詩中的“畫中有詩，詩中有畫”，造園藝術求美的意境又往往與文學分不開的。

隋、唐與明、清皇室在造園觀念其實無大差異，多承北方傳統、洛陽花木之盛尤所著稱，另如太液池、山莊及別業的點綴，而在南宋以後江南、蘇杭秀麗景色，加入帝王宮苑，豐富了造園景點的內容，且在建築技術上也較前創新。隋唐時代，江南尚未大力開發，江南園林此時也未臻成熟，因之隋唐長安與洛陽純為北方造園傳統，公元 1684～1784 年這整整 100 年間清朝盛世的兩位皇帝，康熙與乾隆各 6 次下江南，眺覽山川之佳秀後，並將江南園林引進宮苑，因此清代宮苑主要為北方建築之雄，但也兼有南方建築之秀。

明末清初，西洋傳教士紛紛來華，也引進西洋建築，在圓明園、暢春園中均有西洋風格的宮殿。

唐長安御苑緊接在都城之北，面積廣大，多為原地，因之騎馬后妃所在多有，清的御苑有的在山區如熱河避暑山莊、頤和園；而在平地的如圓明園也因建築物過密以及隋唐、明清婦女地位習俗不同，宮苑之內明清后妃較少在宮苑內騎馬。

由本書可以看出古都學是歷史學、考古學、地理學、藝術史、經濟史、

文化史、建築學與科技的綜合學科;故宮學則為與故宮有關各種學科整合而成,如建築、陶瓷、玉器、銅器、繪畫、版本、檔案、雕塑、文物保護與修復,宮廷的政治活動與日常生活、博物館學……;而旅遊學包含景點、路線、廣告、購物、旅館、餐廳、導遊、飛機、車船、攝影……不勝枚舉,也必需用"科際整合"的方法來研究,而長安與北京是中國歷史上最具研究價值的兩座古都。由其差異與相同來看隋唐明清時代都市的變遷。大體上,由隋、唐到明、清,古人思想性的觀念改變不大;而物質性的則進步很快。城市的改造因現實需要很能夠與時代的潮流配合。隋唐長安與明清北京的比較,提供了我們研究兩個時代的歷史生活層面並由其異同探討演進的因素。

八、

　　中國隋唐長安與洛陽的都城設計與建築、園林,不但對以後的宋、遼、金、元、明、清產生影響,也影響了周邊國家或地區的都市設計,日本的京城在公元第 7 世紀後期到第 8 世紀的後期之藤原京、難波京、長岡京、平城京、平安京與渤海國上京、中京、東京的都城設計、管理都受唐長安、洛陽之影響。

㈠日本平城京

　　公元 8 世紀初期以前的日本,並無固定的帝都,其宮殿僅是立木為柱而以草葺之不能保持得很久,最多經過數 10 年就必須加以重建。當時常是雜亂無章的營造宮室,無所謂的京城制度,到了大化改新後的 50 年,持統天皇才開始模仿隋唐的"都"、"京"方方正正的城牆、棋盤型的街道。她是第一個實踐日本都市計劃的人,她所建立的新都即藤原京。採取了中國"九六城"的範本,就是南北三東西二的比率,長方形的樣式來建造新京。她不敢造得太大,南北 6 里,東西 4 里仿魏晉時代的洛陽來規劃,宮殿朝堂都建築得十分堂皇,此都城歷持統、文武、元明三代天皇,共 15 年(694~710),這是日本採用都城制度後的第 1 個首都。京內按條坊制,東、西、南、北修大、小路,建造貴族宅地和藥師寺等寺院。

　　平城京建於日本元明天皇和銅元年,即唐中宗景龍 2 年(708)。和銅 3 年(710),日本國都遷此。在昭和 30 年(1955)以後,奈良國立文化財研究所曾大規模進行遺址發掘調查。

　　平城京南北約 4.8 公里,東西約 4.3 公里,面積約為唐長安城的 4 分之 1。城中央也以朱雀大路(寬約 85 公尺)劃分東西 2 部份,即分為左京、右京。兩京各由東西向和南北向的道路交錯劃分為南北 9 條、東西 4 坊,城南如長安亦置東、西 2 市,分別在左京的 8 條 3 坊設西市,在右京的 8 條 2 坊設東市,市內有市司管理,為官營市場,營業時間一如長安東、西市在正午至日落。其條坊制即如長安之棋盤式規劃,坊中亦置許多寺院,如右京有唐招提寺、藥師寺、西大寺,左京有興福寺、大安寺、東大寺等。街坊在夜間禁止外出,這與"西都京城街衢有金吾,曉暝傳呼,以禁夜行"同制,而其

復原的朱雀門　平城京在和銅 3 年(710)日本國都遷此，使用到延曆 3 年(784)，當時居住有 10 萬人，昭和 30 年 (1955)開始發掘。1998 年復原朱雀門，門前的廣場為奈良時代元旦及重要儀式的場所。

平城宮第 2 次大極殿基址的柱礎。大極殿為平城宮最大的建築物，東西長 38 公尺，進深 16 公尺，高 21 公尺。

上層貴族之宅在宮城附近，其宅邸廣大而附有庭園，為朱柱、綠瓦的唐風建築物④。

平城京宮城在全城北部中央，面積 120 萬平方公尺，其建置佈局為：正南面朱雀門，門內有東、西朝集殿（仿大明宮東、西朝堂），為等候上朝之所。殿北為朝堂院，是論議國政、舉行儀典、宴會的所在。院北為大極殿，殿北為內裏——即天皇住居。宮城由南之朱雀門、朝堂院、大極殿連成一直線，再接朱雀大路與羅城門，即為全城的南北中軸線，全長 3.8 公里，寬 72 公尺，宮殿建築也仿唐制如重檐廡殿頂、朱柱、綠瓦白牆、直窗櫺等。

④徐先堯老師：《二王尺牘與日本書紀所載國書之研究》，頁 69，台北，藝軒圖書出版社，2003 年，再版。

平城京兵部省遺址

法隆寺金堂（右）與五重塔（左）。日本國寶。飛鳥時代——6世紀中期～8世紀初期。法隆寺現存有世界上最古老的木造建築，推古15年(607)由聖德太子創建。1993年12月，在日本首次被登錄為聯合國教科文組織(UNESCO)的世界文化遺產。

奈良藥師寺金堂（左）　奈良時代創建，昭和時代再建。藥師寺為法相宗（玄奘法師創立的宗派）的大本山。東塔（右）為日本國寶，奈良時代・天平 2 年(730)。1998 年聯合國教科文組織列為世界文化遺產。

平城京唐昭提寺講堂。日本國寶。天平時代。這座建築是鑑真和尚創寺之初，在 763 年，由宮廷賜予的平城宮朝堂院東朝集殿遷移而成。

(二)平安京

平安京建於延曆 12 年(793)，直至明治 2 年(1869)遷都於東京，其間 1,075 年，歷 72 位天皇，平安京皆為帝都。自延曆 13 年至建久 3 年(1192)源賴朝建立鎌倉幕府，其間約 400 年日本政令皆由平安發佈，故此期稱為平安時代或平安朝。

平安京與奈良京同為長方形。京都建設，仍悉仿唐代長安與洛陽規模，至今猶氣象宏穆，在東方都城中，唯一堪與中國北京城齊名的日本舊京，千年來象徵著平安時代的日本國勢的隆盛，和桓武天皇的雄才大略。平安京南北 5.3 公里，東西 4.6 公里，周圍有土牆作成之羅城，並鑿有濠溝。正北之中央為大內裏，建築壯麗，皇居及諸省衙均在其內，東西約 1.2 公里；南北約 1.4 公里。大內裏的正殿為紫宸殿，是內廷正殿，為朝賀、節會儀式舉行之所，天皇日常起居於清涼殿。另外外朝（八省院）之正殿大極殿，為即位或國家行事舉行之所。（現在京都御所裡有紫宸殿與清涼殿，是鎌倉時代以來的建築，不是平安時代之物）。

大內裏之正南門稱為朱雀門，門前向南修有大路，寬 28 丈（85 公尺），稱為朱雀大路，南端直達羅城之門，此路將京城分為左京與右京。左、右兩京各區劃為 9 條，每條 4 坊，每坊 4 保，每保 4 町（每町為 120 平方公尺）。左京有東市，右京有西市，月前半交易於東市，後半交易於西市，街市整齊。

京都平安神宮大極殿。日本自延曆 13 年(794)，直至明治 2 年(1869)遷都於東京，其間 1,075 年，平安京皆為帝都。自延曆 13 年至建久 2 年(1192)源賴朝建立鎌倉幕府，其間約 400 年日本政令皆由平安發佈，此期稱為平安時代。1895 年為了慶祝京都建都 1,100 年，仿唐式宮殿建築，朱柱、綠瓦、白牆建平安神宮以紀念桓武、孝明兩位天皇，神宮總面積 3.3 公頃。

平安京較奈良京為寬廣，而無奈良京之缺點。京都內外堂塔伽藍聳立（如東寺、西寺），益增美觀與莊嚴，故時人稱京都為 "花之都"。唯庶民之屋，未盡美觀，且居民少，空地多，不免荒涼之感。10 世紀後半，平安京約為 10 萬人至 15 萬人⑤。

　　日本都城不僅仿照長安、洛陽制度，許多文物習俗也受中國影響，如奈良時代，在 3 月 3 日上巳時，貴族們亦在庭園中設 "曲水之宴"，即仿中國之曲暢流水，祓禊之故，而天皇華誕，亦仿唐稱為天長節，其他唐服飾、飲茶風尚等均是受唐文化影響⑥。

　　由平安時代的純仿唐都城宮殿，到幕府時代由於唐室的衰落，而此時日本也由純仿唐，而注入更多日本本地的文化，11 世紀琉璃瓦在日本消失，今

⑤蘇振申編撰：《日本古代中世史》，台北，名山出版社，1974 年。
⑥宋肅懿：《唐代長安之研究》，頁 167～173，對日本各京的基本資料有較好的整理。

京都御所紫宸殿　安政
2 年(1855)，江戶時代
依平安時代的樣式重
建。平安時代平安京大
內裏的正殿為紫宸殿，
是內廷正殿，為朝賀、
節會儀式舉行之所，天
皇日常起居於清涼殿。
另有外朝（八省院）之
正殿大極殿，為即位或
國家行事舉行之所。現
在京都御所裡的殿宇，
是鎌倉時代以來的建
築，不是平安時代的建
築。

京都御所也不再有中軸線、對稱的規劃（只有紫宸殿一組院落佈局有對稱，但其餘的沒有軸線，極其錯落）。

　　建於 15 世紀的中國紫禁城與 14 世紀後重修的日本京都御所都曾經間接受唐代長安太極宮與大明宮影響，二者同為 4、5 百年的正式皇宮，比較其建築雖同為樑柱木結構體系，但實際上，除了京都御所規模較小外，其建築展現出大和民族的美學觀點，反映出其特殊的政治、文化藝術。簡言之，中、日宮殿建置因民族性、政治演變、文化風俗、氣候等殊異，其風貌也各有千秋。

　　紫禁城的建造不僅為了彰顯帝國偉業與皇朝威儀，也蘊含中國古代的宇宙觀等深奧的建築理念[7]。其宮殿建置以南北中軸線為主；配合東、西對稱排列的格式，成為中國獨特的宮殿格局。

　　京都御所放棄平安宮以南北中軸線為主的佈局，採逐漸發展（創新）出結合自然景觀的不對稱式設計，這也顯示了明清時期中、日文化雖都重視儒家學說，但兩國的政治制度、皇帝權力與民族美學觀點（如：華夏民族喜愛金黃、正紅等富麗的色彩，大和民族堅持遵守用原木色的傳統）已截然不同，京都御所的建置與風貌表現大和民族愛好自然的風貌[8]，如其大多數屋頂用檜樹皮葺，紫宸殿屋頂為“綴葺”，是歇山頂的變形[9]。其樣式由寢殿造、主殿造到書院造，是融合中日傳統再加以創新，並呈現了日本民族文化的特色。

京都御所清涼殿

[7] 謝敏聰：〈明清北京建制的思想淵源〉，國民黨《中央日報·文史周刊》，1980 年 5 月 6 日。

[8] 宋肅懿：〈北京紫禁城與京都御所建置比較初探──對稱與不對稱之佈局〉，《故宮博物院 80 華誕暨中國明清宮建築國際學術研討會會議論文》，2005 年。

[9] 表克枝：〈中日宮殿建築造型審美比較研究──以紫禁城與京都御所為例〉，《古建園林技術》，2004 年，第 4 期。

參考書目──以姓氏筆劃序排列

壹、重要史料

一、通論部份

不著撰人：《周禮》，長沙，岳麓書社，1989 年重印。

李誠（宋）：《營造法式》，台北，聯經出版事業公司影印宋紹興年間本，1974 年。

顧炎武（清）：《歷代帝王宅京記》，北京，中華書局，1984 年。

顧祖禹（清）：《讀史方輿記要》，台北，樂天出版社，1973 年重印。

二、長安部份

不著撰人：《三輔黃圖》，6 卷及補遺，台北，成文出版公司影印乾隆 49 年刊本，1970 年。

王溥（宋）：《唐會要》，台北，世界書局影印，1974 年。

李吉甫（唐）：《元和郡縣志》，現存 34 卷，台北，台灣商務印書館影印四庫全書文淵閣本。

李隆基（唐）：《唐六典》，台北，文海出版社重印，1962 年。

李好文（元）：《長安志圖》，台北，台灣商務印書館影印四庫全書文淵閣本。

宋敏求（宋）：《長安志》，台北，大化書局影印清乾隆 52 年刊經訓堂叢書本。

沈青崖（清）等：《陝西通志》，台北，華文書局影印清雍正 13 年刊本。

韋述（唐）：《兩京新記》，現存 3 卷，台北，世界書局影印，1974 年。

徐松（清）：《唐兩京城坊考》，北京，中華書局點校本，1985 年。

陸耀遹等（清）：《咸寧縣志》，台北，成文出版公司影印清嘉慶 14 年刊本。

程大昌（宋）：《雍錄》，台北，大化書局影印明刊古今逸史本。

程鴻詔（清）：《唐兩京城坊考校補記》，台北，世界書局影印，1974 年。

董曾臣等（清）：《長安縣志》，台北，成文出版公司影印清嘉慶 17 年刊本。

畢沅（清）：《關中勝蹟圖志》，台北，台灣商務印書館影印四庫全書文淵閣本。

趙彥衛（宋）：《雲麓漫鈔》，台北，世界書局重印，1969 年。

駱天驤（元）（黃永年點校）：《類編長安志》，北京，中華書局，1990 年。

劉昫（五代）：《舊唐書》，台北，鼎文書局影印新校本，1979 年。

歐陽修（宋）：《新唐書》，台北，國泰文化事業公司影印新校本，1977 年。

魏徵（唐）：《隋書》，台北，宏業書局影印新校本，1974 年。

嚴長明等（清）：《西安府志》，台北，成文出版公司影印乾隆 44 年刊本。

三、北京部份

于敏中（清）等：《國朝宮史》，台北，文海出版社影印，1966 年。

于敏中（清）等編纂：《日下舊聞考》，北京古籍出版社，1983 年。

申時行等（明）重修：《大明會典》，明萬曆年刊本。

朱一新（清）：《京師坊巷志稿》，北京古籍出版社，1982 年。

余棨昌、戢門氏編：《故都變遷紀略》，台北，古亭書屋影印，1969 年。

沈榜（明）：《宛署雜記》，北京古籍出版社，1983 年。

吳長元（清）：《宸垣識略》，北京古籍出版社，1981 年。

周家楣、繆荃孫（清）編纂：《光緒順天府志》，北京古籍出版社，1987 年。

徐學聚（明）：《國朝典彙》，台北，台灣學生書局影印，1965 年。

高士奇（清）：《金鰲退食筆記》，北京古籍出版社，1980 年。

孫承澤（清）：《天府廣記》，台北，大立出版社影印，1980 年。

孫承澤（清）：《春明夢餘錄》，台北，大立出版社影印古香齋本。

昭槤（清）：《嘯亭雜錄》，台北，弘文館出版社重印，1986 年。

曼殊震鈞（清）：《天咫偶聞》，北京古籍出版社，1982 年。

張廷玉（清）等：《明史》，台北，鼎文書局影印新校本，1975 年。

張爵（明）：《京師五城坊巷衚衕集》，北京古籍出版社，1982 年。

黃彭年等（清）：《畿輔通志》，石家莊，河北人民出版社，1985 年。

嵇璜等（清）編：《清朝文獻通考》，乾隆武英殿刊本。

嵇璜等（清）：《清朝通志》，台北，新興書局影印，1959 年。

崑崗等（清）纂：《大清會典》，台北，啟文書局影印，1963 年。

趙爾巽等修：《清史稿》，北京，中華書局，1977 年。

劉若愚（明）：《酌中志》，北京古籍出版社，1980 年。

劉萬源、繆荃孫等（清）：《光緒昌平州志》，北京古籍出版社，1989 年。

龍文彬（清）：《明會要》，光緒年間刊本。

貳、一般論著

甲、中文

一、通論部份

文化部文物局主編：《中國名勝辭典》，上海，辭書出版社，1986 年。

文物編輯委員會編：《文物考古工作三十年》，北京，文物出版社，1979 年。

文物編輯委員會編：《文物考古工作十年》，北京，文物出版社，1991 年。

中國古都學會等編：《中國古都研究（第 1～15 輯）》，西安，三秦出版社等，2004 年。

中國歷史文化名城研究會（籌）編：《中國歷史文化名城保護與建設》，北京，文物出版社，1987 年。

丘菊賢、楊東晨：《中華都城要覽》，開封，河南大學出版社，1989 年。

沙學浚：《地理學論文集》，台北，台灣商務印書館，1972 年。

徐先堯：《二王尺牘與日本書紀所載國書之研究》，台北，藝軒圖書出版社，2003 年，再版。

陳寅恪：《陳寅恪先生論文集》（上、下二冊），台北，文理出版社，1977 年。

陳正祥：《中國文化地理》，台北，龍田出版社重印，1982 年。

陳橋驛主編：《中國六大古都》，北京，中國青年出版社，1985 年。

曹雲忠等：《中華名關》，北京，解放軍出版社，1988 年。

勞榦：《中國的社會與文學》，台北，傳記文學社，1970 年。

傅樂成：《漢唐史論集》，台北，聯經出版事業公司，1977 年。

程光裕、徐聖謨主編：《中國歷史地圖》，台北，文化大學出版部，1984 年。

程光裕：《中國都市》（上、下二冊），台北，中華文化出版事業委員會，1955 年。

董鑒泓等編：《中國城市建設發展史》，台北，明文書局，1984 年。

董鑒泓主編：《中國古代城市建設》，北京，中國建築工業出版社，1988 年。

賀業鉅：《考工記營國制度研究》，北京，中國建築工業出版社，1985 年。

楊鴻勛：《建築考古學論文集》，北京，文物出版社，1987 年。

葉驍軍：《中國都城發展史》，西安，陝西人民出版社，1988 年。

葉驍軍編：《中國都城歷史圖錄第 1～4 集》，蘭州大學出版社，1987 年。

榮新江：《中國中古史研究十論》，上海，復旦大學出版社，2005 年。

劉敦楨：《中國古代建築史》，台北，明文書局重印，1982 年。

閻崇年主編：《中國歷代都城宮苑》，北京，紫禁城出版社，1987 年。

謝敏聰：《中國歷代帝王陵寢考略》，台北，正中書局，1976 年。

謝敏聰：《中國名勝古蹟》，台北，正中書局，1988 年。

謝敏聰編著：《中華歷史圖鑑》，台北，聯經出版事業公司，1978 年。

羅哲文：《羅哲文歷史文化名城與古建築保護文集》，北京，中國建築工業出版社，2003 年。

蘇振申編撰：《日本古代中世史》，台北，名山出版社，1974 年。

二、西安部份

中國科學院考古研究所：《唐長安大明宮》，北京，科學出版社，1959 年。

王仁波等主編：《隋唐文化》，香港，中華書局，1990 年。

王崇人：《古都西安》，西安，陝西人民美術出版社，1981 年。

文丕顯、張智輝主編：《陝西名勝紀勝》，西安，陝西人民出版社，1987 年。

向達：《唐代長安與西域文明》，台北，明文書局，1981 年重印。

李孝聰編：《唐代地域結構與運作空間》，上海，辭書出版社，2003 年。

宋肅懿：《唐代長安之研究》，台北，大立出版社，1983 年。

宋肅懿：《西安——秦中自古帝王州》，台北，幼獅文化事業公司，1990 年。

宋肅懿等譯、Andrew Boyd 原著：《中國古建築與都市》，台北，南天書局
　　有限公司，1987 年。

武伯綸：《古城集》，西安，三秦出版社，1987 年。

武伯綸、武復興著：《西安史話》，西安，陝西人民出版社，1981 年。

姜波：《漢唐都城禮制建築研究》，北京，文物出版社，2003 年。

馬正林主編：《古今西安》，西安，陝西師範大學出版社，1986 年。

侯先舉主編：《陝西旅遊地理》，西安，三秦出版社，1987 年。

陝西省文物管理委員會編：《陝西名勝古蹟》，西安，陝西人民出版社，1986
　　年。

陳全方：《當代陝西文博》，西安，三秦出版社，1990 年。

張永祿：《唐都長安》，西安，西北大學出版社，1987 年。

張永祿主編：《唐代長安詞典》，西安，陝西人民出版社，1990 年。

賀俊文：《陝西旅遊指南》，北京，中國旅遊出版社，1987 年。

董長君、劉志堂：《興慶宮史話》，西安，陝西旅遊出版社，1986 年。

楊鴻年：《隋唐兩京考》，武漢大學出版社，2005 年。

楊鴻年：《隋唐宮廷建築考》，西安，陝西人民出版社，1992 年。

何清谷：《三輔黃圖校釋》，北京，中華書局，2005 年。

辛德勇：《隋唐兩京叢考》，西安，三秦出版社，1991 年。

葛承雍：《華夏文化的豐碑——唐都建築風貌》，西安，陝西人民出版社，
　　1987 年。

閻文儒、閻萬鈞編著：《兩京城坊考補》，鄭州，河南人民出版社，1992 年。

劉慶柱：《長安春秋》，北京人民出版社，1988 年。

藍孟博：《西安》，台北，正中書局，1957 年。

韓養民：《唐都皇家寺院》，西安，三秦出版社，2003 年。

三、北京部份

丁守和、勞允興主編：《北京文化綜覽》，北京師範學院出版社，1990 年。

于倬雲：《紫禁城宮殿》，香港，商務印書館，1980 年。

于善浦：《清東陵大觀》，石家莊，河北人民出版社，1989 年，再版。

中國人民政治協商會議北京市西城區委員會文史資料委員會編：《京城舊事》，北京，中國文史
　　出版社，2005 年。

王子林：《紫禁城風水》，北京，紫禁城出版社，2005 年。

王其亨主編：《明代陵墓建築》，北京，中國建築工業出版社，2000 年。

王其亨主編：《清代陵墓建築》，北京，中國建築工業出版社，2003 年。

王同禎：《水鄉北京》，北京，團結出版社，2004 年。

王仲奮：《地壇》，北京，中國旅遊出版社，未標出版年。

王偉傑等：《北京環境史話》，北京，地質出版社，1989 年。

王劍英：《明中都研究》，北京，中國青年出版社，2005 年。

王永昌、王冰：《北京的山水》，北京，中國城市經濟社會出版社，1990 年。

王先登編譯：《北京的傳說》，台北，常春樹書坊，1979 年。

王燦熾：《北京史地風物書錄》，北京出版社，1985 年。

王燦熾：《北京地方文獻期刊資料索引─地理、名勝古蹟部分(1904～1949)》，
　　　北京，首都圖書館，1985 年。

王燦熾：《王燦熾史誌論文集》，北京，燕山出版社，1991 年。

石林、春江：《承德攬勝》，北京，地質出版社，1983 年。

北京市文物工作隊編：《北京名勝古蹟》，北京旅遊出版社，1988 年。

北京市文物事業管理局編：《北京名勝古蹟辭典》，北京，燕山出版社，1989
　　　年。

北京市社會科學院編：《北京歷史與現實研究》，北京，燕山出版社，1989
　　　年。

北京史研究會編：《燕京春秋》，北京出版社，1982 年。

北京市社會科學研究所北京史苑編輯部：《北京史苑》，第 3 輯，北京出版
　　　社，1985 年。

"北京特別市公署社會局觀光科" 編：《北京景觀》，（淪陷期），1939
　　　年。

汪萊茵：《故宮舊聞軼話》，天津人民出版社，1986 年。

何寶善：《嘉靖皇帝──朱厚熜》，北京，燕山出版社，1987 年。

李學文、魏開肇、陳文良：《紫禁城漫錄》，河南人民出版社，1986 年。

李鳳祥編：《北京風物遊覽典故》，北京旅遊出版社，1989 年。

吳庭美、夏玉潤：《鳳陽古今》，合肥，黃山書社，1986 年。

林延清：《嘉靖皇帝大傳》，瀋陽，遼寧教育出版社，1993 年。

周沙塵：《古今北京》，北京，東方出版社，1989 年。

金受申：《北京的傳說》，北京出版社，1981 年。

金濤：《承德史話》，上海人民出版社，1983 年。

胡乃光、張寶章、易海雲主編：《北京風物散記》，第 2 集，北京，科學普
　　　及出版社，1985 年。

段天順、王同禎：《京水名橋》，北京美術攝影出版社，2003 年。

侯仁之、金濤：《北京史話》，上海人民出版社，1980 年。

姜舜源：《故宮史話》，北京，中國大百科全書出版社，2000 年。

姜舜源：《故宮匾聯賞析》，北京，國際文化出版公司，1998 年。

徐廣源：《解讀清皇陵》，北京，紫禁城出版社，2005 年。

徐苹芳編著：《明清北京城圖》，北京，地圖出版社，1986 年。

胡德生：《中國古代的家俱》，商務印書館國際有限公司，1997 年。

胡漢生：《明十三陵》，北京，中國青年出版社，1998 年。

旅行家雜誌編：《北京十大名勝》，北京，中國青年出版社，1983 年。

陳宗蕃編：《燕都叢考》，台北，進學書局影印，1969 年。

陳學霖：《劉伯溫與哪吒城——北京建城的傳說》，台北，東大圖書公司，1996 年。

章乃煒：《清宮述聞》，北京古籍出版社，1988 年。

郭子昇：《北京廟會舊俗》，北京，中國華僑出版公司，1989 年。

郭華瑜：《明代官式建築大木作》，南京，東南大學出版社，2005 年。

郭嗣汾：《細說錦繡中華》，台北，地球出版社，1975 年。

梅邨：《北京西山風景區》，北京旅遊出版社，1983 年。

許永全譯、喜仁龍(Osvald Sirén)著：《北京的城牆和城門》，北京，燕山出版社，1985 年。

單士元編：《明代建築大事年表》，台北，天一出版社影印，1976 年。

湯用彬：《舊都文物略》，北平市政府，1935 年。

萬依、王樹卿。陸燕貞：《清代宮廷生活》，香港，商務印書館，1985 年。

鄒宗緒主編：《千年古都西安》，台北，遠流出版公司，1987 年。

閻崇年：《滿學論集》，北京，民族出版社，1999 年。

閻崇年：《中國都市生活史》，台北，文津出版社，1997 年。

閻崇年主編：《北京》，北京，朝華出版社，1987 年。

蔡蕃：《北京古運河與城市供水研究》，北京出版社，1987 年。

劉祚臣：《北京的壇廟文化》，北京出版社，2000 年。

鄭連章：《紫禁城城池》，北京，紫禁城出版社，1986 年。

謝敏聰：《明清北京的城垣與宮闕之研究》，台北，台灣學生書局，1980 年。

謝敏聰：《北京—九重門內的宮闕》，台北，幼獅文化事業公司，1989 年。

乙、日文

日比野丈夫：《華麗なる隋唐帝國》，東京，株式會社講談社，1977 年。

平岡武夫編：《唐代の長安と洛陽》，京都大學人文科學研究所，1956 年。

田辺昭三：《西安案內》，東京，平凡社，1979 年。

主婦の友社編：《古都北京と西安、五千年の遺寶發掘》，東京，株式會社主婦の友社，1982 年。

合著：《大唐の繁榮》，東京，世界文化社，1968 年。

臼井武夫：《北京追想》（城壁ありしころ），東京，東方書店，1981 年。

臼井武夫：《柳絮と黃塵》（北京風土記），東京，圖書出版，1987 年。

妹尾達彥：《長安の都市計畫》，東京，講談社，2001 年。

京都文化博物館編：《大唐長安展》，京都文化博物館，1994 年。

京都文化博物館編：《長安－絢爛たる唐の都》，東京，株式會社角川書店，1996 年。

西嶋定生編：《奈良・平安の都と長安》，東京，小學館，1983 年。

佐藤武敏：《長安》，東京，近藤出版社，1971 年。

足立喜六：《長安史蹟の研究》，東京，東洋文庫，1933 年。

村松－彌譯、金受申著：《北京の傳說》，東京，平凡社，1976 年。

坪井清足監修：《平城京再現》，東京，株式會社新潮社，1985 年。

岸　俊男編：《中國都城の遺跡》，東京，同朋社，1982 年。

岡田友尚編述：《唐土名勝圖會》，1805 年刊本。

奈良縣◆平城遷都 1300 年記念 2010 年委員會
樋口隆康・千田　稔・中西　進・町田　章監修：《平城京——その歷史與
　　文化》，東京，株式會社小學館，2001 年。

室永芳三：《大都長安》，東京，株式會社教育社，1982 年。

宮崎市定：《大唐帝國》，東京，河出書房新社，1968 年。

（財）平安建都 1200 年記念協會編
森 谷 尅 久 ・ 井 上 滿 郎 監 修：《平安京 1200 年》，東京，淡交社，
　　1994。

愛宕　元：《中國の城郭都市》，東京，中央公論社，1991 年。

繭山康彥：《北京の史蹟》，東京，平凡社，1979 年。

丙、西文

Edward Schafer, *The Golden Peaches of Samarkand: A Study of T'ang Exotics*, University of California, Renewed, 1991.

L. C. Arlington and William Lewisohn, *In Search of Old Peking*, Henri Vetch (The French Bookstore, Peking), 1935.

Juliet Bredon, *Peking*, Kelly and Walsh, Limited, Shanghai, 1931.

Roderick MacFarquhar, *The Forbidden City*, Newsweek Book Dividion, New York, 1972.

Edited by Mitchell Beazley International Ltd., Foreword by John Julius Norwich, *The World Atlas of Architecture*, Published by Chancellor Press an imprint of Reed Consumer Books Limited, 1998.

參、論文

甲、中文

一、通論部份

王矛、王敏〈中國帝王的祭禮〉，《明報月刊》，1990 年 6 月。

伊世同：〈最古的石刻星圖——杭州吳越墓石刻星圖評介〉，《考古》，1975 年，第 3 期。

沙學浚：〈中國之中樞區域與首都〉，《重慶大公報・星期論文》，1943 年，12 月 19 日。

沙學浚：〈西安時代與北平時代〉，《重慶大公報・星期論文》，1944 年 2 月 6 日、7 日。

表克枝：〈中日宮殿建築造型審美比較研究——以紫禁城與京都御所為例〉，《古建園林技術》，2004 年，第 4 期。

勞榦：〈論國都的建置及唐代以前的都邑設計〉，收入《中國的社會與文學》，台北，傳記文學社，1970 年。

勞榦：〈南方型的城市與北方型的城市〉，收入《中國的社會與文學》，台北，傳記文學社，1970 年

謝敏聰譯（Philip Bagenal Jonathan Medades 合著）：〈宇宙中心的象徵——中國古典建築藝術的意境〉，《世界華學季刊》，第 3 卷，第 1 期。

二、西安部份

王維坤：〈隋唐長安城與日本平城京的比較研究〉，《西北大學學報》，1990 年，1 期。

王仲殊：〈試論唐長安城大明宮麟德殿對日本平城京、平安京宮殿設計的影響〉，《考古》，2001 年，第 2 期。

中國科學院考古研究所西安唐城發掘隊：〈唐長安城西市遺址發掘〉，《考古》，1961 年，第 5 期。

——：〈唐代長安城考古紀略〉，《考古》，1963 年，第 11 期。

中國科學院考古研究所西安工作隊：〈唐代長安城明德門遺址發掘簡報〉，《考古》，1974 年，第 1 期。

中國科學院考古研究所西安唐城工作隊：〈陝西唐大明宮含耀門遺址發掘記〉，《考古》，1988 年，第 11 期。

——：〈唐長安城安定坊發掘記〉，《考古》，1989 年，第 4 期。

——：〈唐長安西明寺遺址發掘簡報〉，《考古》，1990 年，第 1 期。

——：〈唐大明宮含元殿遺址 1995—1996 年發掘報告〉，《考古學報》，1997 年，第 3 期。

——：〈關於唐含元殿遺址發掘資料有關問題的說明〉，《考古》，1998 年，第 2 期。

——：〈陝西西安唐長安城圜丘遺址的發掘〉，《考古》，2000 年，第 7 期。

——：〈西安市唐長安城大明宮丹鳳門遺址的發掘〉，《考古》，2006 年，第 7 期。

中國社會科學院考古研究所日本獨立行政法人文化財研究所奈良文化財研究所聯合考古隊：〈唐長安大明宮太液池遺址發掘簡報〉，《考古》，2003 年，第 11 期。

史念海：〈關中的軍事歷史地理〉，《文史集林》，第 2 集，1987 年。

介永強：〈唐代行宮三題〉，《唐都學刊》，2001 年，第 4 期。

安家瑤：〈西安隋唐圜丘的考古發現〉，《文物天地》，2001 年，第 1 期。

李永傑：〈繾綣皇朝璀璨——西安大唐芙蓉園〉，香港，《中國旅遊》，2006

年，5 月號。

李孝聰：〈唐代城市的形態與地域結構——以坊市制的演變為線索〉，李孝聰編：《唐代地域結構與運作空間》，上海辭書出版社，2003 年。

李健超：〈隋唐長安城實際寺遺址出土文物〉，《考古》，1988 年，第 4 期。

李令福：〈隋大興城的興建及其對原隰地形的利用〉，《陝西師範大學學報·哲學社會科學版》，2004 年 1 月。

宋肅懿：〈風華絕代長安城〉，台北，《藝術家》，323 期，2002 年 4 月。

宋肅懿：〈唐代長安城的都市生活風采〉，台北，《藝術家》，324 期，2002 年 5 月。

吳永江：〈唐大明宮遺址〉，《文物》，1981 年，第 7 期。

武復興：〈唐長安城〉，《文物天地》，1982 年，第 4 期。

妹尾達彦：〈大明宮的建築形式與唐後期的長安〉，《中國歷史地理論叢》，1997 年，第 4 期。

妹尾達彦：〈韋述的《兩京新記》與八世紀前葉的長安〉，《唐研究》，第 9 卷，北京大學出版社，2003 年。

邱添生：〈論唐宋間的歷史演變〉，台北，《幼獅月刊》，47 卷 5 期，1978 年。

邱添生：〈由田制與稅法看唐宋間的歷史演變〉，台北，《師大歷史學報》，第 4 期，1976 年。

邱添生：〈由貨幣經濟看唐宋間的歷史演變〉，台北，《師大歷史學報》，第 5 期，1977 年。

馬得志：〈唐大明宮發掘簡報〉，《考古》，1959 年，第 6 期。

馬得志：〈唐長安興慶宮發掘記〉，《考古》，1959 年，第 10 期。

馬得志：〈1959～1960 年唐大明宮發掘簡報〉，《考古》，1961 年，第 7 期。

馬得志：〈唐代長安與洛陽〉，《考古》，1982 年，第 6 期。

馬得志：〈唐長安城發掘新收穫〉，《考古》，1987 年，第 4 期。

馬得志：〈唐長安皇城含光門遺址發掘簡報〉，《考古》，1987 年，第 5 期。

馬得志、楊鴻勛：〈關於唐長安東宮範圍問題的研討〉，《考古》，1987 年，第 1 期。

陝西省文物管理委員會：〈唐長安城地基初步探測〉，《考古學報》，1958 年，第 3 期。

——：〈唐長安城地基初步探測的鑽探方法〉，《考古通訊》，1958 年，第 9 期。

陝西省博物館、文管會鑽探組：〈唐長安城興化坊遺址鑽探簡報〉，《文物》，1972 年，第 1 期。

——：〈西安南郊何家村發現唐代窖藏文物〉，《文物》，1972 年，第 1 期。

徐苹芳：〈唐代兩京的政治、經濟和文化生活〉，《考古》，1982 年，第 6 期。

郭義孚：〈含元殿外觀復原〉，《考古》，1963 年，第 10 期。

郭湖生：〈麟德殿遺址的意義和初步分析〉，《考古》，1961 年，第 11 期。

宿白：〈隋唐長安城與洛陽城〉，《考古》，1978 年，第 6 期。

陳寅恪：〈隋唐制度淵源略論稿〉，《陳寅恪先生論文集》，台北，文理出版社重印，1977 年。

陳寅恪：〈唐代政治史述論稿〉，《陳寅恪先生論文集》，台北，文理出版社重印，1977 年。

曹爾琴：〈唐長安的寺觀及有關的文化〉，《中國古都研究》，第 1 輯，杭州，浙江人民出版社，1985 年。

萇嵐：〈日本律令制都城的變遷與日唐交流〉，《考古與文物》，2001 年 1 期。

傅熹年：〈唐長安大明宮含元殿原狀的探討〉，《文物》，1973 年，第 7 期。

傅熹年：〈唐長安大明宮玄武門及重玄門復原研究〉，《考古學報》，1977 年，第 2 期。

傅熹年：〈唐長安明德門原狀的探討〉，《考古》，1977 年，第 6 期。

傅樂成：〈漢代的山東與山西〉，台北，《食貨月刊》，復刊號，6 卷 9 期。

楊鴻勛：〈唐大明宮麟德殿復原研究階段報告〉，《建築考古學論文集》，北京，文物出版社，1987 年。

葛承雍：〈唐華清宮沐浴湯池建築考述〉，《唐研究》，第 2 卷，1996 年。

劉致平、傅熹年：〈麟德殿復原的初步研究〉，《考古》，1963 年，第 7 期。

趙振績：〈契丹二元政制與元魏之關係〉，《史學彙刊》，總 9 期。

榮新江：〈關於隋唐長安研究的幾點思考〉，《唐研究》，第 9 卷，北京大學出版社，2003 年。

榮新江：〈盛唐長安：物質文明閃爍之都〉，《花舞大唐春—何家村遺寶精粹》，北京，文物出版社，2003 年。

韓保全：〈唐長安三大皇宮今昔〉，《文物天地》，1982 年，第 4 期。

三、北京部份

于倬雲：〈故宮太和殿〉，《文物》，1959 年，第 11 期。

于善浦：〈清孝陵對清朝帝王陵寢建制的影響〉，《故宮博物院 80 華誕暨中國明清宮廷建築國際學術研討會會議論文》，2005 年。

于善浦：〈雍正陵寢選址史事〉，《中國紫禁城學會論文集》，第 3 輯，北京，紫禁城出版社，2004 年。

于善浦：〈關於香妃傳說的辨偽〉，《故宮博物院院刊》，1980 年第 2 期。

王宏鈞、劉如仲：〈明代後期南京城市經濟的繁榮和社會生活的變化——明人繪《南都繁會圖卷》的初步研究〉，《中國歷史博物館館刊》，1979 年，第 1 期。

王其亨：〈順治親卜陵地的歷史真相〉，《故宮博物院院刊》，1986 年，第 2 期。

王子林：〈紫禁城中軸的設置思想〉，《中國紫禁城學會論文集》，第 3 輯，
　　　北京，紫禁城出版社，2004 年。

王子林：〈仙樓佛堂與乾隆的"養心"、"養性"〉，《故宮博物院院刊》，
　　　2001 年，第 4 期。

王子林：〈雨花閣：乾隆朝宮廷佛堂建設主導思想論〉，《故宮博物院院
　　　刊》，2005 年，第 4 期。

王劍英：〈明初營建中都及其對改建南京和營建北京的影響〉，《歷史地
　　　理》，第 3 輯。

王春瑜：〈明朝宦官與故宮〉，收入《禁城營繕記》，北京，紫禁城出版社，
　　　1992 年。

王燦熾：〈北京地方歷史文獻〉，《文獻》，第 8 輯，北京，書目文獻出版
　　　社，1981 年。

王燦熾：〈北京歷史文獻佚書考略〉，《文獻》，第 17 輯，北京，書目文獻
　　　出版社，1983 年。

王燦熾：〈元大都鐘鼓樓考〉，《故宮博物院院刊》，1985 年，第 4 期。

尹鈞科：〈略論地理環境對北京歷史的影響〉，收入《北京歷史與現實研
　　　究》，北京，燕山出版社，1989 年。

朱偰：〈明清兩代宮苑建置沿革圖考〉，收入程演生輯：《故都紀念集》第
　　　2 種，台北，古亭書屋，1970 年。

朱偰：〈北京宮闕圖說〉，收入程演生輯：《故都紀念集》第 3 種，台北，
　　　古亭書屋，1970 年。

朱家溍：〈咸福宮的使用〉，《故宮博物院院刊》，1982 年，第 1 期。

李孝聰：〈北京城市職能建築分佈〉，收入侯仁之主編：《北京城市歷史地
　　　理》，第 6 章，北京，燕山出版社，2000 年。

李孝聰、成一農：〈清代北京城王府建築的選址與分佈〉，《九州》，第 2
　　　輯，北京，商務印館，1999 年。

吳劍煌：〈遊清宮中路紀略〉，《東方雜誌》，22 卷 13 號，1925 年 7 月。

易叔寒：〈多少蓬萊舊事〉，國民黨《中央月刊》，6 卷 10 期，1974 年 8 月。

尚國華、芮謙：〈影響紫禁城宮殿與家俱陳設的因素芻議〉，載《中國紫禁
　　　城學會論文集》，第 3 輯，2004 年。

宋肅懿：〈北京紫禁城與京都御所建置比較初探──對稱與不對稱之佈局〉，
　　　《故宮博物院 80 華誕暨中國明清宮廷建築國際學術研討會會議論文》，
　　　2005 年。

侯仁之：〈北平金水河考〉，《燕京學報》，30 期，1946 年。

侯仁之：〈北京舊城平面設計的改造〉，《文物》，1973 年，第 5 期。

侯仁之：〈元大都城與明清北京城〉，《故宮博物院院刊》，1979 年，第 3
　　　期。

侯仁之、吳良鏞：〈天安門廣場禮讚──從宮廷廣場到人民廣場的演變〉，
　　　《文物》，1977 年，第 9 期。

姜舜源：〈天壇史地考略〉，《故宮博物院院刊》，2000 年，第 6 期。

姜舜源：〈明清朝廷四川採木研究〉，《故宮博物院院刊》，2001 年，第 4 期。

姜舜源：〈清代的宗廟制度〉，《故宮博物院院刊》，1987 年，第 3 期。

姜舜源：〈紫禁城東朝、東宮建築的演變〉，《故宮博物院院刊》，1995 年，第 4 期。

姜舜源：〈論元明清三朝宮殿的繼承與發展〉，《故宮博物院院刊》，1992 年，第 3 期。

胡漢生：〈明十三陵的建築藝術成就〉，《中國紫禁城學會論文集》，第 3 輯，北京，紫禁城出版社，2004 年。

徐廣源：〈乾隆朝是清代陵寢制度史上最完善最輝煌的時期〉，《故宮博物院 80 華誕暨中國明清宮廷建築國際學術研討會會議論文》，2005 年。

張克貴：〈有效利用　合理利用　加強管理——故宮文物建築保護的回顧與展望〉，《故宮博物院院刊》，2001 年，第 4 期。

張敏：〈先農壇・城南公園・古建館〉，《中國文物報》，2006 年 4 月 7 日。

唐蘭：〈故宮博物院叢話〉，《文物》，1960 年，第 1 期。

華繪：〈明代建都南北兩京的經過〉，《禹貢半月刊》，2 卷 11 期。

陳平：〈全國唯一的歷代帝王廟〉，《歷代帝王廟論文集》，香港，國際出版社，2004 年。

傅幸：〈歷代帝王廟初探〉，《歷代帝王廟論文集》，香港，國際出版社，2004 年。

鄭欣淼：〈故宮學述略〉，《故宮學刊》，2004 年，總第 1 輯。

鄭欣淼：〈紫禁城與故宮學〉，《故宮博物院院刊》，2004 年，第 5 期。

鄭欣淼：〈故宮的價值與故宮博物院的內涵〉，《故宮博物院院刊》，2003 年，第 4 期。

鄭欣淼：〈談故宮學術研究的發展〉，《中國文物報》，2005 年 10 月 5 日，記者王征採訪鄭院長。

鄭欣淼：〈故宮博物院 80 年〉，《故宮博物院院刊》，2006 年，第 6 期。

晉宏逵：〈北京紫禁城背景環境及其保護〉，《故宮博物院 80 華誕暨中國明清宮廷建築國際學術研討會會議論文》，2005 年。

晉宏逵：〈故宮建築內裝修保護規劃的程序與方法——《乾隆花園文物保護規劃》序〉，《故宮博物院院刊》，2005 年，第 4 期。

晉宏逵：〈繼往開來　再創輝煌——中國紫禁城學會第四次學術討論會總結講話〉，《中國紫禁城學會論文集》，2005 年，第 4 期。

崔文印：〈略談我國古代契丹、女真、蒙古等北方各族對北京發展的貢獻〉，《燕京春秋》，北京出版社，1982 年。

郭華瑜：〈北京太廟大殿建造年代探討〉，《故宮博物院院刊》，2002 年，第 3 期。

勞瑞氏(Anthong Lawrence)：〈紫禁城舉世無雙〉，《讀者文摘》，中文版，

1975 年 6 月號。

鄭連章：〈紫禁城宮殿總體佈局〉，《故宮博物院院刊》，1996 年 3 期。

鄭連章：〈紫禁城建築上的彩畫〉，《故宮博物院院刊》，1993 年 3 期。

鄭連章：〈紫禁城鍾粹宮建造年代考實〉，《故宮博物院院刊》，1984 年，第 4 期。

鄭連章：〈北京故宮乾隆花園的建築藝術〉，載《中國紫禁城學會論文集》第 3 輯，2004 年。

鄭連章：〈寧壽宮花園的掇山與置石藝術〉，《故宮博物院 80 華誕暨中國明清宮廷建築國際學術研討會會議論文》，2005 年。

閻崇年：〈康熙皇帝與木蘭圍場〉，《故宮博物院院刊》，1999 年第 2 期。

閻崇年：〈清代宮廷與薩滿文化〉，《故宮博物院院刊》，1993 年第 2 期。

閻崇年：〈滿洲文化對京師文化的影響〉，《北京聯合大學學報》，1999 年，第 2 期。

閻崇年：〈清宮建築的滿洲特色〉，《滿學研究》，第 3 輯，北京，民族出版社，1997 年。

閻崇年：〈論北京宮苑的民族特徵〉，《中外城市研究》，1991 年，第 1 期。

魏建功：〈瓊苑記〉，《東方雜誌》，22 卷 13 號，1925 年。

謝敏聰：〈明清北京建制的思想淵源〉，載國民黨《中央日報・文史周刊》103 期，1980 年 5 月 6 日。

謝敏聰：〈明清北京皇城建置的寓意〉，載國民黨《中央日報・文史周刊》，107 期，1980 年 6 月 10 日。

謝敏聰：〈九重門內的宮闕〉，台北，《時報周刊》，總 147 期，1980 年。

謝敏聰：〈1949 年後北京舊城的改建〉，台北，《時報雜誌》，總 126 期，1982 年。

謝敏聰：〈1840 年後北京城的變遷〉，台北，《簡牘學報》，第 12 期，1986 年。

謝敏聰：〈記北京故宮的書室〉，台北，《文藝復興》，136 期，1982 年 10 月。

謝敏聰：〈紫禁城的規建與沿革及其評價〉，《明史研究專刊》，第 6 期，台北，大立出版社，1983 年。

顏吉鶴：〈試論劉秉忠的歷史作用〉，《北京史苑》，第 3 輯，1985 年。

蕭默：〈鍾粹宮明代早期旋子彩畫〉，《故宮博物院院刊》，1983 年。

乙、日文

田中　淡：〈隋朝建築家の設計と考證〉，《中國の科學と科學者》，京都大學人文科學研究所，1978 年。

盛世皇都旅遊
——隋唐長安與明清北京對比探奇

著‧攝影者：謝敏聰　　　個人 E-mail：s7278ss@yahoo.com.tw
責任編輯：謝敏聰
責任校對：謝敏聰
責任印務：謝敏聰
出 版 者：臺灣學生書局有限公司
發 行 人：盧保宏
發 行 所：臺灣學生書局有限公司
　　　　　臺北市和平東路一段一九八號
　　　　　郵政劃撥帳號：00024668
　　　　　電話：(02) 23634156
　　　　　傳真：(02) 23636334
　　　　　E-mail：student.book@msa.hinet.net
　　　　　http：//www.studentbooks.com.tw
登 記 證：局版北市業字第玖捌壹號
印 刷 所：辰皓國際出版製作有限公司
　　　　　臺北縣中和市中正路九五一號五樓
　　　　　電話：(02) 32342999
　　　　　傳真：(02) 32343053

定價：精裝新臺幣 1250 元
2006 年 9 月初版
2006 年 10 月再版